# TENSION ET SIGNIFICATION

 *PHILOSOPHIE ET LANGAGE*

Jacques Fontanille
Claude Zilberberg

# tension et signification

MARDAGA

© 1998, Pierre Mardaga éditeur
Hayen 11 - B-4140 Sprimont-Belgique
D 1998-0024-9

# Avant-propos

Ce livre s'efforce de mettre en regard un certain nombre de propositions théoriques et méthodologiques touchant de près ou de loin à la sémiotique tensive, à la sémiotique des passions et à la sémiotique du continu. Il comporte par conséquent quelques partis pris qui définissent un point de vue : point de vue de la complexité, de la tensivité, de l'affectivité, de la perception. En cela, il ne prétend pas se substituer à la sémiotique «classique», où il prend sa source, et dont le carré sémiotique et le schéma narratif canonique sont les «étendards» : nous débattrons longuement et fréquemment de l'un et de l'autre. Mais il cherche à la situer, tout en se situant lui-même : à la situer, à se situer comme l'une des sémiotiques possibles, au sein d'une sémiotique générale encore à construire.

Afficher un parti pris, c'est se préserver de l'illusion qui consiste à vouloir écrire l'histoire d'une discipline tout en y participant de l'intérieur, et à décréter, par exemple, que tel paradigme antérieur est dépassé, et que l'avenir est du côté de celui qu'on propose. Afficher un parti pris, c'est en somme revendiquer la pertinence validable et falsifiable du point de vue défendu, et la cohérence de la méthode qui en découle. Et quand ce point de vue et cette cohérence comprennent la possibilité de se mettre en perspective parmi les autres points de vue et les autres cohérences possibles, alors c'est une autre manière de faire de la sémiotique qui se dessine, plutôt qu'un autre «paradigme».

La pertinence d'un point de vue théorique se mesure, entre autres, à sa capacité à dégager des catégories simples et généralisables, et des procédures reproductibles et opératoires. Du côté des catégories, on notera tout particulièrement le rôle attribué ici à l'intensité et à l'étendue (dite, pour la rime, « extensité ») d'une part, et aux modes d'existence (ou modalités existentielles) d'autre part; l'ensemble, de fait, structure le champ de discursif, les unes — l'intensité et l'étendue — au titre de la présence sentie et perçue, et les autres — les modes d'existence —, au titre des degrés de présence. Du côté des procédures, on relèvera, parmi d'autres, le principe des corrélations converses ou inverses entre gradients, la distinction entre la prédication implicative et la prédication concessive, ou encore la syntaxe existentielle. La perspective dominante qui caractérise notre point de vue est donc celle de la sémiotique discursive.

Si la valeur heuristique d'un point de vue théorique est fonction de la variété des discours dont il peut rendre compte, et des champs d'investigation qu'il ouvre, alors on plaidera ici la diversité des domaines abordés; du discours poétique au discours scientifique, du mythique au politique, de la linguistique française à la linguistique comparée, de l'anthropologie à la rhétorique : en s'ouvrant largement, la réflexion sémiotique renoue, de fait, avec ses origines transdisciplinaires.

Conçu au départ comme un dictionnaire, ce livre s'est peu à peu transformé en une sorte de traité exposant systématiquement une position théorique : le nombre d'entrées s'est considérablement réduit, leur volume respectif s'est étoffé, les entrées sont devenues des chapitres, l'ordre alphabétique est vite apparu comme une facilité, et une progression thématique s'est imposée. Mais le produit final garde une trace du projet d'origine : tous les chapitres, construits sur le même modèle, empruntent à l'entrée de dictionnaire son armature canonique : définitions, corrélats, synonymes et antonymes, et exemples. Nous aimerions commenter rapidement cette architecture, conçue comme un « mode d'emploi » des dix concepts envisagés.

## 1. RECENSION

Dans cette rubrique, nous évoquons, sans plus, ceux qui ont fait état de tel ou tel concept. Cette mention est forcément superficielle puisque le traitement diachronique d'une configuration signifiante suppose une sémiotique générale qui serait déjà en possession de la typologie des possibles. Nous nous contenterons d'« accueillir » des discours antérieurs qui ont envisagé, avec les préoccupations qui étaient les leurs, les notions que nous abordons.

Il est en outre bien connu que la plupart des potentialités des discours antérieurs sont filtrées par la théorie d'accueil, dans l'état où elle se trouve au moment où elle les exploite : c'est une des lois de l'intertextualité. Pour peu qu'on admette que la théorie d'accueil ait évolué, il paraît prudent aujourd'hui de réexaminer les « sources », au moins pour redonner du champ à leurs potentialités mises en sommeil.

## 2. DÉFINITIONS

La définition est un énoncé problématique ; en effet, la définition est un genre subsumant plusieurs espèces : définition distinctive d'Aristote à Littré ; définition constructive des mathématiciens ; définition analytique de Hjelmslev ; ce dernier ajoute encore une distinction, plutôt obscure, entre définitions « formelles » et définitions « opérationnelles », que Greimas et Courtés (*Sémiotique*, I, p. 86) reproduisent sans en dire davantage.

Le critère de pertinence ne suffit pas pour trancher de la justesse d'une définition. Une définition appartient bon gré mal gré à un ensemble de définitions qui est contrôlé par une exigence très forte : l'**homogénéité**. Cela suppose la présence d'un invariant définitionnel, manifeste ou catalysé, le plus souvent immanent. Mais, pour la sémiotique, cet abandon confiant à l'immanence semble illusoire : la sémiotique des années 90 n'est ni tout à fait la même ni tout à fait une autre quand on la compare à celle des années 70. L'une serait plutôt binariste, logiciste, achronique, et n'accorde guère de place au sensible ; l'autre se voudrait plutôt une sémiotique des passions, de l'intensité, de la présence, et elle préfère la dépendance et la complexité au seules différences binaires.

Nous distinguerons deux types de définitions : des définitions **paradigmatiques** et des définitions **syntagmatiques**. Par ailleurs, nous sommes conduits à distinguer entre définitions qui s'appliquent au discours en son entier (**définitions syntagmatiques étendues**) et définitions qui concernent seulement un ou plusieurs segments (**définitions syntagmatiques restreintes**).

Nous affronterons inévitablement la complexité des relations entre l'axe paradigmatique et l'axe syntagmatique. La tradition linguistique, notamment avec Jakobson, a voulu y voir des relations pures et exclusives : disjonctives et distinctives pour le paradigme, conjonctives et associatives pour le syntagme. Mais, outre que cette distribution exclusive a conforté une fâcheuse coupure entre morphologie, sémantique et syntaxe, le parti de la « complexité » la remet quelque peu en question : la **dépendance** est au principe même de la différence paradigmatique, et la **différence** des modes d'existence continue d'opérer dans la profondeur de la syntaxe du discours, de sorte que les tensions syntaxiques, dont les effets sensibles sont indéniablement d'ordre syntagmatique, prennent leur source dans la concurrence entre les figures d'un même paradigme. Cette « complexité » est, de fait, une manifestation de la tensivité.

## 3. CONFRONTATIONS

Chaque concept entretient des relations de voisinage, de proximité, voire d'analogie à distance, plus ou moins conflictuelles, avec d'autres, et invite donc à des confrontations, si ce n'est à une problématisation.

Une grandeur sémiotique n'est correctement définie que si on prend en compte tout le réseau de ces associations et de ces oppositions. La grandeur examinée est-elle coextensive au discours ou seulement à une portion de ce discours? En quelles autres grandeurs se prolonge-t-elle? Avec quelles autres grandeurs peut-elle structurellement s'associer ou être opposée?

La confrontation ouvre en quelque sorte le champ des possibles discursifs, et préserve l'avenir : le discours, en effet, ne se contente pas d'accueillir les « produits finis » du parcours génératif; on sait que, parallèlement au principe de la conversion, la tradition sémiotique admettait depuis les années 70 que les grandeurs les plus abstraites pouvaient être directement manifestées en discours, comme si l'énonciation du discours était en grande partie indépendante de sa génération! En outre, d'autres modes d'association et de réarticulation des grandeurs sémiotiques se font jour, et seront examinées ici-même : les « formes de vie », par exemple, ou, plus étonnant peut-être, les « passions » et les « émotions ». La sémiotique du discours a affaire à des « conglomérats », des « dispositifs » associant des grandeurs hétérogènes, dont la cohérence n'est pas fournie par le parcours génératif. La praxis énonciative qu'elle s'efforce d'appréhender tient plus du « bricolage » (*cf.* Jean-Marie Floch, *Identités visuelles*, qui emprunte la notion à Lévi-Strauss pour l'appliquer à l'énonciation), que d'un algorithme d'engendrement universel.

Par ailleurs, la sémiotique est-elle suffisamment aguerrie pour envisager la confrontation avec d'autres entreprises herméneutiques? Seule la confrontation elle-même fournira la réponse. En premier lieu, il s'agit de clarifier, autant que faire se peut, les relations entre la sémiotique et le champ des sciences humaines et sociales, relations trop souvent traitées en termes de «reformulation» et d'«intégration», sinon d'exclusion. A titre d'exemple, on peut alléguer les relations, suivies mais inégales, entre la sémiotique et la phénoménologie, et singulièrement l'œuvre de Merleau-Ponty, relations déclarées par l'article de Greimas intitulé «Le saussurisme aujourd'hui» (1956).

Comment conduire pacifiquement ces confrontations? Le plus simple est d'admettre que les concepts directeurs de la sémiotique sont loin de présenter le même degré d'élaboration et, à partir de ce constat, de se demander si tels concepts à peine ébauchés ne pourraient pas être fortifiés, enrichis, approfondis par des rapprochements effectués en toute connaissance de cause.

Par principe et selon même son projet scientifique, la sémiotique est destinée à de telles confrontations, où elle a tout à gagner, aussi bien comme méta-langage que comme langage-objet. En tant que méta-langage, et dans une perspective optimiste, c'est au parcours génératif de la signification, mais aussi à la stratification en plan de l'expression et plan du contenu, d'apporter la preuve qu'ils constituent bien des lieux d'accueil et de compréhension et non d'exclusion. Relativement à son propre langage-objet, la sémiotique est invitée à reconnaître l'existence de **styles** et de **régimes**, et non seulement de catégories et de processus universaux, de styles quand il s'agit du système, de régimes quand il s'agit du processus.

Ce faisant, la sémiotique retrouverait des préoccupations qui sont aussi celles de la linguistique générale. Si l'objet de fait de la linguistique est la connaissance de telle langue, son objet de droit est la connaissance de telle langue au sein d'un groupe donné de langues et, à l'horizon, de la faculté de langage.

## 4. NOTES ET RÉFÉRENCES BIBLIOGRAPHIQUES

Les principes énoncés ci-dessus (à propos de la recension et des confrontations, notamment) ne sauraient s'appliquer sans un système de références bibliographiques : il ne s'agit pas seulement de sacrifier à un des rites du discours universitaire, qui est un genre parmi d'autres, mais de manifester clairement l'immersion de nos propositions dans le réseau des acquis antérieurs, proches ou apparemment éloignés.

Jacques Fontanille & Claude Zilberberg

# Valence

## 1. RECENSION

Pour le Littré, la valence n'était que le nom d'une espèce d'orange en provenance de Valence. Selon le Robert, il faut attendre 1875 pour voir apparaître, dans le vocabulaire de la chimie, l'acception actuelle, à savoir qu'il désigne le nombre de liaisons chimiques qu'un atome ou un ion entretient avec d'autres atomes ou ions. Il a été repris en psychologie pour caractériser la puissance d'attraction d'un objet. Le trait constant «puissance d'attraction» conserve une part du sens étymologique du bas-latin *valentia* («vigueur», «bonne santé»). L. Tesnière l'introduit enfin en linguistique pour désigner le nombre de places actantielles liées à chaque prédicat dans la structure de base de la phrase[1].

Globalement, la valence caractériserait par conséquent à la fois le **lien tensif** et le **nombre de liens** qui unissent un noyau et ses périphériques, les périphériques étant définis par l'attraction qu'exerce sur eux le noyau et par la «puissance d'attraction» du noyau, reconnaissable au nombre de périphériques qu'elle est susceptible de «tenir ensemble» sous sa dépendance. La quantité serait en l'occurrence sous le contrôle de l'intensité, et réciproquement, et les deux ensemble caractériseraient les relations de dépendance, produisant globalement des effets de **cohésion**. D'un tout autre point de vue, l'émergence d'un prototype dans une catégorie sémantique, à partir du réseau des dépendances qui unissent les occurrences sensibles qui la constituent, relèverait aussi de la valence objectale, dans la mesure où le prototype sanctionne une certaine forme de cohésion sensible, à partir de laquelle vont se dessiner les limites, puis les oppositions constitutives de la catégorie.

Si la valence ne figure ni dans *Sémiotique 1* ni dans *Sémiotique 2*, elle est consacrée par *Sémiotique des passions*, où elle apparaît au cours d'une réflexion portant à la fois sur la «valeur de la valeur» et sur le réaménagement des axiologies intervenant entre niveau présupposant et niveau présupposé. Le terme de valence a été retenu en sémiotique pour donner consistance à une constatation maintes fois vérifiée dans l'analyse des discours concrets : la valeur des objets tient tout autant à l'intensité, la quantité, l'aspect ou au tempo de la circulation de ces objets, qu'aux contenus sémantiques et axiologiques qui en font des «objets de valeur». Morphologie des objets, modulations des procès de leur mise en circulation : il s'agit donc en fait de donner un corrélat à la valeur proprement dite et de maîtriser la distinction entre d'une part les investissements sémantiques dirigés sur les objets de valeur et d'autre part les conditions tensives et figurales qui surdéterminent et contrôlent les premiers. Ce qui signifierait que ni le concept de valence ni le concept de valeur ne se suffisent à eux-mêmes : ils n'accèdent au sens que comme parties prenantes d'une sémiosis immanente au sein de laquelle la valence serait la manifestée et la valeur, la manifestante.

## 2. DEFINITIONS

Le traitement de cette notion impose des précautions particulières, dans la mesure où l'introduction du concept de «valence» devrait conduire à une révision de la notion même de paradigme, pour autant que le paradigme soit une structure d'accueil des valeurs, au sens saussurien ; dans notre esprit, la valence contribue, selon une mesure qui reste à fixer, à la signification du paradigme lui-même : chaque paradigme présuppose en effet des valences. Ajoutons que le traitement de la valence demande que la version «danoise» du structuralisme prenne le pas dans les esprits sur sa version «pragoise», dans la mesure où précisément le structuralisme «danois» intervient volontiers en amont des notions les mieux reçues, en assumant le risque d'exposer leurs présupposés constitutifs.

### 2.1. Définitions paradigmatiques

Nombreux sont les éléments indiquant que la notion de paradigme, sur laquelle la linguistique et la sémiotique continuent de reposer, présente le défaut, aboutissant à une authentique obstruction épistémologique, de poser la relation paradigmatique comme le point de départ de l'organisation d'une catégorie, alors qu'elle n'en est que l'aboutissement.

A l'exception de l'œuvre de V. Brøndal, sur laquelle nous reviendrons, la plupart des théories se satisfont d'une solution de continuité entre paradigme et définition. De quoi s'agit-il en effet ? Une grandeur sémiotique apparaît comme une « passerelle » entre deux niveaux d'articulation : cette grandeur est d'une part **comprise** dans un paradigme, plus ou moins nombreux, plus ou moins stabilisé, d'autre part elle **comprend** sa définition, c'est-à-dire, selon l'enseignement des *Prolégomènes*[2], sa division, ses articulations internes. Le signe fait donc nécessairement communiquer le paradigme auquel il appartient et sa propre définition : comment assure-t-il cette communication ?

La saisie paradigmatique de la valence a pour objet de rétablir ou de préciser le lien entre la définition et le paradigme. En d'autres termes, il s'agit de tenter de comprendre comment, munie de sa définition, une grandeur sémiotique intrinsèquement complexe peut s'insérer dans un inventaire réglé d'oppositions. Toutes les définitions sont « vraies », dans la mesure où elles reposent sur une division, et « fausses », puisque les objets les plus courants connaissent des flottements définitionnels surprenants. C'est ainsi que pour le *Littré*, le chien est un « quadrupède domestique, le plus attaché à l'homme, gardant sa maison et ses troupeaux, et l'aidant à la chasse », alors que pour le *Micro-Robert*, il est donné comme un « mammifère domestique dont il existe de nombreuses races élevées pour remplir certaines fonctions auprès de l'homme ».

Le moins que l'on puisse dire est que le « portrait » de l'informateur, le chien, est corrélatif à la position et aux intérêts de l'observateur, le rédacteur de l'article du dictionnaire. Toutes les définitions pratiquent une division, installent une inégalité et un conflit entre deux directions, chacune de ces directions produisant elle-même un effet de perspective. Dans le cas du chien, ce conflit met en présence :

a) d'une part un choix classématique, entre « quadrupède » et « mammifère », qui ne peut être considéré comme une opposition, puisque l'un englobe l'autre, mais plutôt comme une variation dans la profondeur hiérarchique du genre et des espèces : le « quadrupède » « rapproche », car ce classème prend en compte l'apparence visible du chien, alors que le « mammifère » « éloigne », puisque l'homme et la baleine sont aussi des mammifères ; selon la profondeur classématique, le « quadrupède » serait donc d'une faible profondeur, et le « mammifère », d'une profondeur plus importante ;

b) d'autre part, un gradient **thymique** selon lequel l'affectivité investie serait forte (tonique) quand les fonctions domestiques seraient négligées, et faible (atone), quand elles reviennent au premier plan.

La corrélation sur laquelle reposent nos deux définitions associe le classème proche («quadrupède») à un effet thymique fort, et le classème éloigné («mammifère»), à un effet thymique faible : le *Littré* témoigne de la première articulation, et le *Micro-Robert*, de la seconde ; mais les deux définitions relèvent du même système de valences, quelles pondèrent différemment. Ces «valences» pourraient être caractérisées ici comme une corrélation entre les gradients respectifs de la profondeur classématique et de la tonicité thymique.

Quelques précisions théoriques et terminologiques s'imposent dès maintenant. Nous tentons d'articuler ici une «sémantique du continu», qui puisse déboucher sur une sémiotique du continu, et qui serait susceptible de répondre de l'apparition du discontinu. Dans le plan de l'expression, les grandeurs continues correspondent à ce que Hjelmslev appelle les «exposants» (accents et intonation), et elles sont de l'ordre de l'intensité et de la quantité, dans la mesure où l'accent comme l'intonation peuvent affecter aussi bien la hauteur et la longueur des phonèmes (leur quantité ou leur extension) que l'énergie articulatoire (leur intensité).

Au nom de l'isomorphisme entre l'expression et le contenu, nous considérons que nous avons affaire, avec les valences, à **des gradients d'intensité** (par exemple, le gradient d'intensité affective) et **des gradients d'extensité** (par exemple, le gradient de la «fonctionnalité», des rôles domestiques du chien, ou celui de la hiérarchie des genres et des espèces). L'**intensité** et l'**extensité** sont les fonctifs d'une fonction qu'on pourrait identifier comme la **tonicité** (tonique/atone), l'une, l'intensité, au titre de l'«énergie» qui rend la perception plus ou moins vive, l'autre, l'extensité, au titre des «morphologies quantitatives» du monde sensible, qui guident ou contraignent le flux d'attention du sujet de la perception.

Dans l'espace tensif qui est leur domaine d'élection, ces gradients sont mis en perspective par la visée ou par la saisie d'un sujet perceptif. Cette orientation des gradients par rapport à un centre déictique et par rapport à un observateur les convertit en **profondeurs sémantiques**. Il s'agit bien entendu de profondeurs articulant un espace mental plus ou moins abstrait, l'espace épistémologique de la catégorisation, mais isomorphe de celui de la perception, et directement dérivé de lui : la profondeur sémantique obéit en effet à la même définition que la profondeur figurative ; seul le degré d'abstraction change.

Quand deux profondeurs se recoupent pour engendrer une valeur, elles seront dénommées **valences**, dans la mesure où leur association, et la tension qui en émane, devient la condition d'émergence de la valeur. *Gradient* désigne donc le mode continu des grandeurs considérées ; *profondeur* désigne l'orientation dans la perspective d'un observateur (qui vise ou qui saisit) ; *valence* désigne une profondeur corrélée à une autre profondeur. Lorsque nous parlons de la *valence* classématique «mammifère», nous parlons donc (i) d'une part de son appartenance à une profondeur classématique, et (ii) d'autre part, du fait qu'elle est corrélée à l'autre profondeur, celle du thymique. **Globalement, les valences reçoivent donc leur définition de leur participation à une corrélation de gradients, orientés en fonction de leur tonicité sensible/perceptive.** C'est dire que, d'emblée, un observateur sensible est installé au cœur de la catégorisation, comme le lieu même des corrélations entre gradients sémantiques. En d'autres termes, la «boîte noire» de la sémiotique des passions, à savoir le **corps propre** du sujet sentant, trouve ici une définition oblique inattendue : le corps propre est le lieu où se font et se ressentent à la fois les corrélations entre valences perceptives (intensité et extensité).

La corrélation qui fonde la définition du «chien» peut être présentée soit sous la forme d'un diagramme :

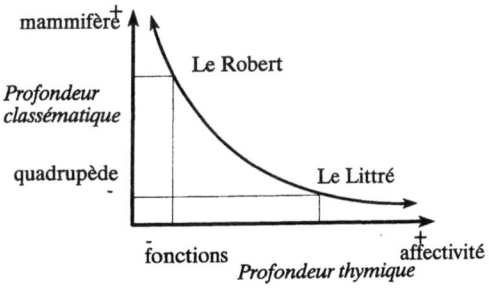

soit sous forme de réseau :

| Profondeurs : | Tonicité : | faible | forte |
|---|---|---|---|
| Classématique | (Extense) | Quadrupède | Mammifère |
| Thymique | (Intense) | Fonctionnel | Affectueux |

dans lequel le chien du *Robert* occupe les cases « quadrupède + affectueux », alors que celui du *Littré* occupe les cases « mammifère + fonctionnel ».

L'analyse d'une valeur requiert par conséquent (i) deux gradients au moins qui, dans la mesure où ils sont orientés, fonctionnent pour le sujet d'énonciation comme des profondeurs, et (ii) sur chacune de ces profondeurs, une variation qui est probablement identifiable à une variation d'intensité ou d'extensité, ou, pour maintenir l'isomorphisme entre l'expression et le contenu, à une variation de tonicité. Chaque gradient comportera donc une zone forte ou tonique, et une zone faible ou atone. Dans la mesure où les valences sont graduelles et de l'ordre de la tonicité, leur corrélation est, par définition, tensive.

Cette analyse sommaire de la valeur de l'objet montre comment on pourrait envisager d'en mesurer les variations graduelles. La valeur est alors la **fonction** qui associe les deux valences, et ces deux valences (ces gradients orientés et corrélés), sont les fonctifs de la valeur. La valence est donc susceptible de deux analyses : d'un côté, elle est une orientation graduelle dans un ensemble de grandeurs toniques ou atones ; de l'autre, elle varie sous le contrôle d'une autre valence, par rapport à laquelle elle est perçue comme associée et dépendante.

La notion de valence apporte un correctif appréciable à la conception sémiotique de la valeur, dans la mesure où celle-ci est tenue aujourd'hui de répondre aux questions soulevées par la sémantique du prototype : quelle est la part, dans la constitution d'une catégorie, du graduel et du discret ? comment se combinent, dans la définition de chaque unité, les traits distinctifs isotopes et les traits de position hiérarchique (hyponymie et hyperonymie) ? Quelle est la part de la différence et de la dépendance ? Quel est, enfin, le rôle de l'observateur dans la mise en perspective des traits ?

Notre approche est encore trop sommaire pour procurer des réponses satisfaisantes à toutes ces questions, mais cette première ébauche montre bien qu'en deçà du carré sémiotique, c'est-à-dire en deçà de la catégorie stabilisée et discrétisée, les valences et leurs corrélations dessinent l'espace théorique où les réponses attendues devraient prendre forme :

a) La question de la frontière des catégories est ici reformulée en termes d'« extensité », car les gradients de l'extension sont susceptibles de recevoir des seuils plus ou moins fortement déterminés.

b) La question de la position hiérarchique du prototype d'une catégorie correspond ici à la profondeur dite « classématique ».

c) Le rapport entre les traits distinctifs, la position hiérarchique et les propriétés qui varient en continu, est traité comme une fonction hjelmslevienne : les traits distinctifs de la valeur sont du côté de la fonction, et les variations extensives et intensives de la tonicité, du côté des fonctifs (les valences).

d) L'inscription du sujet observateur dans l'organisation de la catégorie, et dans la sélection de son prototype, est ici d'emblée considérée comme résultant des propriétés perceptives des valences (propriétés intensives et extensives), puisque leur orientation en «profondeur» est pour nous le fait d'un sujet perceptif qui leur impose sa deixis.

D'un autre point de vue, en examinant la manière dont les valeurs prennent forme et circulent dans les discours, mais aussi dans les macrosémiotiques que constituent les cultures, on s'aperçoit que la polarisation axiologique des catégories sémantiques n'est pas la seule propriété requise et que, notamment, le caractère attractif ou répulsif des objets et des jonctions ne dépend pas uniquement du contenu sémantique qui y est investi : les univers axiologiques doivent préalablement obéir à certaines conditions de composition et d'homogénéité, et les valeurs, aussi désirables soient-elles, ne peuvent être cherchées et ne peuvent circuler que sous certaines conditions d'extensité et d'intensité, la conjugaison des valences intensives et extensives modulant le flux des échanges, et, notamment, leur tempo.

Il s'agit maintenant de préciser le lien entre définition et paradigme. En réduisant par commodité le paradigme à une paire, nous examinerons la définition du chat proposée par le *Micro-Robert* :
«Petit mammifère familier, à poil doux, aux yeux oblongs et brillants, à oreilles triangulaires, qui griffe.»

Nous négligeons l'indication de «petit» qui intéresse ici la profondeur classématique, pour ne conserver que le gradient thymique, qui se projette en profondeur proprement affective et en profondeur fonctionnelle, voire utilitaire : le chien n'est que *«domestique»*, mais les services qu'il rend sont nombreux, tandis que le chat se hausse de *«domestique»* à *«familier»*, mais ne «sert» à rien (pour le *Furetière*, le chat gardait une valence fonctionnelle comme «chasseur de souris»).

Soit le diagramme :

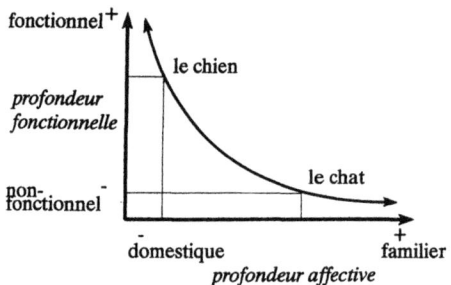

La valence forte du chat sur la profondeur affective est contrôlée par la perception sous le mode visuel et sous le mode tactile. Il faudrait encore mentionner, pour être exhaustif, une dimension esthétique ainsi qu'une dimension fiduciaire avec la relative *« qui griffe »*, corrélée sans doute à la précédente et qui laisserait entendre que plus le chat est attirant, séduisant, plus il faut s'en méfier.

L'existence d'un lien paradigmatique en langue entre deux grandeurs présupposerait donc qu'elles partagent les mêmes valences. Le paradigme décline, à travers les valeurs qu'il accueille, les valences sous-jacentes que la définition associe, de sorte qu'on retrouve entre les unités constitutives d'un paradigme les corrélations qui définissent chaque unité considérée isolément dans sa définition : par exemple, si la corrélation entre la valence « thymique » et la valence « fonctionnelle » est pertinente pour les définitions respectives du chat et du chien, elle doit l'être aussi pour le paradigme auquel ils appartiennent tous les deux, et elle doit être au principe même de leur opposition distinctive.

Par rapport à l'analyse sémique traditionnelle, deux différences ressortent : (i) la valeur met en œuvre deux valences liées entre elles par une fonction, de sorte que les valences, par définition (*cf. supra*) vont toujours au moins « par deux »; c'est, à leur propre niveau de pertinence, leur corrélation qui « fait sens »; telle valence ne saurait advenir sans voir survenir sa contre-valence, la tension entre les valences étant, de fait, constitutive des méta-termes de la structure élémentaire ; (ii) en second lieu, c'est en raison de leur dépendance à l'égard de l'interaction tensive des valences que les traits ne sont pas seulement des traits de contenu énumérables, mais des valences liées.

Cette dernière propriété concerne directement la structure des sémèmes et des configurations sémantiques : la sémiotique tout entière s'est construite, d'une certaine façon, sur l'idée que le sémème ne pouvait pas être un simple conglomérat (additif, cumulatif) de traits distinctifs; le parcours génératif est une des réponses possibles, reposant sur une distribution hiérarchique, à cette difficulté. Mais, d'un point de vue immédiatement opératoire, quand l'analyse concrète a dégagé par commutation et segmentation un certain nombre de sèmes, leur distribution sur les différents niveaux du parcours génératif, en fonction de leur degré d'abstraction ou de densité figurative, ne constitue pas une réponse satisfaisante à la question des liens de dépendance **spécifiques**, qui produisent tel effet de sens particulier en discours, tel sémème actualisé (comme ici même, la dépendance inverse entre la fonctionnalité domestique du chat et du chien et l'affectivité investie en chacun d'eux). La théorie de la valence, en revanche, pourrait préciser la nature de ces liens, grâce aux corrélations de gradients qu'elle propose, et même, à terme, permettre de les prévoir, sur le fond des dimensions très générales de l'intensité et de l'extensité.

## 2.2. Définitions syntagmatiques

### 2.2.1. *Définitions syntagmatiques étendues*

En traitant des définitions paradigmatiques, nous avons fait mention d'une fonction sans plus de précision. Pour traiter de la syntagmatisation des valences, il est maintenant indispensable d'opposer la fonction à elle-même. Faute de précédent suggestif, nous prendrons pour guide la distinction la plus simple, à savoir la tension entre la conjonction, la relation *« et... et... »*, et la disjonction, la relation *« ou... ou... »*.

Dans le premier cas, celui de la conjonction, les valences varient dans le même sens, c'est-à-dire que *moins* appelle toujours *moins*, *plus* appelle toujours *plus*; il s'agit alors d'une **corrélation converse**. Dans le second cas, celui de la disjonction, les valences varient en raison inverse l'une de l'autre; la textualisation aboutit aux types d'énoncés suivants : *plus* appelle *moins*, *moins* appelle *plus*; cette fois, la **corrélation est inverse**. Les deux seront ainsi représentées :

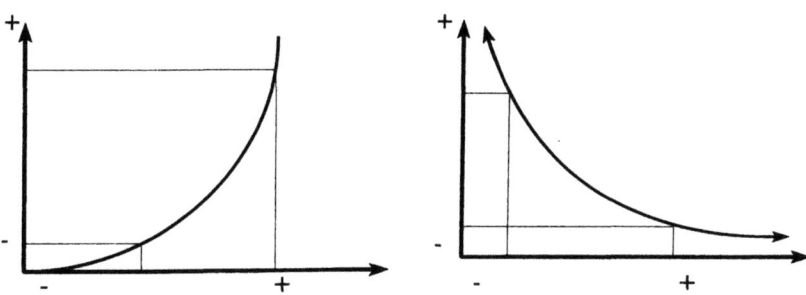

NB : La **forme de l'arc** est potentiellement exploitable, mais ne serait guère pertinente pour notre propos : s'il fallait définir un « lieu géométrique » de chaque corrélation, il serait plutôt de type statistique, et occuperait des zones à densité variables, ayant comme axe de symétrie le tracé des arcs.

La coexistence de ces deux régimes fonctionnels dégage un espace d'accueil plausible pour les deux grands principes mis à jour par l'anthropologie, à savoir le principe d'**exclusion**, ayant pour opérateur la disjonction, et le principe de **participation**, ayant pour opérateur la conjonction. Convient-il, après convocation de la présupposition réciproque, de placer ces deux régimes fonctionnels sur le même rang ? De fait, les micro-univers discursifs semblent conjuguer ces deux principes, et se satisfaire d'un *modus vivendi*. Ceci demande une brève explication : en elle-même, la valence appartient encore à la **substance** : elle n'accède à la **forme** que si elle devient un enjeu pour les deux grands principes de l'exclusion et de la participation. A titre d'illustration sommaire, examinons la relation entre certaines pratiques et l'appartenance sexuelle de ceux qui les exercent : le bricolage est réservé aux hommes si bien que sa pratique par une femme a pour effet de la « viriliser ». Le cas de la cuisine est différent : elle reste plutôt féminine tout en s'ouvrant aux hommes, mais la « grande cuisine » passe pour être une affaire d'hommes ; toutefois les femmes qui ont fait leurs preuves sont admises à titre d'exception. En examinant les choses d'un peu plus près, il est aisé de se rendre compte que la péjoration et la mélioration servent de moyens termes entre les deux principes indiqués et le jeu propre des valences ; le recours à la péjoration et à la mélioration permet respectivement d'**exclure des participants** et de faire **participer des exclus**. Ainsi, la cuisine ordinaire a tendance à s'ouvrir et de permettre, par mélioration, d'inclure de nouveaux participants masculins ; inversement, dans le cas de la « grande cuisine », qui exclut d'emblée les femmes, cette exclusion est à son tour entamée par la distinction des agents féminins les plus performants. Il suffit d'introduire les catégories *vie/mort, nature/culture*, centrales en anthropologie, pour entrevoir la motivation du mythe dans l'approche de Lévi-Strauss : modérer les excès, sans doute corrélés, de la participation et de l'exclusion. Nous y reviendrons dans l'étude consacrée aux valeurs.

En second lieu, ces deux principes donnent de la notion de **limite** deux images opposées : pour le principe de participation, en corrélation converse, chaque gradient semble pouvoir reculer indéfiniment la limite de l'autre, engendrant ainsi toujours *plus de plus* et toujours *moins de moins* ; pour le principe d'exclusion, en corrélation inverse, la limite n'est plus située dans les confins, mais dans l'équilibre des valences concurrentes. Les exemples du chien et du chat sont ici particulièrement éclairants, dans la mesure où les **frontières** des catégories sont en cause. Dans la définition du chien considérée isolément, le nombre de services rendus est proportionnel à la charge affective, de sorte que cette corrélation converse ne peut fournir d'indication déterminante sur les limites de la catégorie, sauf du côté des valences nulles : un chien qui ne sert à rien, un chien sauvage, peut-il être aimé, peut-il encore être considéré comme un chien ? Ne se rapproche-t-il pas plutôt du loup ? Mais, dès qu'on considère ensemble les valences corrélées des définitions respectives du chien et du chat, alors la limite est claire : un chien qui ne sert à rien et qui est excessivement familier (un caniche, par exemple) commence à ressembler au chat. La différence entre **catégories à frontière floue et catégories à frontière nette** pourrait donc être approchée grâce à la distinction entre corrélation **converse** (régime participatif) et corrélation **inverse** (régime exclusif).

### 2.2.2. Définitions syntagmatiques restreintes

Les deux régimes de valence que nous venons d'examiner, le principe d'exclusion et le principe de participation, se réalisent localement dans la chaîne en convoquant les valeurs deux-à-deux, et chacun présente ses propres particularités syntagmatiques. Le régime d'exclusion a pour opérateur le **tri** et aboutit, si le processus atteint son terme, à la confrontation contensive de l'**exclusif** et de l'**exclu**, et pour les cultures et les sémiotiques qui sont dirigées par ce régime, à la confrontation du « pur » et de l'« impur ». Le régime de participation a pour opérateur le **mélange** et aboutit à la confrontation détensive de l'**égal** et de l'**inégal** : dans le cas de l'égalité, les grandeurs sont interchangeables, tandis que dans celui de l'inégalité, les grandeurs s'opposent comme « supérieure » à « inférieure ».

La réarticulation des valences en valeurs, dans l'espace sémio-narratif, suppose que les dépendances/indépendances soient converties en différences (contrariété, contradiction, complémentarité) à partir des ruptures observées dans le réseau des dépendances, de sorte que les seuils ou limites projetés sur les valences deviennent les frontières d'une catégorie stabilisée et discrétisable. De même, le sujet sensible, devenu sujet sémio-narratif, voit son univers se partager axiologiquement grâce à la polarisation en euphorie/dysphorie, alors que, dans l'espace tensif, la phorie non polarisée caractérisait les réactions de son corps propre aux tensions dans lequel il était plongé. Ainsi surgit la valeur au sens sémiotique : la valeur comme différence qui organise cognitivement le monde visé, et la valeur comme enjeu axiologique qui polarise la visée elle-même.

Chacun de ces champs sémiotiques possède son indice tensif, sa cohérence propre : le programme de base est discontinu dans une sémiotique du tri et tend à restreindre la circulation des biens; il est continu dans une sémiotique du mélange et favorise le «commerce» des valeurs. Dans les sémiotiques du tri, la circulation des valeurs est donc faible, parfois nulle, et de toutes façons ralentie par la solution de continuité posée entre l'exclusif et l'exclu. Dans les sémiotiques du mélange, le tempo de la circulation est plus vif dans une culture où la valence est diffuse que dans celle où la valence tend à se concentrer sur un nombre restreint de grandeurs.

On sait que dans le domaine économique, la valeur d'échange des biens comme de la monnaie dépend de la vitesse (inflation) ou de la lenteur (déflation) avec laquelle les biens sont échangés. De même, Lévi-Strauss a fort bien montré que les échanges matrimoniaux étaient soumis à une contrainte qui apparaît globalement comme un «ralentissement» ou un «éloignement», le second pouvant être considéré comme une variété du premier[3]. Intuitivement, nous avons le sentiment d'être également en présence de structures élémentaires caractéristiques du «politique» : à l'égalité correspondra une société du **droit**, à l'inégalité, une société du **privilège**; du côté de l'exclusion et du tri, on aurait une société de l'**interdit**, avec ses intouchables. Mais il appartiendra aux analyses concrètes de confirmer ou non cette suggestion de généralisation.

## 3. CONFRONTATIONS

La dépendance des valences à l'égard du devenir est littérale dans le texte bien connu de Baudelaire :

> «Comment le père un a-t-il pu engendrer la dualité et s'est-il enfin métamorphosé en une population innombrable de nombres? Mystère! La totalité infinie des nombres doit-elle ou peut-elle se concentrer de nouveau dans l'unité originelle? Mystère!»[4]

Ces questions sont bien liées, comme le rappelle Cassirer, à l'univers du sensible, dont émanent la phorie et le devenir :

> «Car les contenus indécomposés de la perception en tant que tels n'offrent aucune prise et aucun point d'appui à cette pensée. Ils n'entrent dans aucun ordre stable et général, ils n'ont nulle part de qualité véritablement univoque, et, à les prendre dans l'im-

médiateté de leur être-là, ils se présentent comme un flux insaisissable qui résiste à toute tentative pour distinguer en lui des « limites » exactes et bien nettes. »[5]

Le devenir de l'**intensité**, en produisant et en distribuant des **éclats** et des **modulations**, prendrait en quelque sorte la forme d'un rythme. Le devenir de l'**extensité**, en produisant et en distribuant des parties et des totalités, des unités et des pluralités, se caractériserait par la formation et la déformation d'agencements **méréologiques**. Eu égard à la distinction entre sujet et objet, notamment dans l'acte perceptif, on peut faire l'hypothèse que les valences d'intensité et de tempo caractérisent essentiellement le devenir sensible du sujet, alors que les valences d'extensité et les agencements méréologiques qui en découlent caractériseraient le devenir sensible de l'objet.

Les **valences subjectales** déterminent les conditions de l'accès à la valeur pour le sujet, ainsi que la valeur de la jonction : de nature essentiellement « rythmique », elles peuvent être identifiées grâce au *tempo* et à l'aspectualisation de la saisie ou de l'échange. C'est ainsi que la « valeur pour le sujet » se dessine ou se dissout, selon qu'il saura ou non moduler la vitesse du procès qui aboutit à la jonction ; le généreux, par exemple, en adoptant le juste *tempo*, permet à autrui de profiter des objets de valeur dont il se sépare ; le dilapidateur, en revanche, en raison de l'accélération de la mise en circulation des objets dont il se sépare et qu'il dissipe, remet en cause l'existence même de ces objets, mais aussi de la valeur même qui sous-tend l'échange.

Les **valences objectales** déterminent dans la morphologie des figures-objets, ce qui les rend propres à accueillir un investissement axiologique, notamment, leur structure méréologique. En effet, les formes particulières de la dépendance et de l'indépendance qui unissent les parties du monde sensible entre elles, préparent et déterminent le type de valeurs qui pourront s'y investir, et les limites du champ disponible, y compris sur le plan esthétique. C'est ainsi que le souci de la « perfection » ne signalera pas seulement une certaine conception du beau, mais pourra aussi être compris comme la manifestation discursive d'une valence qui accorderait par exemple à l'autonomie sensible de l'objet (l'absence de dépendances extérieures perceptibles), et à la clôture de la saisie perceptive, le statut d'une condition préalable à l'investissement axiologique.

L'approfondissement en cours du concept de valence pourrait également conduire à un *modus vivendi* entre le continu et le discontinu : dans une sorte de dialectique de la stabilité et de l'instabilité, la discrétisation stabilise les corrélations entre les valences, en convertissant les limites qu'elles acceptent en frontières d'une catégorie, figeant ainsi des

**contradictions**, et en convertissant respectivement les valences inverses en **contrariétés** et les valences converses en **complémentarités**. Dans l'autre sens, la déstabilisation des catégories et la prééminence des termes neutres et complexes dans les discours concrets redonnent libre cours aux corrélations tensives, soit sur le mode de l'exclusion (termes neutres), soit sur le mode de la participation (termes complexes). C'est ce que nous tenterons de démontrer dans l'étude consacrée à la catégorie et au carré sémiotique.

Par ailleurs, l'extension du concept de valence est telle que le parti le plus sage voudrait qu'on examinât plutôt les catégories sémiotiques qui échappent à son emprise. Nous choisirons pourtant de signaler les relations existant entre la valence et respectivement la **quantité**, le **sujet** et l'**objet**.

Dans l'attente d'une sémiotique consistante du nombre et de la quantité, il est clair que l'interaction incessante entre la valence et ces opérateurs de grande envergure que sont le tri et le mélange préfigure un des chapitres de cette sémiotique. Le tri et le mélange sont susceptibles de varier, comme nous l'avons déjà signalé, en termes de tonicité : le tri est plus ou moins drastique, et le mélange, plus ou moins homogène. Nous obtenons alors le réseau suivant, définissant quatre figures de la **quantité** :

|  | Tri | Mélange |
|---|---|---|
| Tonique | **unité/nullité** | **universalité** |
| atone | **totalité** | **diversité** |

L'articulation sémiotique de la quantité est distincte de l'engendrement formalisé du nombre qu'approfondissent les mathématiciens. Mais il y a plus important peut-être : si l'on conjugue la quantité et l'intensité, alors l'excès et le défaut permettent, à l'intérieur de chaque catégorie, de passer d'un régime tensif à l'autre, c'est-à-dire d'une valence à une autre :

a) Dans une sémiotique du tri, l'excès permet d'aller de « tout » vers « quelque chose », voire « rien ». Telle est la raison pour laquelle nous avons hésité entre la **nullité** et l'**unité** dans le réseau ci-dessus : si le tri atteint la limite, **pas une seule** occurrence ne trouve grâce. La logique du tri peut donc aboutir au nihilisme intégral. Relevons, sans plus, que les grands essais sur le phénomène totalitaire contemporain ont amplement démontré que le fond, ou la forme achevée, du totalitarisme était le nihilisme ; dans la création artistique, ce dépassement du « tout » par le

« rien » correspond assez bien au « style sémiotique » de Mallarmé, qui se dirige vers la « nullité » en passant par l'inappréciable « rareté » de l'unité singulière. En revanche, le défaut permet à notre imaginaire d'envisager les commencements comme des détentes, des explosions, des « big bang », menant, nous assure-t-on, de « rien » à « quelque chose », et de « quelque chose » à « tout ».

b) Dans une sémiotique du mélange, l'excès permet, au nom de la « tolérance », de l'« ouverture », du si justement dénommé « pluralisme », de passer de la « diversité » à l'« universalité »; l'accent se déplace de la différence (l'inégalité, en l'occurrence) vers la ressemblance (l'égalité); le défaut, qui rétablit la « diversité » aux dépens de l'« universalité », fait son œuvre dès que la ferveur des fraternisations enthousiastes retombe, ce qui, chacun le sent, est affaire de délai : l'« éclat » ne souffre pas la durée.

Envisageons maintenant la relation entre la valence et la passion, considérée restrictivement comme une manière d'être du sujet. Pour dégager la structure des valences sous-jacentes à la « passion », nous proposons de rabattre l'un sur l'autre les deux gradients de l'intensité et de l'extensité, et nous plaçons en vis-à-vis une « tension minimale divise » et une « tension maximale indivise ». Si on admet que la passion suppose une relation à l'objet et une relation aux autres, deux profondeurs sont alors concernées. La profondeur de la fixation à l'objet a pour termes extrêmes l'**attachement** et le **détachement**; c'est à dessein que nous recourons au terme freudien, car il est difficile de contester que le point de vue économique en psychanalyse ait quelque chose à voir avec la valence, en tant qu'elle module des « énergies » sémantiques et perceptives. La passion dirigée par une « tension maximale indivise » élit un objet exclusif, alors que la multiplication des objets, en amenuisant les tensions, se conjugue aisément avec le détachement. La profondeur de la relation à autrui aurait quant à elle pour termes extrêmes une socialité restreinte, dont la limite serait une intersubjectivité duelle, et une socialité étendue dont la limite serait l'« humanité » au sens d'Auguste Comte.

Le passionné, à la limite, est « asocial », ou solitaire, bien que la réponse à la question : « Robinson sur son île est-il accessible à la passion ? » soit, après les ouvrages de R. Girard, délicate à fournir, à moins d'imaginer, bien sûr, que les clivages modaux internes de l'acteur suscitent une interaction entre plusieurs rôles, instaurant en quelque sorte le dialogue entre « lui » et « soi ». Pour le dix-septième siècle français, l'« honnête homme », c'est-à-dire celui dont le « commerce » est agréable, était placé sous le signe du détachement.

Toutefois, affirmer que la socialité du passionné est restreinte peut prêter à confusion : il faut préciser que seule la sociabilité du rôle pathémique est ici engagée, puisque dans le cas de Grandet, par exemple, Balzac montre que, en qualité d'avare, il participe d'une socialité restreinte — les avares se devinent et se comprennent sans se fréquenter ni sympathiser : ce que Balzac appelle la «franc-maçonnerie des passions» — mais, dès que son avarice n'est pas directement engagée, il participe d'une socialité étendue, puisqu'il connaît «tout» Saumur.

Nous retrouvons le lien de structure entre l'abaissement de la tension et son fractionnement. La structure tensive des sujets passionnés se laisse ainsi atteindre par la conjugaison de quatre valences : l'**intensité**, l'**extensité**, la **relation à l'objet** et la **relation à autrui**. En associant sur le même gradient disposé verticalement les deux premières, et sur un gradient disposé horizontalement les deux dernières, on obtient le diagramme suivant :

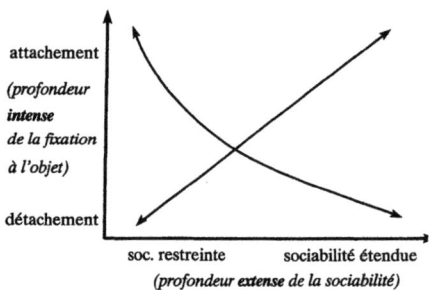

Le lien de dépendance entre les valences proprement tensives et les valences sociales vaut aussi pour les actants collectifs homogènes : le fanatique hier, le totalitaire aujourd'hui composent un attachement très fort et une socialité tendant vers la nullité, qui les conduit à envisager d'un cœur léger la liquidation physique des adversaires qu'ils se sont donnés.

Enfin, le jeu des valences intéresse le traitement des objets à plus d'un titre, mais nous le limiterons ici, en prenant modèle sur l'intersubjectivité, aux relations de compatibilité entre objets. Là encore, l'intervention des opérateurs du tri et du mélange permet de formuler les articulations élémentaires. Du côté de la deixis du tri, les objets peuvent être déclarés incompatibles ou mal assortis; du côté de celle du mélange, ils seront compatibles ou assortis; ces différents cas de figure relèvent aussi, comme il apparaît immédiatement, de la compétence d'un sujet du tri ou du mélange, qui peut ou ne peut pas, qui doit ou ne doit pas rassembler ou séparer les objets. Le carré sémiotique correspondant serait celui-ci :

L'importance accordée respectivement au tri et au mélange décide des ambiances dans lesquelles les sujets se projettent et se reconnaissent. Un exemple, à peine imaginaire, permettra de fixer les idées : dans la perspective exclusive du tri, une bibliothèque « high tech » et une commode « Louis XV » sont inconcevables ensemble (incompatibles, ou à la rigueur mal assortis), tandis que dans la perspective du mélange, la juxtaposition de ces deux meubles sera évaluée et sentie comme « très chic » et « audacieuse », dans la mesure où ils seront considérés au moins comme compatibles. Les styles propres aux valeurs sont donc surdéterminés par leurs régimes de valences. Il est permis de penser que, dans la perspective du mélange, un salon tout en « Louis XV » ou tout en « high tech » seront évalués comme « ennuyeux », « ringards », parce que la valence du mélange y serait nulle. Les évaluations esthétiques et éthiques et leurs corrélats émotionnels signalent ici clairement que les valences sous-tendent les axiologies, et que c'est sur elles, plutôt que sur les valeurs proprement dites, que repose la pertinence des « styles ».

NOTES ET RÉFÉRENCES BIBLIOGRAPHIQUES

[1] L. Tesnières, *Éléments de syntaxe structurale*, Paris, Klincksieck, 1959, p. 105.
[2] L. Hjelmslev, *Prolégomènes à une théorie du langage*, Paris, Minuit, 1971, p. 93.
[3] Cl. Lévi-Strauss, *Structures élémentaires de la parenté*, Paris, P.U.F., 1949.
[4] Ch. Baudelaire, *L'art romantique. Réflexions sur quelques-uns de mes contemporains*, in *Œuvres complètes*, Paris, Gallimard, La Pléiade, 1954, p. 1090.
[5] E. Cassirer, *La philosophie des formes symboliques*, tome 2, Paris, Minuit, 1986, p. 53.

# Valeur

## 1. RECENSION

La réflexion sur la valeur présente, pour l'époque contemporaine, deux caractéristiques : la polysémie du terme «valeur» et la prise en compte des retombées épistémologiques découlant de cette polysémie. Au titre de la polysémie, rappelons que personne ne met en doute l'existence de valeurs économiques, linguistiques, esthétiques, morales, ..., mais en ce domaine toute limite n'est qu'un usage ; pour l'amateur de bonne chère, il existe indubitablement des valeurs gastronomiques, ainsi que l'a montré l'étude de Greimas intitulée *La soupe au pistou ou la construction d'un objet de valeur*[1]. Dès l'instant qu'une praxis est attestée et codifiée, on est en droit de postuler des valeurs de système (le «bon dosage» des ingrédients sélectionnés et du même coup valorisés) et des valeurs de procès (l'acquisition du tour de main, le sens d'une juste coordination temporelle, etc.).

Mais la spéculation sur **la** valeur, qu'elle soit conduite d'un point de vue philosophique, sociologique ou sémiotique, est de fait une réflexion sur **les** valeurs puisqu'elle concerne la relation entre les différents ordres de valeurs. Pour Saussure, démêler le rôle de la valeur en linguistique, c'est la mettre en rapport successivement avec les valeurs que nous dirons «agonistiques» sous-jacentes au jeu d'échecs[2], les valeurs économiques, enfin les valeurs mathématiques. Il est permis de penser que ces analogies ont dû constituer pour Saussure autant de critères de validation des hypothèses qu'il avançait.

Pour Hjelmslev, moins net ou moins intéressé que Saussure par ces questions, les rapprochements qui ont sa préférence concernent le jeu d'échecs, les valeurs économiques et les valeurs algébriques, mais ce dernier rapprochement est plutôt indirect puisqu'il semble tributaire de la centralité attribuée par Hjelmslev au concept de fonction dont il retient surtout *« le sens logico-mathématique »*. Cette préférence reconduit l'« algébrisme » de Saussure.

Pour Greimas, cette problématique est double : il s'agit de formuler une médiation entre les valeurs linguistiques en principe strictement différentielles et « vides » de contenu et les valeurs narratives, lesquelles, dans la perspective greimassienne, sont jugées immanentes au devenir du sujet et à sa quête du *« sens de la vie »*. En second lieu, si l'on admet que le parcours génératif décline les différentes classes de valeurs, valeurs afférentes aux structures élémentaires de la signification, valeurs modales et thématiques afférentes aux structures narratives de surface, valeurs discursives, la réflexion sur les valeurs vient se confondre avec celle intéressant la **conversion** des valeurs d'un niveau à l'autre et rencontre un certain inachèvement, en l'état actuel des choses, de la sémiotique greimassienne.

## 2. DÉFINITIONS

### 2.1. Définitions paradigmatiques

L'analyse paradigmatique d'une grandeur sémiotique est en proie à deux difficultés souvent sous-estimées. En premier lieu, les pères fondateurs de la sémiotique européenne divergent sur un point d'importance. Pour Saussure, dans le *Cours de linguistique générale*, en raison du critère qu'il adopte, à savoir l'« association », manifestement hérité du dix-neuvième siècle, un paradigme, contrairement au syntagme, est **ouvert** :

> « Un terme est donné comme le centre d'une constellation, le point où convergent d'autres termes coordonnés, dont la somme est indéfinie. »[3]

Par contre, pour Hjelmslev, en raison sans doute du principe d'empirisme et de ses trois exigences, l'exhaustivité, la non-contradiction et la simplicité, l'analyse conduit nécessairement à un inventaire fermé :

> « Quand on compare les inventaires ainsi dégagés aux différents stades de la déduction, il est frappant de voir leur nombre diminuer à mesure que la procédure d'analyse avance. (...) En fait, s'il n'y avait pas d'inventaires limités, la théorie du langage ne pourrait pas espérer atteindre son but : rendre possible une description simple et exhaustive du système qui sous-tend le processus textuel. »[4]

La sémiotique greimassienne, notamment avec le rôle fédérateur attribué au parcours génératif, est en concordance avec la position adoptée par Hjelmslev, mais il est clair que les diverses tentatives pour introduire, dans les années 80, des paliers nouveaux l'ont partiellement converti en inventaire ouvert des niveaux d'articulation. En conséquence, il n'y aurait rien de plus dans les termes d'un paradigme que le contenu visé par la commutation : ce que l'intervention de la commutation dégage est certes pertinent, mais cette pertinence est **de fait** et non **de droit,** aussi longtemps que les autres grandeurs commutables n'ont pas été, elles aussi, distinguées et recensées.

Hjelmslev emprunte à un linguiste russe du début du siècle, A.M. Peskovskij, l'hypothèse selon laquelle

> « Il y a des **termes précis** et des **termes vagues**, et, ce qui importe surtout, il paraît qu'**un système est souvent organisé sur l'opposition entre des termes précis d'un côté et des termes vagues de l'autre.** »[5]

Cette hypothèse, qui présente déjà le mérite d'inscrire l'incertitude dans le système, est suivie d'une autre qui marque, à l'avance, les limites du binarisme : « tout système à deux termes est organisé sur l'opposition entre un terme précis et un terme vague »[6]. Autrement dit, la différence, avant de se projeter en une alternative, est confrontée à sa dénégation, sinon à sa propre disparition. Dans *La catégorie des cas*, cette opposition laissera la place à l'opposition entre le terme « intensif » et le terme « extensif » :

> « La case qui est choisie comme intensive a une tendance à concentrer la signification, alors que les cases choisies comme extensives ont une tendance à répandre la signification sur les autres cases de façon à envahir l'ensemble du domaine sémantique occupé par la zone. »[7]

On ne saurait passer sous silence le fait que G. Deleuze inaugure sa réflexion sur la différence par des considérations étonnamment proches :

> « Mais au lieu d'une chose qui se distingue d'autre chose, imaginons quelque chose qui se distingue — et pourtant ce dont il se distingue ne se distingue pas de lui. L'éclair, par exemple, se distingue du ciel noir, mais doit le traîner avec lui, comme s'il se distinguait de ce qui ne se distingue pas. On dirait que le fond monte à la surface, sans cesser d'être fond. (...) La différence est cet état de la détermination comme distinction unilatérale. De la différence, il faut donc dire qu'on la fait, ou qu'elle se fait, comme dans l'expression 'faire la différence'. »[8]

Cette réflexion, très proche de la conception gestaltiste de la perception, est reformulée en termes sémiotiques comme « primat de la négation » : le terme premier, c'est d'abord **ce qui n'est pas n'importe quoi**, et qui, de ce fait, se détache du « n'importe quoi ». La **distinction** précéderait de droit la **différence**; ou, en d'autres termes, l'**indépendance** comme négation de la **dépendance** précéderait la **différence**.

Une double obstruction pesait sur la différence : (i) les termes de la différence sont l'un et l'autre déterminés ; (ii) le contenu de la différence est, selon l'enseignement de Saussure, négatif puisqu'il est seulement demandé aux termes de différer l'un de l'autre, sans qu'il y ait lieu de se demander en quoi ils diffèrent ; cette double obstruction est désormais levée, si bien que des questions jusque-là écartées peuvent désormais être formulées.

Nous choisissons pourtant de nous situer à mi-chemin de l'« indéfini » saussurien » et du « strictement défini » hjelmslevien. Cependant, une réflexion sur les pré-conditions d'une définition paradigmatique de la valeur doit admettre les deux postulats mentionnés par Hjelmslev dans les *Prolégomènes* : (i) la « masse amorphe et indistincte » de Saussure fait place à la postulation d'un « continuum non analysé mais analysable »[9]; (ii) « ... il n'existe pas de formulation universelle, mais seulement un principe universel de formation »[10].

Néanmoins, il nous semble pertinent d'ajouter à la liste des pré-conditions les quatre propriétés suivantes : la **dissymétrie**, l'**orientation**, la **réversibilité**, la **concession**. Relativement au premier point, la **dissymétrie**, elle, ressort de la lettre des textes de Hjelmslev et de Deleuze que nous venons d'évoquer : l'opposition de base ne concerne pas des termes polaires, mais un « terme précis » et un « terme vague », une plénitude et une vacuité, à la limite un « quelque chose » et un « n'importe quoi » ; la délimitation inhérente aux termes polaires ne semble pas devoir être inscrite parmi les primitives. Hjelmslev ne se prononce pas sur la question de savoir si le continuum dont il fait état est orienté ou non, mais avec Cassirer et Deleuze nous admettrons qu'il doit être appréhendé comme le « flux d'une série continue sensible »[11]. Du point de vue épistémologique, il est permis de penser que **dissymétrie** et **orientation** doivent entretenir une relation de présupposition réciproque qui nous dispense de fixer une antériorité ou une priorité, ou de trancher, à l'instar du binarisme, sur le point de savoir si l'on doit tenir *blanc* pour *non-noir* ou *noir* pour *non-blanc*.

Eu égard au troisième point, la **réversibilité**, elle, est moins une propriété qu'un aboutissant de l'analyse : dès l'instant qu'une dimension est conçue comme un gradient, l'augmentation des « plus » a pour corrélat une diminution des « moins », de même qu'une tension décroissante a pour corrélat une laxité croissante.

Le quatrième point, la **concession**, est une généralisation du précédent : en chaque point du gradient, un petit « drame » survient, dans l'immanence de ce que Bachelard appelle la « vendetta des décisions contraires »; dans le devenir, qu'il s'agisse d'une propriété, comme dans le face-à-face de la *rougeur* et du *rougissement*, ou d'un procès proprement narratif, telle valence est corrélée à l'effort, au travail d'une valence inverse : une valence de mouvement affronte une valence d'inertie, une valence cohésive une valence dispersive, etc. En somme, des valences converses (et « tranquilles »), on passe aux valences inverses et « inquiètes ».

L'armature propre aux définitions paradigmatiques présente donc d'une part une complexité **continue**, d'autre part une dissymétrie irréductible. De sorte que (i) au titre de la complexité [A/B], aucune composante, pas plus A que B, ne saurait être donnée isolément, et que (ii) au titre de la dissymétrie, A et B peuvent l'un comme l'autre recevoir l'orientation positive, mais alors avec imputation de l'orientation négative à l'autre.

Il ne reste plus qu'à dénommer les grandeurs qui, en raison de leur exclusion réciproque, constituent l'intervalle le long duquel vont venir s'inscrire les valeurs intermédiaires. Du point de vue figural, c'est-à-dire des catégories attestées à la fois dans le plan du contenu et dans celui de l'expression (nous revenons sur ce point en 3.2), ce sont l'intensité et l'« extensité »; du point de vue figuratif, c'est-à-dire des catégories attestées dans le seul plan du contenu, nous admettrons que le spectre de la valeur a pour termes extrêmes : pour l'intensité, les valeurs **d'absolu**, où domine la visée; pour l'extensité, les valeurs **d'univers**, où domine la saisie; mais dans un cas comme dans l'autre, il s'agit seulement d'une dominante : les valeurs d'absolu prévalent au détriment des valeurs d'univers, et réciproquement.

Il est temps d'avancer un exemple. On sait que le livre de Tocqueville, *De la démocratie en Amérique*, compose une approche paradigmatique visant à appréhender les différences entre le type de société propre à l'Ancien Régime et celui qui se met en place de l'autre côté de l'Atlantique, et, par ailleurs, une approche syntagmatique, en ce sens que Tocqueville tient l'avènement de la démocratie et le déclin de l'aristocratie pour inéluctables, quoique les « raisons du cœur » lui fassent préférer la seconde à la première. Mais c'est moins l'existence de l'opposition qui retiendra notre attention, que les termes par lesquels Tocqueville l'exprime :

> « Je comprends que dans un Etat démocratique, constitué de cette manière, la société ne sera point immobile; mais les mouvements du corps social pourront y être réglés et progressifs; si l'on y rencontre moins d'éclat qu'au sein d'une aristocratie, on y trouvera moins de misères; les jouissances y seront moins extrêmes et le bien-être plus général; les sciences moins grandes et l'ignorance plus rare; les sentiments moins

énergiques et les habitudes plus douces; on y remarquera plus de vices et moins de crimes. »[12]

Le système aristocratique choisit l'*éclat* des valeurs aux dépens de leur extension dans l'exacte mesure où le système démocratique adopte l'extension maximale à laquelle il aspire au prix de la «médiocrité», ainsi que l'indique littéralement la phrase : *les jouissances y seront moins extrêmes et le bien-être plus général*. Du point de vue paradigmatique, les oppositions par lesquelles on entend saisir deux configurations sont donc de deux ordres : l'orientation positive des valeurs d'**absolu** propres au système aristocratique contraste avec l'orientation positive des valeurs d'**univers** propres au système démocratique, mais elle s'oppose aussi à l'orientation négative des valeurs d'univers au sein du même système aristocratique. Une configuration bien attestée manifeste ainsi «deux» oppositions qui déboucheront sur des programmes distincts d'exclusion : l'une **externe**, l'autre **interne**, mais il est fréquent que la seconde prenne le pas sur la première : c'est alors que deux systèmes de valeur en opposition «externe» sont fondus en un seul, sous un seul point de vue : un système de valeurs homogène se stabilise, orienté par une «opposition interne»; de fait, formuler la catégorie comme un carré sémiotique revient à adopter la perspective qui a réussi à imposer son orientation aux valeurs. Le diagramme des valences suivant traduit donc le point de vue adopté par Tocqueville, et trahit en quelque sorte sa préférence pour les valeurs d'absolu, en ce sens que l'imposition d'une corrélation inverse entre l'intensité et l'extensité signale déjà la perspective de celui pour qui l'autre régime, celui des valeurs d'univers, ne peut qu'avoir renoncé à l'«éclat», à l'intensité, au profit de la diffusion maximale :

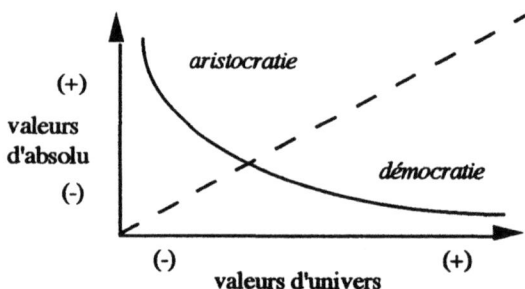

## 2.2. Définitions syntagmatiques

Les définitions syntagmatiques prennent en charge la complexité spécifique des termes extrêmes de la profondeur, ici une intensité **sans** extensité, en laquelle on peut reconnaître une définition valide de l'**un**, ou de l'**unique**, là une extensité **sans** intensité, en laquelle on peut reconnaître une définition de l'**universel**. Il suffit maintenant d'identifier les opérateurs qui suscitent une distension dans chaque complexe : dans le cas des valeurs d'absolu, il semble que le tri et la fermeture interviennent comme opérateurs principaux avec pour bénéfice la **concentration**, tandis que les valeurs d'univers demandent le concours du mélange et de l'ouverture, avec pour bénéfice l'**expansion**. La syntaxe canonique a dès lors la forme d'un cycle :

**tri → fermeture → ouverture → mélange → tri**

Toutefois, cette distension, si elle est nécessaire, n'est pas suffisante. L'élucidation de la dynamique syntaxique, dans l'esprit des fondateurs de la sémiotique européenne, intéresse encore la **direction** pour Hjelmslev et la **limite** pour Saussure.

Pour la **direction**, nous entendons que la perspective retenue, à partir de l'alternative entre valeurs d'absolu et valeurs d'univers, va affecter le discours et fonctionner elle-même comme une instance de **tri** en laissant passer les configurations discursives qui sont conformes au point de vue adopté, et en arrêtant celles qui relèvent de l'autre régime de valeurs. Ainsi Tocqueville laisse entendre, dans le texte cité, que le *crime* serait au régime aristocratique ce que le *vice* serait au régime démocratique, de sorte que cette opération de tri, qui peut être explicite et même axiomatisée, rend compte de l'homogénéité du discours, que le dégagement de l'isotopie expose, mais qu'il n'explicite pas. Les grandeurs énoncives, ici le *crime* et le *vice*, sont donc **régies** par le régime axiologique assumé par le sujet, individuel ou collectif, de l'énonciation.

Pour le régime qui vise les valeurs d'absolu, le maximum d'intensité est attaché à l'unicité, c'est-à-dire à une grandeur définie par sa tonicité et son exclusivité ; sur le plan discursif, cette grandeur sera qualifiée de « sans pareille », d'« incomparable », d'« unique », ... : *lui seul* ou *elle seule* seront les seuls prédicats dignes de cette concentration de valeur, comme dans le second quatrain du sonnet bien connu de Verlaine :

« Car elle me comprend, et mon cœur transparent
Pour elle seule, hélas ! cesse d'être un problème
Pour elle seule, et les moiteurs de mon front blême,
Elle seule les sait rafraîchir, en pleurant. »

Ce régime des valeurs d'absolu a pour assiette l'intersection d'un axe de l'intensité et d'un axe de la quantification ayant pour termes extrêmes, d'une part la singularité, ici valorisée comme unicité, d'autre part l'universalité, dont l'orientation devient donc, pour ce régime, négative. Les intervalles afférents à la quantification sont ceux qui sont réalisés dans les langues, mais évidemment, il reste à établir que dans l'univers de discours où ce régime intervient, telle valeur sur un axe est liée par **commutation** à telle valeur sur l'autre, c'est-à-dire que chaque phase de concentration entraîne un déplacement sur l'échelle de la quantité, c'est-à-dire le franchissement d'un seuil, ou bien que chaque « ouverture » est soldée par une baisse d'intensité. L'évaluation propre à ce régime est donc positive quand l'intensité augmente et l'extensité diminue, négative quand l'intensité faiblit et l'extensité augmente.

Dans l'autre régime, l'« importance » des valeurs est fonction de leur extension ; la limite correspondrait, entre autres, à l'impératif catégorique de Kant, selon lequel toute valeur doit pouvoir se soumettre à l'universalisation. Dès lors, les deux dimensions évoluant de manière converse, l'évaluation est positive quand l'extensité et l'intensité sont au plus haut, et négative quand elles sont toutes deux au plus bas.

Ces propositions procurent un contenu formel et opératoire à une intuition qui se fait jour dans *Sémiotique des Passions*, à savoir que les univers de valeurs sont réglés en sous-main, dans l'espace tensif, par deux grands types de valences : les valences d'intensité, modulant des énergies en conflit, et les valences quantitatives, modulant notamment les propriétés méréologiques de la perception. Les deux grands régimes axiologiques reposent sur la corrélation inverse ou converse de ces deux gradients. Nous identifions l'exclusion-concentration, régie par le tri, et la participation-expansion, régie par le mélange, comme les deux directions majeures susceptibles d'ordonner les systèmes de valeurs.

Envisageons maintenant le traitement de la **limite**. Dans la mesure où nous savons que la participation gouverne le régime des valeurs d'univers, et l'exclusion, celui des valeurs d'absolu, pour chacun de ces régimes, il convient d'envisager leur aspectualisation à partir de la question : la mise en œuvre de chacun de ces deux principes sera-t-elle **totale** ou **partielle** ? La deuxième possibilité présente une configuration intéressante : dans le cas de l'exclusion, si elle n'est pas totale, ce cas de figure revient à se demander quelle est la place que l'exclusion abandonne à... la participation ; dans le cas de la participation, là encore si elle n'est pas totale, elle est amenée également à ménager une place à l'exclusion. Du point de vue de la praxis énonciative, cela revient pour le sujet, individuel ou collectif, à traiter, en fonction du régime prévalent, l'une ou l'autre de ces deux questions : comment, dans le régime de la participation, **exclure des participants**? Comment, dans le régime de l'exclusion, **faire participer des exclus**?

Ainsi, littéralement, chacune des deux fonctions, reconnues par l'anthropologie classique, devient, à partir de son aspectualisation partielle, **objet** pour l'autre. Pour le sujet collectif, nous ferons état des remarques de Lévi-Strauss sur les façons de punir dans *Tristes tropiques* :

> «Je pense à nos coutumes judiciaires et pénitentiaires. A les étudier du dehors, on serait tenté d'opposer deux types de sociétés : celles qui pratiquent l'anthropophagie, c'est-à-dire qui voient dans l'absorption de certains individus détenteurs de forces redoutables, le seul moyen de neutraliser celles-ci et même de les mettre à profit; et celles qui, comme la nôtre, adoptent ce qu'on pourrait appeler l'**anthropoémie** (du grec **émein**, vomir); placées devant le même problème, elles ont choisi la solution inverse, consistant à expulser ces êtres redoutables hors du corps social en les tenant temporairement ou définitivement isolés, sans contact avec l'humanité, dans des établissements destinés à cet usage.»[13]

Pour le sujet individuel, nous aimerions avancer l'hypothèse que le *modus vivendi*, le compromis, entre exclusion et participation est recherché dans la **péjoration** et la **mélioration**; l'identification des «bons» ou des «mauvais» permet, dans le cas de la participation, de restreindre l'extension même de l'universel, tout en évitant que l'exclusion ne gagne tout le champ; dans le cas de l'exclusion, la même distinction, mais en sens inverse, permet d'étendre le domaine des «bons», tout en évitant que l'universalité et l'indifférenciation, sinon l'entropie dont elle est porteuse, ne gagnent tout le champ.

Dans la mesure où les définitions syntagmatiques s'efforcent d'appréhender la portée des transformations syntaxiques, nous sommes amenés, comme pour le traitement de la valence, à caractériser ces transformations par leur **extension**. Nous admettrons que ces transformations sont restreintes ou étendues.

Elles seront dites **restreintes** quand elles surviennent à l'intérieur d'un seul régime, c'est-à-dire quand la participation et l'exclusion, sans cesser d'être des fonctions, prennent également des valeurs de termes; les parcours consisteraient, dans ce cas, en variations d'équilibre entre la participation et l'exclusion; par exemple, s'il existe un devenir de la participation, il concernera la «dose» d'exclusion qu'il est conduit à admettre : il en est ainsi de l'apparition de l'épargne, voire de l'avarice, dans une société où prévaut l'échange et la circulation des biens. Et réciproquement, s'il existe un devenir de l'exclusion, il est aux prises avec l'aire de participation qu'il tolère : les recherches d'E. Landowski sur la marginalité et le statut de l'Autre dans nos sociétés concernent ce cas de figure[14]. Les transformations restreintes s'efforcent donc de déterminer et d'ajuster les valeurs moyennes du «plus» et du «moins». La mélioration suspend l'exclusion propre aux valeurs d'absolu, en admettant dans l'espace des valeurs une zone participative; de même, la péjoration suspend la participation en délimitant une zone exclusive : eu égard à l'intensité, la mélioration peut passer pour une négation; eu égard à l'extensité, la péjoration joue le même rôle.

Les transformations seront dites **étendues** si la participation et l'exclusion se repoussent mutuellement, participation sans reste aboutissant aux valeurs d'univers ou exclusion sans merci conduisant aux valeurs d'absolu. Les valeurs sont dans ce cas les valeurs extrêmes, c'est-à-dire astreintes à l'alternative du «tout ou rien».

L'ensemble des possibilités syntaxiques offertes dans l'espace des valeurs repose de fait sur la catégorisation du complexe tensif «intensité/extensité» :

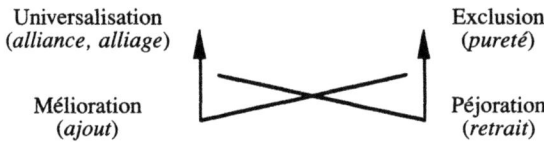

Universalisation
(*alliance, alliage*)

Exclusion
(*pureté*)

Mélioration
(*ajout*)

Péjoration
(*retrait*)

## 3. CONFRONTATIONS

Dans cette rubrique, il nous incombe bien évidemment de préciser le lien entre valeur et valence : la valence se présente comme l'analytique de la valeur, et plus couramment comme la «valeur de la valeur». Chacune des deux espèces de valeurs indiquées, les valeurs d'absolu et les valeurs d'univers, intéresse les deux profondeurs relevées, l'intensive et l'extensive; sur chaque profondeur, deux opérateurs interviennent concurremment : pour la profondeur intensive, ce sont l'**ouverture** et la **fermeture**, pour la profondeur extensive, ce sont le **tri** et le **mélange**. Dans un cas comme dans l'autre, l'imaginaire sémiotique peut être conçu «en amont» comme une écluse — un «container» selon P.A. Brandt — qui, simultanément, laisse s'échapper et retient, de sorte que la somme des deux opérations reste constante. Par conséquent, les valences propres à ces opérations permettent de préciser la typologie subsumée par chaque classe de valeurs :

(a) les valeurs d'univers supposent la prédominance de la valence de l'ouverture sur celle de la fermeture et la prédominance de la valence du mélange sur celle du tri ; au titre de la première, l'ouvert vaut comme *libre* et le fermé comme *restreint*, voire *étriqué* ; au titre de la seconde, le mêlé est apprécié comme *complet* et *harmonieux* et le pur est déprécié comme *incomplet*, voire *imparfait* ou *dépareillé* ;

(b) les valeurs d'absolu supposent la prédominance de la valence de la fermeture sur celle de l'ouverture et la prédominance de la valence du tri sur celle du mélange ; au titre de la première, le fermé vaut comme *distingué* et l'ouvert comme *commun* ; au titre de la seconde, le mêlé est déprécié comme *disparate* (*cf.* sur l'isotopie religieuse, le profane, ou même le sacrilège), et le pur, apprécié justement comme *absolu*, sans concession (*cf.* le sacré).

Le réseau des interactions possibles se présente ainsi :

|  | Ouverture/Fermeture | Pureté/Mélange |
|---|---|---|
| Valeurs d'univers | ouvert = *libre*<br>fermé = *exclu* | mêlé = *complet*<br>pur = *incomplet* |
| Valeurs d'absolu | ouvert = *commun*<br>fermé = *distingué* | mêlé = *disparate*<br>pur = «*absolu*» |

Cette ébauche confirme la relativité actuelle du schéma narratif : le «sens de la vie» obtenu à partir de la description proposée par V. Propp reste une forme de vie possible parmi d'autres, soucieuse de sa cohérence propre et de son «originalité», c'est-à-dire de sa distinctivité. A titre d'illustration, évidemment sommaire, il est aisé de relever, dans le cas de figure où le fermé **domine** l'ouvert, que l'appréciation du fermé a trouvé dans le snobisme une manifestation quasiment institutionnelle, tandis que la dépréciation de l'ouvert est lisible dans la péjoration qui frappe sans relâche la société dite de consommation, au point que ceux qui osent en faire l'éloge sont soupçonnés d'être des «provocateurs» portés au paradoxe.

La manifestation d'une classe de valeurs établit, pour chaque valeur considérée isolément, son contexte, mais ce dernier est traité soit comme un recours, soit comme un appoint. Le contexte n'est pas second, mais premier et tensif. Chaque grandeur attend donc que le contexte fixe l'orientation générale de l'univers de discours en faisant connaître la clef axiologique qui est la sienne : valeurs d'absolu **ou** valeurs d'univers ?

La réflexion de Max Weber sur les conduites éthiques nous intéresse particulièrement puisque le sociologue aboutit à un résultat formellement comparable à celui que nous proposons : il n'y pas **un** système de valeurs, mais **deux** qui sont, selon Weber, dans un rapport d'opposition abyssale :

> « Toute activité orientée selon l'éthique peut être subordonnée à deux maximes totalement différentes et irréductiblement opposées. »[15]

Il s'agit de l'éthique dite de *responsabilité* et de l'éthique de *conviction*. Leurs programmes narratifs respectifs semblent se distinguer d'abord au point de vue aspectuel :

> « (...) le partisan de l'éthique de responsabilité comptera justement avec les défaillances communes de l'homme (...) et estimera ne pas pouvoir se décharger sur les autres des conséquences de sa propre action pour autant qu'il aura pu les prévoir. (...) Le partisan de l'éthique de conviction ne se sentira 'responsable' que de la nécessité de veiller sur la flamme de la pure doctrine afin qu'elle ne s'éteigne pas (...). »

Mais la différence entre les deux orientations éthiques ressort dès qu'on les confronte aux modes d'existence : (i) selon l'éthique de *conviction*, la potentialisation des valeurs est érigée en **absolu**, puisque les *conséquences de l'action* sont d'une certaine façon virtualisées, étant évaluées comme « nulles et non avenues » ; (ii) selon l'éthique de *responsabilité*, la réalisation de l'action est solidaire de l'actualisation des valeurs. Dans les termes du réseau présenté plus haut, l'éthique de conviction rachète son *incomplétude* en exaltant sa *pureté*, tandis que l'éthique de responsabilité doit sa *complétude* à son caractère *mêlé*, c'est-à-dire au fait d'assumer **aussi** ce que Weber appelle les *fâcheuses conséquences*. En grossissant le trait, nous admettrons que l'éthique de conviction procède à un **tri** en isolant l'intention, tandis que l'éthique de responsabilité relève du **mélange** pour autant qu'elle refuse de séparer l'intention des conséquences qui découlent de sa mise en œuvre.

Cette convergence permet de préciser la place de la sémiotique au sein des sciences humaines. La sémiotique devrait occuper à l'égard des sciences humaines la place que la langue, selon Hjelmslev, occupe vis-à-vis des autres systèmes sémiotiques, et qui repose sur sa capacité à assurer la **traductibilité** entre les autres systèmes. Cette conception était également celle de Greimas qui assignait à la sémiotique la tâche de proposer aux sciences humaines un méta-langage cohérent puisque la sémiotique se veut une théorie de **la** signification et que les sciences humaines, sous un rapport ou sous un autre, explorent **tel** ou **tel** ordre de significations. Dans ce cas, la fonction de la sémiotique n'est pas de dicter aux sciences humaines leurs hypothèses : elle se soucie seulement d'établir les conditions d'une « bonne » communication entre sémiotique générale et sémiotiques singulières.

Le dernier point concerne la relation entre la moralisation et la typologie des valeurs. En fait, cela revient à se demander comment les discours « s'y prennent » pour faire circuler les valeurs. Défié par la typologie des valeurs, le discours intervient en recourant à la mélioration et à la péjoration. En effet, entre les deux grands types de valeurs, les valeurs singulières, exclusives et visant l'absolu, et les valeurs universelles, participatives et assumant la relativité, s'interposent les valeurs mélioratives et les valeurs péjoratives, qui s'efforcent en quelque sorte de combler le hiatus existant entre les deux grands types ; mais cette compensation est elle-même soumise à une gradation. En effet, la place accordée, à l'intérieur d'un régime axiologique dominant, au régime concurrent, peut être plus ou moins importante : le régime toléré et dominé sera donc soit **en augmentation**, soit **en diminution**. Rappelons toutefois que : (i) dans un micro-univers dirigé par les valeurs d'absolu, la participation est obtenue par mélioration : certains éléments jugés « bons » sont ajoutés ; (ii) dans un micro-univers dirigé par les valeurs d'univers, l'exclusion est obtenue par péjoration : certains éléments jugés « mauvais » sont retirés. La variation du dosage de chacune de ces deux opérations conduit aux évaluations suivantes :

(a) En régime de valeurs d'absolu : l'augmentation de la mélioration produit la **banalisation**; la diminution de la mélioration produit la **raréfaction**.

(b) En régime de valeurs d'univers : l'augmentation de la péjoration produit la **marginalisation**; la diminution de la péjoration produit la **généralisation**.

Une syntaxe des types de valeurs se dessine, qui permettrait de décrire la « vie » et la « mort » des axiologies, voire l'intéressement et le désintéressement des sujets qui en usent : la **banalisation**, par exemple, dans un régime de valeurs d'absolu, conduit progressivement, non pas à la victoire des valeurs d'univers, mais à un effondrement axiologique, tout comme, dans un régime de valeurs d'univers (une démocratie, par exemple), la **marginalisation**. Imaginons, par exemple, un amour conforme au canon platonicien : chacun sa chacune, ou l'âme-sœur enfin retrouvée. Aussi longtemps que le sujet ne cherche pas d'autres raisons à cet amour, il est à l'abri de toute inquiétude, puisqu'il est le seul à pouvoir se réunir à l'autre. La case qu'il occupe dans le réseau que nous venons de produire est celle de la **raréfaction**. Mais que d'autres raisons viennent à traverser son esprit, raisons que d'autres pourraient partager, alors la voie est ouverte à la **banalisation**; enfin, si notre sujet se laisse aller à envisager l'objet de son amour comme universellement « aimable », l'objet aimé devient un objet maintenant diffus auquel d'autres sujets que lui-même ont accès. Le cercle tragique dans lequel le jaloux se meut tient dans la tension entre une exclusivité de fait, que le jaloux s'accorde à lui-même, et une participation de droit que le jaloux ne peut s'empêcher de reconnaître aux autres. La morphologie des valeurs d'absolu auxquelles le jaloux est attaché est comme rongée par celle des valeurs d'univers qu'il ne cesse pourtant de convoquer. A l'inverse, la « prostitution », dont Baudelaire fait état dans les premières pages de *Fusées*, semble bien correspondre à un fonctionnement hyperbolique des valeurs d'univers[16].

La péjoration et la mélioration s'avèrent des points de vue indispensables puisqu'ils permettent de différencier des opérations et des grandeurs qui, sans cela, en viendraient à se confondre. Comme nous l'avons déjà souligné, le concentré et le diffus n'ont pas de signification par eux-mêmes : c'est le devenir, la « loi d'airain » de la corrélation tensive qui fait sens, parce qu'elle impose inexorablement l'affaiblissement du terme corrélé, quand par exemple l'exclusion aboutit à la négation de toute extension, ou bien quand la diffusion exténue toute concentration...

Nous sommes maintenant en mesure d'attribuer aux différents types de valeurs un mode d'existence propre. Mais, avant toutes choses, nous proposons de modifier la correspondance proposée dans *Sémiotique 1* et reprise dans *Sémiotique des passions*[17] (*cf.* essai « Présence ») de la manière suivante :

Ce remaniement est apparu nécessaire dans la mesure où (i) l'acception linguistique la plus courante de l'actualisation est celle d'une « montée » des structures virtuelles vers la manifestation, et par conséquent, vers la réalisation, et (ii) la potentialisation, notamment par l'effet de la praxis énonciative, conduit à un retour des formes de l'usage vers le système, ou, du moins à une mémoire schématique qui en tient lieu.

Dès lors, nous pouvons considérer que : (i) que les valeurs d'absolu sont **virtualisantes** parce que disjonctives ; (ii) que les valeurs d'univers sont **réalisantes** parce que conjonctives; (iii) les valeurs mélioratives sont **actualisantes** parce que non-disjonctives : elles admettent quelque supplément au sein des valeurs d'absolu; et enfin, (iv) les valeurs péjoratives sont **potentialisantes** parce que non-conjonctives : elles suspendent l'appartenance de tel ou tel élément aux valeurs d'univers.

Nous sommes dès lors en mesure d'affirmer que les grands types de valeurs peuvent être considérés comme des **modes d'existence de la valeur** au sein des cultures individuelles et collectives et que ceux-ci sont du même coup susceptibles d'articuler les **modulations de la présence et de l'absence** des valeurs (*cf.* l'essai «Présence»); les régimes de valeurs seront alors reformulables en termes de densité de présence pour un sujet sensible, et susceptibles de fonder sa «forme de vie».

En outre, l'omniprésence des jugements mélioratifs et péjoratifs dans le discours devient compréhensible dans la mesure où ils présupposent le choix d'un **point de vue**, c'est-à-dire la préférence pour une valence et la négligence à l'égard de l'autre. La péjoration, par exemple, suppose que l'accroissement d'intensité a pour corrélat un appauvrissement en extensité. En style imagé, on peut admettre que la péjoration est l'antichambre de l'exclusion, de même que la dénégation de la péjoration, si elle intervient, permet d'envisager la réintégration prochaine de celui qui était menacé d'exclusion.

## NOTES ET RÉFÉRENCES BIBLIOGRAPHIQUES

[1] A.J. Greimas, *Du Sens II*, Paris, Seuil, 1983, p. 157-169.
[2] *In* F. de Saussure, *Cours de linguistique générale*, Paris, Payot, 1962, p. 125.
[3] F. de Saussure, *Cours de linguistique générale*, Paris, Payot, 1962, p. 174.
[4] L. Hjelmslev, *Prolégomènes à une théorie du langage*, *op. cit.*, p. 59.
[5] L. Hjelmslev, *Nouveaux Essais*, Paris, P.U.F., 1985, p. 33.
[6] *Op. cit.*, p. 34.
[7] L. Hjelmslev, *La catégorie des cas*, Munich, W. Fing, 1972, p. 112-113.
[8] G. Deleuze, *Différence et répétition*, Paris, P.U.F., 1989, p. 43.
[9] L. Hjelmslev, *Prolégomènes à une théorie du langage*, *op. cit.*, p. 73.
[10] *Op. cit.*, p. 98.
[11] G. Deleuze, *Différence et répétition*, *op. cit.*, p. 51.
[12] A. de Tocqueville, *De la démocratie en Amérique*, Paris, 10/18, 1963, p. 28.
[13] Cl. Lévi-Strauss, *Tristes tropiques*, Paris, Plon, 1959, p. 418.
[14] Eric Landewski, *Présence de l'autre*, Paris, PUF, 1997.
[15] M. Weber, *Le savant et le politique*, Paris, Bourgois, 10/18, 1963, p. 206.
[16] « L'amour, c'est le goût de la prostitution. Il n'est même pas de plaisir noble qui ne puisse être ramené à la prostitution./Dans un spectacle, dans un bal, chacun jouit de tous./Qu'est-ce que l'art ? Prostitution./Le plaisir d'être dans les foules est une expression mystérieuse de la jouissance de la multiplication du nombre (...). », *in Œuvres complètes*, Paris, Gallimard/La Pléiade, 1954, p. 1189.
[17] A.J. Greimas & J. Fontanille, *Sémiotique des passions*, Paris, Seuil, 1991, p. 56.

# Catégorie - Carré sémiotique

**PRÉALABLE**

Il est malaisé d'envisager ces deux notions en raison de la centralité qui leur a été attribuée dans la théorie hjelmslevienne et dans la théorie greimassienne : pour Hjelmslev, l'aboutissement de la théorie du langage — mais non des «prolégomènes» de cette même théorie — équivaut à une «science des catégories», récusant la distinction traditionnelle entre syntaxe et morphologie :

> «On voit aussi qu'une telle description systématique de la langue effectuée sur la base du principe d'empirisme ne permet aucune syntaxe et aucune science des parties du discours.»[1]

En ce qui regarde le carré sémiotique, pour Greimas et Courtés,

> «[o]n entend par carré sémiotique la représentation virtuelle de l'articulation logique d'une catégorie sémantique quelconque.»[2]

Mais la centralité du carré sémiotique n'a pas grand-chose à voir avec celle de la catégorie dans la perspective hjelmslevienne : pour Greimas et Courtés, la centralité du carré sémiotique vient de la position qui lui est assignée dans le **parcours génératif**, c'est-à-dire, en dernière instance, dans l'univers de discours particulier dont le parcours génératif s'efforce d'établir le simulacre, tandis que pour Hjelmslev la centralité de la catégorie tient au contenu exclusivement fonctionnel qu'elle appréhende. En forçant sans doute le trait, le carré sémiotique est au centre du discours, la catégorie au centre du discours sur le discours.

Deux autres différences doivent être relevées : (i) les deux notions diffèrent en **extension** : selon la définition donnée dans *Le Langage* :

> «catégorie, paradigme dont les éléments ne peuvent être introduits qu'à certaines places de la chaîne et non pas à d'autres.»[3]

La catégorie est ainsi une singularité **située** dans la chaîne, tandis que pour Greimas et Courtés, le carré sémiotique, après orientation, doit, au terme de la description, s'avérer **coextensif** à la chaîne; (ii) pour Greimas et Courtés, l'articulation est donnée comme «logique», mais il nous semble plus judicieux de la considérer comme «logico-discursive»; sinon, la théorie sémiotique serait «apriorique» et «transcendante», c'est-à-dire en contradiction avec les prémisses épistémologiques auxquelles elle est par ailleurs attachée. Pour Hjelmslev, il en va autrement si l'on admet que l'enseignement de *La catégorie des cas* est plus clair que celui des *Prolégomènes*, puisque l'opposition participative est jugée plus pertinente pour rendre compte des données sémiotiques que l'opposition distinctive :

> «Le principe structural dirigeant le système linguistique des cas est par définition prélogique. La relation entre deux objets, qui est la signification des cas, peut être conçue par un système d'oppositions logico-mathématiques ou par un système d'oppositions participatives. Or, ce n'est que le système de la dernière espèce qui recouvre les faits du langage et qui permet de les décrire par la voie immédiate. Mais il serait possible de ramener le système de la logique formelle et celui de la langue à un principe commun qui pourrait recevoir le nom de **système sublogique**. Le système sublogique est à la base du système logique et du système prélogique à la fois. (...)»[4]

Chacune de ces approches, en somme, procure à l'autre ce qui lui manque : d'un côté, l'approche de Hjelmslev présente le «système logique» préconisé par Greimas et Courtés comme une des solutions **possibles**. De l'autre, la praxis descriptive proposée par *Sémantique structurale* et *Sémiotique 1* permet d'appliquer l'appareil théorique des *Prolégomènes* à l'analyse des textes que Hjelmslev recommandait, mais sans toutefois montrer comment l'engager. Les conséquences pour le traitement de ces notions ici-même sont doubles : en premier lieu, le traitement du carré sémiotique est subordonné à celui de la catégorie comme celui de l'espèce à celui du genre; en second lieu, le carré sémiotique est spécifié par son orientation et par l'effectif réduit des termes qu'il retient. Cette relativisation écarte aussi bien la tentation du dogmatisme orthodoxe : *le carré serait un acquis définitif*, qu'hétérodoxe : *le carré aurait fait son temps, l'heure serait venue de lui signifier son congé.*

## 1. RECENSION

Les recensions respectives des catégories et du carré sémiotique sont évidemment très différentes l'une de l'autre. La pensée européenne est redevable des premières à Aristote ; selon D. de Tracy :

> « Les dix catégories sont la substance, la quantité, la qualité, la relation, le lieu, le temps, la situation, avoir, agir et pâtir, c'est-à-dire, comme le remarquent très bien MM. de Port-Royal, qu'il [Aristote] a voulu réduire à dix classes tous les objets de nos pensées, en comprenant toutes les substances dans la première et tous les accidents dans les neuf autres. »[5]

Kant transformera cet inventaire en système à quatre « dimensions » : la *quantité*, la *qualité*, la *relation* et la *modalité*, chaque « dimension » admettant trois cas. En présence de cet héritage, les linguistes se sont partagés entre trois attitudes : ceux qui ont estimé qu'il ne les concernait pas, ceux qui, comme par exemple Benveniste, ont estimé que les catégories étaient tributaires de la grammaire de la langue dans laquelle elles étaient énoncées, enfin ceux qui, tel V. Brøndal, ont estimé qu'il fallait composer avec elles[6].

D'un autre point de vue, à partir des recherches anthropologiques sur la perception, menées dans les années 70 par Berlin et Kay, la psychologie américaine, en la personne de Rosch, a montré comment les sujets empiriques (les informateurs engagés dans des dispositifs expérimentaux) construisent les catégories nécessaires à l'appréhension de leur environnement. Toute une part de la sémantique contemporaine[7], représentée en France par G. Kleiber[8] a exploité les résultats de ces recherches sous l'appellation « sémantique des prototypes ». De fait, il s'agit plutôt de la catégorisation par les sujets psychologiques et culturels (dans la version la plus récente de cette théorie), catégorisation qui opère par typification, et la question se pose de savoir s'il est légitime de rabattre cette procédure, fort pertinente d'un point de vue psychologique et anthropologique, sur la description sémio-linguistique de la catégorie. Quoi qu'il en soit, une fois admise la variété des modes de construction psycho-anthropologique des catégories, le carré sémiotique, reconnu comme spécifique de leur fonctionnement discursif, ne peut être considéré que comme le produit d'un de ces modes de construction, comme une saisie parmi d'autres, celle, justement, qui repose sur les « structures élémentaires » de la signification.

S'agissant du carré sémiotique, si l'on accepte de voir en lui un cas particulier de ce qu'A. de Libéra appelle un « dispositif quadrangulaire »[9], alors il n'est pas impossible de rattacher le carré sémiotique au carré d'Apulée pour certains, d'Aristote pour d'autres, lequel permet d'articuler « quatre propositions distinguées par la quantité et le caractère positif (affirmatif) ou négatif du jugement qu'elles renferment »[10]. Pourtant, cette filiation n'est pas revendiquée par Greimas, et s'il faut à tout prix désigner des « pères spirituels », ce sont plutôt les noms de Hegel et de Lévi-Strauss qui viennent à l'esprit. Le carré sémiotique[11] est contenu en filigrane dans le dernier chapitre de *Sémantique structurale* consacré à l'œuvre de Bernanos, chapitre dans laquelle la référence à Hegel est explicite[12]. Mais c'est surtout du modèle proposé par Lévi-Strauss dans l'étude intitulée *La structure des mythes*[13] dont il est fait état :

> « (...) la nouvelle formulation présente l'avantage d'être identique, quant à la forme de son articulation, à celle de la structure achronique, immanente du conte populaire, ainsi qu'au modèle du mythe proposé par Lévi-Strauss. »[14]

## 2. DÉFINITIONS

### 2.1. Définitions paradigmatiques

L'entreprise greimassienne n'a pu éluder le fait que la linguistique européenne, dans les années soixante, était marquée par la diversité de ses postulations. Dans une perspective fondatrice, dont personne ne conteste la nécessité, quatre directions épistémologiques faisaient valoir leurs droits : une sémiotique de la **différence** et de la **valeur**, se réclamant du *Cours de linguistique générale* de Saussure ; une sémiotique de la **dépendance** préconisée par Hjelmslev ; une sémiotique de l'**opposition** binaire distinctive formulée par Jakobson et illustrée par Lévi-Strauss ; enfin, une sémiotique de la **complexité**, avancée en termes plus ou moins nets par Brøndal. Il est probable que leur coexistence dans le temps a accusé les différences, de même que l'éloignement dans le temps les usera insensiblement, mais nous nous situons précisément dans un entre-deux où désaccords et convergences s'équilibrent à peu près.

En présence de cette diversité, l'entreprise greimassienne se voulait, nous semble-t-il, doublement « œcuménique » : (i) elle a réussi à établir que l'appareil conceptuel, pour l'essentiel « pragois », prévu pour maîtriser les distinctions phonologiques, était transposable et applicable au traitement de la narrativité ; (ii) l'entreprise greimassienne, en présence des deux versions du structuralisme, la « pragoise » et la « danoise », s'est efforcée de conjuguer la « lettre » de la version pragoise — nous avons en vue l'emprunt déclaré à Jakobson de la typologie des oppositions élémentaires — et l'« esprit » de la version danoise[15], à savoir d'une part, la « théorie du langage » proposée par Louis Hjelmslev, non parce qu'elle serait la meilleure, mais parce qu'elle est, en un sens, la seule qui assure de manière cohérente la **continuation** de la révolution saussurienne, malgré l'élargissement notable de la visée ; d'autre part l'importance de la complexité relevée par Brøndal :

> «(...) ma principale dette va à Viggo Brøndal ayant proposé une combinatoire systématique des oppositions morphologiques.»[16]

Mais cette synthèse met entre parenthèses la tension entre ces deux courants théoriques, tension qui ne manque pas de resurgir notamment dans l'analyse des discours.

La divergence entre les deux courants majeurs du structuralisme européen tient à ce que l'école pragoise admet l'existence de termes simples, le cas échéant composables, tandis que pour l'école danoise, la complexité est première et tous les termes sont composés puisque selon Hjelmslev, «(...) toute grandeur est une somme»[17]. Cette position est dans le droit fil du *Mémoire sur le système primitif des voyelles dans les langues indo-européennes* de Saussure, ouvrage qui avait établi que les voyelles longues étaient complexes puisqu'elles associaient une voyelle brève **et** un «coefficient sonantique». Le progrès, si progrès il y a, va de l'illusion de la simplicité vers la reconnaissance de la complexité.

Soucieux de préciser ce qui le sépare des Pragois, Hjelmslev affirme que deux modes d'organisation des entités peuvent être envisagés : le **réseau** et la **hiérarchie**; il définit la première comme «analyse par dimensions», la seconde «analyse par subdivision». L'analyse par **dimensions** qui produit les «réseaux»

> «consisterait à reconnaître, à l'intérieur d'une catégorie, deux ou plusieurs sous-catégories qui s'entrecroisent et se compénètrent. (...)»[18]

Dès lors, chaque membre de la catégorie peut être considéré comme l'**intersection** d'au moins deux dimensions, et par conséquent composé d'au moins deux grandeurs. Tel est, entre autres, le principe de l'analyse sémique la plus courante. L'analyse par **subdivision**, qui produit des hiérarchies,

> «consisterait à répartir les membres de la catégorie supérieure sur deux ou plusieurs classes dont une au moins comporterait au moins deux membres.»,

de sorte que chaque membre de la catégorie peut être défini par la manière (partielle ou totale) dont il occupe les cases obtenues par subdivision.

La différence entre les deux approches est loin d'être négligeable :

> «La différence opérative entre les deux procédés consiste en ceci que, dans l'analyse par **dimensions**, on établit **simultanément** deux (ou plusieurs) sous-catégories qui sont absolument **coordonnées**, tandis que dans l'analyse par **subdivision**, on établit **succes-**

**sivement** deux (ou plusieurs) sous-catégories dont la deuxième est **subordonnée** à la première (la troisième à la deuxième, et ainsi de suite s'il y a un lieu). »[19]

Ajoutons que l'intervention des valences, que nous préconisons dans l'essai qui les concerne, appelle l'analyse par dimensions.

Il est possible de rapporter la typologie des termes premiers à cette problématique. Une « analyse par dimensions » ne connaît que des termes **complexes**, obtenus à partir d'au moins deux dimensions, tandis qu'une « analyse par subdivision » rencontre à la fois des termes **complexes** et des termes **simples**. Les textes fondateurs du structuralisme peuvent être approchés comme des prises de position en cette matière. Pour le fondateur de la glossématique, tous les termes sont complexes, même s'ils paraissent simples. Brøndal et Greimas enregistrent l'existence des uns et des autres, mais se séparent ensuite : les dominances brøndaliennes sont les médiatrices toutes désignées entre termes positif et négatif, ou encore — mais la chose n'est pas nette — entre termes pleins et terme neutre ; Greimas demande à des opérateurs logiques, la contradiction et l'implication, de mener d'un contraire à l'autre. Enfin, les oppositions jakobsoniennes concernent, à l'évidence, des termes simples par eux-mêmes. Pour résumer : entre Hjelmslev et Jakobson qui optent exclusivement le premier pour la complexité, le second pour la simplicité, Brøndal et Greimas conjuguent les deux solutions.

Dès lors, définir une relation paradigmatique par la seule alternance, c'est manifestement en réduire la portée au moins de moitié. Nous accédons à l'intelligibilité d'une relation paradigmatique quand les trois conditions suivantes sont satisfaites : (i) la relation paradigmatique a pour cadre ce que nous proposons d'appeler avec Hjelmslev un **réseau**, dont l'alternance paradigmatique ne représente qu'une partie pour ainsi dire « aveugle », puisque l'autre moitié fait défaut ; (ii) un réseau compose, par définition, des dimensions distinctes ; à ce titre, plusieurs développements ici-même montrent que les dimensions prévalentes pourraient être l'**intensité** et l'**extensité** ; (iii) sur chaque dimension opèrent des corrélations de **valences**, tantôt converses, tantôt inverses, quoique les incidences des corrélations inverses soient plus significatives et plus poignantes pour les sujets que celles des corrélations converses.

Il nous semble que ces exigences se lisent en creux à travers les difficultés, voire les objections, qui n'ont cessé d'assaillir le carré sémiotique : (i) le matériel opératoire n'est pas homogène, puisque le carré fait intervenir d'une part la contrariété et la contradiction, d'autre part l'implication, mais une solution de continuité subsiste, relevée par exemple par B. Pottier qui a toujours insisté sur le fait que *non-riche* n'implique pas forcément *pauvre*; (ii) le caractère bi-dimensionnel du carré est évident dans le cas des carrés dit modaux, qui composent au moins deux prédicats, et la solution proposée, à savoir le recours au «groupe de Klein»[20] ne fait que donner une forme au problème sans le résoudre; (iii) la différence entre le modèle constitutionnel et le modèle transformationnel demeure, malgré les trésors d'ingéniosité prodigués par Greimas, bien ténue, et l'on a le sentiment d'une simple variation de point de vue :

> «Une nouvelle interprétation de la structure élémentaire de la signification (...) paraît dès lors possible : si la première cherchait à rendre de la manière dont le sens est censé s'articuler pour être saisi en tant que signification, la seconde permet à son tour de se représenter comment la signification est produite par une série d'opérations créatrices de positions différenciées.»[21]

Mais, comme, par ailleurs, la signification ne peut être saisie que dans sa transformation, la distinction reste bien fragile.

La reformulation de la sémantique fondamentale à partir des prémisses tensives — projet déclaré dans les premières pages de *Sémiotique des passions* — doit, pour atteindre la fin qu'elle se propose, parvenir à composer les données suivantes : (i) elle revêt la forme d'un **réseau** associant au moins deux dimensions liées par une **fonction** conforme à la définition mise en avant par les *Prolégomènes* : «*Une dépendance qui remplit les conditions d'une analyse sera appelée fonction.*»[22] (ii) Toute grandeur, dont l'appartenance au réseau a été établie, doit être, de ce fait même, considérée comme complexe : si le réseau comporte deux dimensions, A et B, la définition d'une grandeur est du type : *[(valence de A) + (valence de B)]*. Observons, sans plus, que Greimas, dans les premières pages de *Sémantique structurale*, posait la complexité du lexème «tête», mais sans relever la tension entre les deux dimensions de l'/extrémité/ — intensive? — et de la /sphéricité/ — extensive? Pourtant, un **isomorphisme** indéniable existe entre les termes conçus comme «*des points d'intersections de [ces] faisceaux de rapports*» et le réseau établi par la «compénétration» des dimensions.

## 2.2. Définitions syntagmatiques

La question qui se présente maintenant à nous est la suivante : si le réseau vaut comme système, quel procès lui correspond? autrement dit, quelle est la teneur de la syntaxe adéquate au réseau?

Il serait pour le moins étrange que la syntaxe fondamentale prévue par Greimas, syntaxe opérant par contradiction [$s_1 \rightarrow$ non $s_1$] et implication [non $s_1 \rightarrow s_2$], convienne au réseau. Mais il serait non moins étrange que les opérations propres au réseau ne soient en rien concernées par la syntaxe fondamentale. Le reproche majeur adressé à la syntaxe fondamentale a toujours porté sur l'implication : elle était censée procurer ce « supplément » que la contradiction, à moins d'excéder sa propre définition, était incapable de fournir.

Si l'implication pose problème, c'est qu'elle semble supposer une homogénéité de la catégorie que, par ailleurs, la contradiction remet en question, en niant l'axe sémantique, et en ouvrant une infinité de possibles susceptibles de déstabiliser la catégorie[23]. Pour que « non-pauvre » puisse impliquer « riche », il semble nécessaire, suivant cette objection, de postuler au départ une réduction de tous les gradients sous-jacents pour parvenir au plus petit nombre possible de positions. L'objection de B. Pottier porte justement, entre autres, sur la légitimité de cette réduction, dans la mesure où il y a une infinité de manières de ne pas être « pauvre », et que la plupart ne consistent pas à être « riche ».

La version syntaxique du même problème est encore plus claire, puisque si la contradiction fait sortir du domaine de A par négation, l'assertion correspondant à l'implication permet de réintégrer le domaine de B : c'est dire que la négation et l'assertion ne peuvent opérer qu'entre les domaines A et B, et non à l'intérieur de chacun d'eux et que, par conséquent, chaque sous-domaine constitutif de la catégorie est considéré comme simple et non graduable.

La possibilité d'une solution, sur laquelle nous reviendrons, se laisse pourtant entrevoir, du fait que, comme nous venons de le rappeler, la négation **pluralise**, alors que l'assertion **réduit et concentre** : les opérateurs du carré sémiotique, et notamment la séquence [contradiction $\rightarrow$ implication] sembler gérer en sous-main une composante quantitative, c'est-à-dire extensive. Par conséquent, conformément aux hypothèses formulées à propos des valences et des valeurs, comme l'extensité ne saurait s'actualiser sans affecter l'intensité (et réciproquement), cette dépendance nous donne le droit de supposer, sous-jacentes aux opérations canoniques du carré sémiotique, des corrélations entre l'intensité et l'extensité.

Par ailleurs, on a trop souvent oublié que le principe de la commutation, dans la mesure où il assure la valeur d'une opposition, impliquait que toute alternance paradigmatique devait être liée en discours au moins à une autre alternance. Ce qui se traduit par le fait — plate évidence qu'il n'est pas inutile de rappeler ici — que la «pauvreté» entrera dans des isotopies différentes selon que, par exemple, elle apparaîtra dans un conte folklorique ou dans les Évangiles. Dans le premier cas, elle est traitée, sur l'isotopie sociale, comme une figure du *non pouvoir faire* individuel, et dans l'autre, sur l'isotopie de la sensibilité à la parole divine, c'est-à-dire, de fait, comme un *pouvoir savoir* ou un *pouvoir sentir*.

C'est dire que les relations logico-discursives propres à la catégorie ne la constituent qu'en raison de la corrélation qui associe la dimension «pauvreté/richesse» à d'autres dimensions, comme *pouvoir faire/ne pas pouvoir faire* dans un cas ou «humilité/orgueil», «sensibilité/insensibilité à la parole divine». De sorte que, plus concrètement, le «pauvre» de l'*Évangile* ne se contente pas de se défaire de ses biens (négation) en raison de l'insensibilité à la parole de Dieu qu'ils entraînent, mais il doit en outre asserter la «pauvreté» — sur la relation d'implication — en raison de la nouvelle capacité qui en découle et qui lui permet alors d'accueillir pleinement cette même parole. D'une certaine manière, la contradiction visait à dissocier deux dimensions en agissant sur une seule d'entre elles, alors que l'implication-assertion scelle définitivement leur solidarité.

Le «guidage téléologique», qui, selon P. Ricœur, régirait en sous-main les opérations syntaxiques profondes[24], pourrait recevoir une description en termes de corrélations entre isotopies du discours. Notamment, les mystères de l'implication-assertion, qui «boucle» le parcours sur le carré, pourraient être résolus si l'on admettait qu'il n'y a pas de catégorie simple ou isolable, surtout en discours, et que la réduction finale imposée par l'implication est de fait guidée par une visée appartenant à une autre dimension, corrélée à la première.

Ce raisonnement, développé à propos d'une corrélation externe, pourrait être utilement reconduit à propos de la complexité interne du carré sémiotique lui-même. Si on part non pas du terme simple «riche», qui, de fait, n'a aucun droit à l'existence avant le déploiement de toutes les relations constitutives, mais du complexe encore indifférencié «pauvreté/richesse», que la sommation a identifié comme la zone d'une catégorie, la contradiction tente de dissocier les dimensions qui lui sont corrélées, puis l'implication vient rétablir leur solidarité indissoluble. De ce point de vue, l'implication/assertion ne présuppose pas une douteuse homogénéité de la catégorie, mais, au contraire, la construit contre toutes les tendances dispersives qui s'expriment. En d'autres termes, chacun est libre d'imaginer un domaine sémantique ouvert et hétérogène, où certaines formes de la « non-richesse » ou de la « non-pauvreté » nous feraient simplement sortir de la catégorie : le « non-riche » et le « non-pauvre » ne seraient alors plus concernés par l'alternance « richesse/pauvreté », et aucune implication ne pourrait les convaincre d'achever le parcours sur le carré, c'est-à-dire de se déclarer, pour le premier, « pauvre », et, pour le second, « riche ». Mais, justement, ce domaine ouvert et hétérogène n'est pas organisé par la présupposition réciproque « richesse/pauvreté », car « richesse » et « pauvreté » ne se présupposent l'une l'autre de manière stricte que si « non-pauvre » implique « riche » et « non-riche » implique « pauvre ».

Eu égard à la complexité interne de la catégorie, la syntaxe fondamentale tente donc de dissocier les dimensions, de traiter à part au moins une moitié du réseau, puis de les réunir. Le procès, pour enjamber les deux parties du réseau, se trouve alors tenu de recourir à une sorte de passe-droit, l'implication, qui n'est, comme on a tenté de le montrer, que la réaffirmation finale de l'unité d'une catégorie.

Ce serait peut-être ici l'occasion — mais nous y reviendrons — de distinguer une **catégorie** sémantique requérant l'interdépendance stricte de la présupposition réciproque et des implications, d'un simple **domaine** sémantique, ou « champ » selon certains auteurs, qui serait beaucoup plus tolérant de ce point de vue. Si la sémantique linguistique, et notamment lexicale, dans la mesure où elle manipule des ensembles déjà sélectionnés, limités ou épurés, peut à la rigueur se satisfaire des **domaines**, la sémiotique discursive doit, en revanche, parvenir à construire des **catégories**, qui procurent aux ensembles vastes, divers et hétérogènes qu'elle manipule, le minimum de cohérence nécessaire à l'intelligibilité du discours.

Le bilan est assez simple à dresser : si la contradiction caractérise la dissociation du réseau et si l'implication garantit l'existence et la cohérence du réseau, c'est-à-dire la présupposition réciproque des deux « demi-réseaux », alors l'implication doit avoir priorité sur la contradiction. Observons tout d'abord qu'en adoptant cette définition de la structure, nous nous plaçons délibérément dans la perspective d'une **sémiotique de la dépendance et de la complexité**. Une sémiotique de la dépendance est une sémiotique fortement implicative, laquelle attribue au *[si → alors]* (et à son renversement concessif) une « force illocutoire » supérieure, mais cette présentation est incomplète. L'opérateur adapté au réseau est en fait, comme nous l'avons suggéré, la **commutation** en laquelle Hjelmslev voyait le pivot de la méthode linguistique et qu'il a incluse dans la « structure fondamentale de toute langue au sens conventionnel ». Si nous nous plaçons résolument dans la perspective du réseau de dépendances, en nous limitant au cas où celui-ci repose sur l'intersection de deux dimensions, nous obtenons les positions suivantes, en sélectionnant les valeurs a et b sur une dimension, et c et d sur l'autre dimension :

|   | c  | d  |
|---|----|----|
| a | ac | ad |
| b | bc | bd |

La commutation suppose que les valeurs *a* et *b* dans telle dimension « appellent », impliquent, c'est-à-dire sélectionnent respectivement les valeurs *c* et *d* dans une dimension toujours jointe à la première, de sorte qu'à l'issue de cette sélection, nous ne conservons alors qu'un **demi-réseau** :

|   | c  | d  |
|---|----|----|
| a | ac |    |
| b |    | **bd** |

La dépendance et la différence répondent ainsi de la structure : la dépendance prend la forme des deux implications, [si *a*, alors *c*] et [si *b*, alors *d*], tandis que la différence produit la distinction présupposée : [*a* ⇔ *b*], et sa réplique présupposante : [*c* ⇔ *d*]. Autrement dit, la disjonction entre les deux premiers complexes advient à cause de la corrélation entre les deux dimensions : c'est parce que [*a*] et [*b*] sélectionnent respectivement [*c*] et [*d*] (relations de dépendance « électives ») que [*a*] et [*b*] d'une part, [*c*] et [*d*] sont disjoints (relations de différence).

La dépendance « crée » la différence, mais non à elle seule. Une sémiosis fait appel à certaines possibilités du « système sublogique », mais non à toutes, ou pas dans la même perspective : elle prend en compte ici [*a-c*] et [*b-d*], mais « ignore » ou place au second plan les deux autres complexes possibles [*a-d*] et [*b-c*]. Et cette procédure, ou cette orientation, sont inhérentes à la signification même, car si **tous** les possibles étaient manifestés, dans le plan de l'expression comme dans celui du contenu, le sujet n'aurait affaire qu'à des **universaux** et serait dans l'impossibilité d'articuler le sens. En d'autres termes, la dépendance ne peut produire la différence que si elle est « élective »; telle serait, sans doute, une des opérations constitutives pour la sommation : au sein d'une dimension quelconque, une grandeur, par exemple la «pauvreté», élit une grandeur appartenant à une autre dimension, par exemple l'«humilité», et, de ce fait, crée la possibilité d'une différence avec les autres grandeurs de sa propre dimension; en effet, l'opposition entre «pauvreté» et «richesse» n'est que d'échelle, aussi longtemps que la corrélation avec la dimension «humilité-orgueil» ne lui a pas procuré sa valeur et son orientation (en l'occurrence, «pauvre» → positif et «riche» → négatif).

D'une certaine façon, la commutation signifie qu'«on» change de valeur sans cependant sortir du système : elle confirme en quelque sorte l'élection opérée initialement : [si *a*, alors *c*] **mais** [si *b*, alors *d*]. Sortir du système, ce serait changer la relation élective entre grandeurs. Si on veut bien admettre que, eu égard au complexe tensif où ces dépendances se mettent place, chaque dimension [*a-b*] et [*c-d*] est un gradient et que chaque grandeur sollicitée [*a, b, c, d*] est une position dans un gradient, alors la procédure «d'élection», dont nous faisons état, peut être interprétée comme une «mise en corrélation» de deux gradients. Selon le principe établi notamment dans l'essai sur les valences, nous disposons en l'occurrence de deux possibilités : la corrélation **converse**, qui permet une élection «directe» entre grandeurs de même rang, et la corrélation **inverse**, entre grandeurs de rang maintenant symétrique. En outre, d'un point de vue syntaxique, la concession — la relation inverse — présuppose l'implication — la relation converse — dans la mesure où elle la contredit.

Si nous pouvons admettre que les quatre entités complexes [a-c] et [b-d] d'un côté, et [a-d] et [b-c] de l'autre constituent les termes de la structure, dont la différence, comme nous l'avons souligné, est le produit de dépendances «électives», le jeu structural est alors susceptible d'adopter, dans le cas où deux dimensions seulement sont corrélées, les deux formes suivantes :

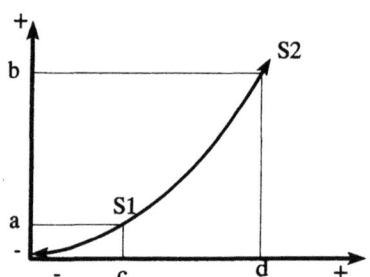 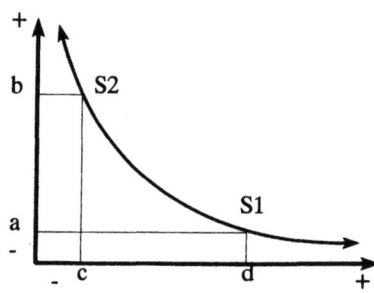

Si, à l'intérieur de chaque corrélation, c'est l'« élection » d'une grandeur par une autre qui fait émerger la différence, entre deux corrélations, le processus est bien différent : pour savoir si la corrélation est converse ou inverse, il ne faut pas seulement identifier quelles grandeurs « élisent » quelles autres grandeurs, il faut en outre pouvoir comparer globalement les gradients et leurs orientations respectives. C'est dire que ce deuxième type de différence met en jeu, non pas tel ou tel degré, mais les dimensions dans leur ensemble, c'est-à-dire littéralement l'orientation et la cohérence du réseau. Là aussi, une dépendance (la corrélation) fait émerger une différence entre deux manières d'associer deux orientations ; de fait, la différence ou la ressemblance entre les orientations, converse ou inverse, de chaque dimension, n'apparaît que sur le fond de la dépendance — la corrélation — qui oblige à les comparer et à adopter l'une ou l'autre solution.

Pour prendre un exemple déjà bien connu, celui des modalisations véridictoires, on sait que, par définition et par construction, dès les années 70, chaque position est définie comme un terme complexe qui conjugue les dimensions de l'*être* et du *paraître*. Si on admet par hypothèse que les deux dimensions sont graduelles — il n'est pas absurde de supposer que, à l'instar de ce qui se passe ailleurs, l'*être* puisse être gradué selon l'intensité et le paraître selon l'extensité — on obtient, par corrélation converse ou inverse, les deux schémas suivants :

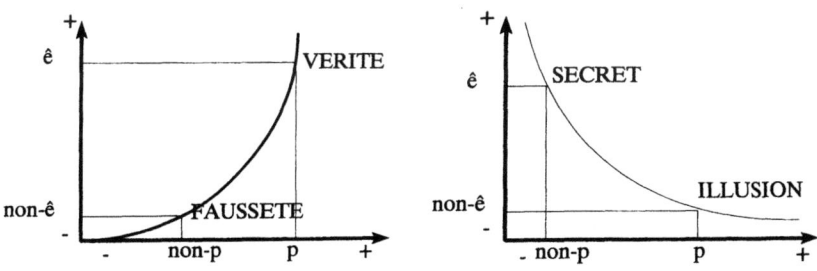

Il semblerait donc, à partir d'une sémantique du continu, de la dépendance et de la complexité, qu'on puisse envisager de distinguer deux types de différences : (i) une différence interne, propre à chaque corrélation, telle que la variation entre $s_1$ et $s_2$ — le parcours sur l'arc de corrélation — puisse être traitée de manière continue, en fonction de degrés sélectionnés sur chacune des deux dimensions ; (ii) une différence entre deux corrélations qui, quelle que soit la solution adoptée, ne peut être que discontinue, car il n'y a pas de passage continu possible entre les deux arcs de corrélation.

Concrètement et intuitivement, on sait que l'illusion et le secret ont partie liée : il n'y a guère, par exemple, d'illusion qui ne recouvre un secret, ni de secret qui ne soit mieux gardé que derrière le paravent d'une illusion. Chaque corrélation se présente donc comme une perspective homogène sur le complexe d'*être* et de *paraître*, où les deux termes opposés sont tout de même solidaires, voire associés dans une même stratégie discursive : en ce sens, ils obéiraient à la règle de présupposition réciproque et pourraient être traités comme des contraires.

Dès lors, dès qu'on tente de synthétiser les deux corrélations en un seul système quadrangulaire, le passage d'une corrélation converse à une corrélation inverse doit être traité comme une révolution interne à la corrélation : cette dernière n'est certes pas suspendue, mais l'orientation des gradients est inversée. A l'intérieur de la catégorie, il faut obligatoirement choisir l'une des solutions, et chacune est exclusive de l'autre. Ces différentes propriétés nous conduisent à y reconnaître une interprétation plausible de la contradiction. L'exemple de la véridiction montre à l'évidence que cette synthèse est incomplète, puisque nous avons encore le choix entre deux solutions si nous disposons « horizontalement » les deux couples de contraires et « verticalement » les deux corrélations contradictoires :

| **(I)** | Vérité | Fausseté | OU | **(II)** | Vérité | Fausseté |
|---|---|---|---|---|---|---|
| | Secret | Illusion | | | Illusion | Secret |

La question est la suivante : quand nous partons effectivement d'un complexe qui engendre les modulations de la tension entre deux dimensions, comment reconnaître, par exemple, la modulation qui correspondrait au contradictoire apriorique « non vérité » ? Comme la contradiction est ici globale, entre deux orientations de la corrélation, c'est-à-dire entre deux formes de complexité, on ne peut d'emblée décider qu'il s'agit du secret ou de l'illusion. C'est alors que la valeur et le rôle de l'implication dans la stabilisation du carré sémiotique apparaissent pleinement.

En effet, si le secret implique la vérité (solution I), cela signifie que c'est l'*être*, également positif dans l'un comme dans l'autre, qui est en position de sélectionner ou bien le *paraître* (vérité) ou bien le *non-paraître* (secret); du côté de l'implication [illusion → fausseté], ce serait le *non-être* qui jouerait le même rôle, de sorte qu'on est conduit à affirmer que, pour ce qui concerne la première solution, c'est la dimension de l'*être* qui est décisive, en ce sens que ce sont les grandeurs qui la composent qui sont «électrices» (ou sélectionnantes).

En revanche, si l'illusion implique la vérité (solution II), cela signifie que c'est le *paraître* (également positif dans l'un et dans l'autre) qui, cette fois, est en position de sélectionner soit l'*être* (vérité), soit le *non-être* (illusion); sur l'autre implication, le *non-paraître* joue le même rôle, confirmant ainsi le rôle sélectionnant de la dimension du *paraître*.

En somme, l'implication assure toujours ici l'homogénéité (ou, en termes discursifs, l'isotopie) de la catégorie, mais elle est ici conditionnée par (en même temps qu'elle la révèle) la distribution des rôles — électeur/éligible, sélectionnant/sélectionné — entre deux dimensions corrélées : la catégorie véridictoire, par exemple, change de disposition selon que c'est la dimension du *paraître* ou celle de l'*être* qui est sélectionnante.

## 3. CONFRONTATIONS

Le primat du réseau, et plus généralement, de la complexité, sur l'opposition binaire, nous incite à en examiner le retentissement sur la notion de point de vue. Eu égard au réseau, en effet, le point de vue n'échappe pas au dilemme suivant : opérer, après détachement, soit avec une seule dimension : [*ac* ⇔ *ad*] ou [*bc* ⇔ *bd*], soit avec deux dimensions : [*ac* ⇔ *bd*]. Dans le premier cas, le point de vue fait savoir quel est de *c* ou de *d* le terme positif; dans le second cas, il fait connaître quelle est la dimension directrice. Considérons la maxime de La Rochefoucauld : «*La faiblesse est plus opposée à la vertu que le vice.*» (Maxime 445) : au lieu de séparer la dimension du *vouloir* et celle du *pouvoir*, cette maxime les soude l'une à l'autre, de sorte que la seule voie de différenciation — comme nous l'avons indiqué dans l'essai «Valeur» — est celle de la mélioration et de la péjoration; dès lors, la péjoration affecte le *vouloir* et la mélioration se porte sur le *pouvoir*, et la vertu et le vice peuvent être partiellement identifiés en raison de la «force» qu'ils requièrent, et de la «faiblesse» qu'ils repoussent.

Notre second exemple sera emprunté à Baudelaire. Dans le premier vers de la pièce LXXVIII des *Fleurs du Mal* :

*Quand le ciel bas et lourd pèse comme un couvercle*

le « ciel » ajoute aux dimensions en usage — la luminosité, la supérativité spatiale —, celles, inattendues, de la pesanteur et de la compacité ; ce faisant, ce premier vers opère une **commutation** du point de vue : la profondeur tactile venant se substituer à la profondeur visuelle, le « ciel » est menacé de promiscuité avec l'« ici-bas ». Saisissante, la métaphore indique un changement de régime : le « ciel », protégé pour ainsi dire par le régime du **tri** (la séparation, la distance), tombe sous celui, péjoratif, du **mélange** (la promiscuité).

La métaphore procèderait ainsi en général à une commutation de points de vue de même nature, et la « grande » métaphore — celle qui, selon Proust, « seule peut donner une sorte d'éternité au style, (...) » — est celle qui transfère telle grandeur d'un champ catégoriel vers le champ diamétralement opposé, par exemple de l'*être* vers le *faire*, de la personne vers la non-personne, de l'événement vers la répétition, etc.[25] Ainsi, la métaphore homérique, « l'aurore aux doigts de rose » fait basculer l'aurore de la non-personne vers la personne, de l'amorphe vers l'eidétique, de la luminosité vers le chromatisme... Si la métaphore fait bien violence à la praxis énonciative, on comprend qu'elle ait été tenue, le temps aidant, pour la « reine » des figures, malgré les efforts méritoires déployés par Jakobson et Lévi-Strauss pour placer la métonymie sur le même rang.

La proximité entre les propositions — et les dénominations — de R. Blanché dans son ouvrage intitulé *Structures intellectuelles* sont trop frappantes pour être ignorées. Il est difficile, compte tenu des limites que nous nous imposons, de reproduire ici la démarche très technique de l'auteur. Les procédures d'engendrement des différents postes sont différentes : tandis que pour Greimas il s'agit d'aller de « deux » à « quatre », puis moyennant d'autres opérations de « quatre » à « six », pour R. Blanché, il s'agit plutôt d'aller de « trois » à « six ». En second lieu, le rôle de l'implication semble moindre dans l'approche de R. Blanché que dans celle de Greimas.

Deux difficultés apparaissent, en relation avec le postulat de la complexité, et le jeu des valences qui est son expression opératoire. Pour ce qu'on appellera en sémiotique l'isotopie passionnelle, R. Blanché propose l'« hexade complète » suivante[26] :

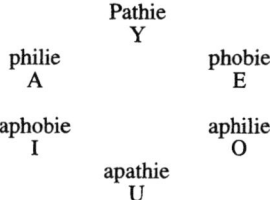

Il y a d'abord lieu de s'interroger sur la nature exacte des postes Y (pathie) et U (apathie) : ils sont moins, nous semble-t-il, des termes engendrés par les relations propres à l'hexade que les axes sémantiques eux-mêmes, c'est-à-dire le dénominateur commun aux termes contraires. En second lieu, les écarts [A-I] et [E-0] sont-ils d'ordre logique ou bien sont-ils les manifestantes d'une différence d'intensité (ou de quantité), en continuité avec les constituants mêmes du carré d'Aristote? Toujours est-il qu'il est aisé de transposer ces données dans la structure commutative que nous avons proposée, c'est-à-dire dans un **réseau** :

|              | Conjonction    | Disjonction    |
|--------------|----------------|----------------|
| Tonicité (Y) | **philie** (A) | **phobie** (E) |
| Atonie (U)   | **aphilie** (O)| **aphobie** (I)|

Si le droit à l'«arbitraire» en matière de théorie est imprescriptible, il n'en va pas de même en ce qui regarde son «applicabilité». Les vicissitudes de la passion [philie ⇔ phobie], par exemple la conversion de l'amour en haine[27], adviennent parce que la «tonicité» est conservée, pour ainsi dire, intacte. Quant à ce qu'il faudrait en toute rigueur appeler l'«aphorèse», c'est-à-dire la «perte» [tonicité → atonie], une maxime de La Rochefoucauld donne la mesure de sa complexité :

«Il n'y a guère de gens qui ne soient honteux de s'être aimés quand ils ne s'aiment plus.» (Maxime 71).

Tout se passe comme si la négation de la «philie» étant impossible, comme si la passion, même achevée, conservait un résidu d'intensité qui tendrait à s'actualiser dans une forme dégradée de la passion contraire.

Ce qui semble, une fois encore, en cause, c'est le contenu exact de la négation et son rapport à l'**intensité**. La négation relève incontestablement de la textualisation où, d'une façon générale, elle se manifeste sans variation observable; mais en profondeur, les choses apparaissent sous un jour différent : la négation impose une séquence unique et syncrétique à des discontinuités fort diverses et toutes provisoires, propres aux cultures, et aux changements qualitatifs que ces discontinuités déterminent par **commutation**. En un mot, la négation est conditionnée, peut-être même analysable, de sorte qu'il est douteux qu'elle soit une primitive.

Ajoutons enfin que R. Blanché propose comme « structure parfaite » l'« hexagone de l'égalité » suivant[28], qui organise les différences de grandeurs :

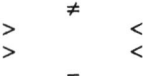

Pour le linguiste et le sémioticien, cette présentation ne va pas de soi. Considérer que l'égalité, la supériorité et l'infériorité forment une triade de contraires, c'est négliger que les contrariétés ne sont pas de même rang : la contrariété [égalité/inégalité] est première, la contrariété [supériorité/infériorité] seconde. Deux autres différences doivent être encore relevées : la supériorité et l'infériorité sont identifiables l'une à l'autre selon la règle élémentaire suivante : si $a$ est plus grand que $b$, alors $b$ est plus petit que $a$, de sorte qu'on a affaire à une réciprocité et non à une contrariété au sens strict. Enfin, l'égalité et l'inégalité présupposent, comme Sapir l'a indiqué, une « gradation » qui peut s'étendre soit par dépassement de sa limite inférieure ou supérieure, soit par segmentation interne, de sorte qu'il suffit de **trois** termes pour introduire une complexité irréductible. Ainsi Sapir montre que les positions signifient d'abord qu'une transitivité est interrompue :

> « (...) **a, b, c** doivent être les seuls membres de la série à classer en gradation ; dans ce cas, **c** est « le meilleur », non pas parce qu'il est meilleur que a et b, mais parce qu'il n'existe aucun autre membre de la série qui soit meilleur que lui. (...) **c** cessera d'être « le meilleur » dès que d'autres membres, **d, e, f... n** seront ajoutés à la série, bien qu'il reste toujours « meilleur » que certains autres membres déjà fixés de la série. (...) »[29]

Sapir se trouve ici sur la même ligne que Greimas, quand ce dernier écrit :

> « En linguistique, les choses se passent autrement [qu'en logique] : le discours y garde les traces d'opérations syntaxiques antérieurement effectuées. (...) »[30]

Par ailleurs, les relations entre le 4-groupe de Klein et le carré sémiotique pourraient être précisées grâce à la théorie des valences. En effet, le groupe de Klein se présente globalement comme la conjugaison de deux transformations appliquées à une même grandeur, comme chez Piaget, tel que le reprend implicitement J.-C. Coquet, quand il propose son diagramme des suites modales de l'identité subjectale :

|  |  |
|---|---|
| v-ps | non v-ps |
| sp-v | non sp-v |

L'auteur commente :

«Un tel carré est construit formellement selon les opérations involutives (logiquement, de la contrariété) et de l'inversion (logiquement, de l'implication).»[31]

Les parenthèses ajoutées par l'auteur signalent, justement, ce qu'il faudrait démontrer : on dispose d'un jeu de grandeurs modales, auxquelles on applique conjointement l'inversion et la négation, mais on ne sait pas comment et si même on peut passer ainsi de la contrariété et à l'implication, c'est-à-dire à un carré sémiotique.

Un autre cas de figure, fréquemment représenté dans les carrés dits modaux, est celui où le groupe de Klein consiste à appliquer une même opération à deux grandeurs conjuguées ; au lieu de deux opérations combinées, on a affaire dans ce cas à une seule opération dont la portée varie :

|  |  |
|---|---|
| *Vouloir faire* | *Vouloir ne pas faire* |
| *Ne pas vouloir faire* | *Ne pas vouloir faire* |

Mais ce cas pourrait être ramené sans peine au premier, plus général, dès lors qu'on considère que les deux négations n'ont pas ici le même statut : l'une porte sur le prédicat de base (sur le présupposant, ici : le *faire*), et l'autre sur le prédicat modal (sur le présupposé, ici : le *vouloir*) ; même en logique, et *a fortiori* en linguistique et en sémiotique, il n'est plus à démontrer que la négation du présupposé et celle du présupposant n'ont ni le même statut sémantique, ni les mêmes conséquences pragmatiques, ce qui implique que les termes ainsi engendrés, n'ayant pas le même statut, ne sont pas homogènes.

On pourrait donc s'arrêter sur la définition générale suivante : le 4-groupe de Klein est formé à partir de l'application de deux opérations ou de deux variétés d'une même opération à une grandeur ou un ensemble de grandeurs préalablement définies. Et c'est bien là où le bât blesse : le groupe de Klein, à la différence du carré sémiotique, ne définit pas les termes qu'il manipule, il ne définit que les positions qu'ils occupent ; le carré sémiotique produit, grâce à ses relations constitutives, des positions qui définissent les termes d'une catégorie, alors que le groupe de Klein semble présupposer l'existence de ces termes, et leur assigner après-coup leurs positions respectives. Telle était, en substance, l'objection — orale — de Greimas.

De fait, le groupe de Klein s'apparente à ce que nous avons appelé ici-même un réseau de dépendances; deux constatations viennent à l'appui de cette affirmation : tout d'abord, il n'y a de groupe de transformations que si deux opérations sont corrélées; ensuite, dans la quasi-totalité des exemples rencontrés en sémiotique, ces opérations ne s'appliquent pas à une grandeur isolée, mais au moins à deux grandeurs corrélées, c'est-à-dire à une forme complexe. Le carré de l'identité modale chez J.-C. Coquet en témoigne puisque, loin de se limiter à une combinatoire formelle de grandeurs simples, il traite explicitement des relations de dominance (dominance du *vouloir* ou dominance du *savoir*) à l'intérieur d'un dispositif modal complexe.

Une première conséquence en découle immédiatement : si le groupe de Klein, tel qu'on en use en sémiotique, manipule des corrélations de grandeurs et d'opérations, il est supposé s'appliquer à des gradients et à des valences, ce qui nous conduit, par exemple, à réinterpréter la prédication modale comme un lien tensif entre deux gradients : la modalisation du *faire* par le *vouloir*, par exemple, pourrait alors conduire à deux types de corrélations : (i) deux corrélations converses, fondant des modalisations **implicatives** : si «plus» de *vouloir*, alors «plus» de *faire*; si «moins» de *vouloir*, alors «moins» de *faire*; (ii) deux corrélations inverses, fondant des modalisations **concessives** : malgré «plus» de *vouloir*, néanmoins «moins» de *faire*; malgré «moins» de *vouloir*, néanmoins «plus» de *faire*. Les modalisations implicatives, reposant sur les corrélations converses, consacrent la force du lien modal (*vouloir faire* et *ne pas vouloir faire*); les modalisations concessives, reposant sur les corrélations inverses, expriment l'affaiblissement de ce même lien modal (*vouloir ne pas faire* et *ne pas vouloir ne pas faire*).

Dès lors, le raisonnement que nous avons tenu pour analyser le passage d'un réseau de valences à un carré sémiotique pourrait être reproduit ici, dans la mesure où le groupe de Klein, tel qu'il est utilisé en sémiotique, n'est rien d'autre que la représentation spécifiée d'un réseau de dépendances. L'exemple du carré de la véridiction, évoqué ci-dessus, est particulièrement clair sur ce point, puisque le problème qu'il pose a pu aussi bien être abordé à travers le groupe de Klein[32] que comme la résolution, ici-même, d'une grandeur complexe. C'est dire que, pas plus que le tableau cartésien où s'inscrit le réseau, le groupe de Klein n'est une solution à la question de la complexité et de la tensivité qu'il exprime : il ne fait que lui procurer une apparente forme logique et graphique. L'explication, quant à elle, réside dans le mécanisme tensif des corrélations de valences.

D'un autre côté, le carré sémiotique et la catégorisation en général ont reçu, avec les travaux de R. Thom et J. Petitot, une interprétation dans les termes de la théorie des catastrophes. Ce n'est pas le lieu d'évaluer l'impact et la portée de la théorie des catastrophes en sémiotique. Signalons simplement que le principe même de la différence de potentiel, qui n'est d'ailleurs pas propre à cette théorie mais dont elle use, et qui dépasse largement les questions touchant au carré sémiotique, pourrait être une bonne reformulation de la notion de « tension »; encore faudrait-il être en mesure de justifier le bénéfice de cette reformulation.

Mais si l'on regarde de plus près l'argumentation de J. Petitot, on s'aperçoit bientôt que l'élection d'une mathématique topologique repose finalement, dans d'autres termes que les nôtres, sur le souci de faire émerger les différences à partir de réseaux de dépendances. En effet, ramener les oppositions constitutives d'une catégorie sémique à la « valeur positionnelle » de ses déterminations, c'est privilégier le « principe de connexion », emprunté explicitement à Geoffroy Saint-Hilaire; le choix effectué et sa motivation sont claires puisqu'il s'agit de montrer :

> « comment des connexions peuvent préexister à leur analyse en termes et en relations, et par là même organiser des unités intérieurement articulées où la valeur des parties est une fonction de leur position. »[33]

La colocalisation des différentes déterminations dans un même espace aboutit, en somme, à un partage de l'espace, à une coexistence de parties présentant des strates et des points en commun, et l'avènement de la différence sera donc pensé, dans cette perspective, comme produit par la complexification morphologique de ce qui n'est au départ qu'une simple distribution de places connectées entre elles. En toute cohérence, le plaidoyer pour la dépendance se prolonge chez J. Petitot dans un refus de la « discrétisation des schèmes topologiques », par laquelle « tout de ce qui fait structure s'annule »[34].

De plus, quand on examine les avatars des différentes déterminations, dans les catastrophes qui décrivent la topologie du carré sémiotique, on s'aperçoit qu'ils pourraient très économiquement être caractérisés comme les différentes relations tensives entre deux [X-Y], puis trois [X-Y-0] dimensions. Voici, par exemple, la distribution propre au cusp, c'est-à-dire au conflit entre deux déterminations :

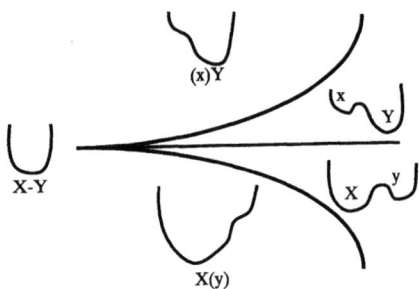

Deux commentaires viennent à l'esprit. Tout d'abord, si on n'imagine pas — comme certains le font parfois — les déterminations X et Y comme des entités plus ou moins autonomes «capturées», «attirées» ou «rejetées» par les puits de potentiel, mais tout simplement comme des valeurs positionnelles et graduelles, qui se définissent par la corrélation de leurs variations respectives et connexes, alors toutes les zones de ce conflit décrivent des équilibres différents de cette corrélation. Ensuite, il paraît légitime de se demander : s'il n'y avait pas distribution des places et des forces dans l'espace catégoriel, si le domaine n'était pas divisé en sous-domaines qui différencient des dominantes de X et de Y, que resterait-il? La réponse n'est pas : l'«axe sémantique», ou le «sème isotopant», comme la sémantique classique nous y inviterait, mais : la «fusion» de X et de Y, fusion qui s'obtient aussi bien hors de portée des strates (à gauche de la pointe du cusp, dans le diagramme ci-dessus), comme «fusion statique», que par la globalisation d'un processus considéré comme réversible et cyclique (dans les termes de R. Thom : le «cycle d'hystérésis»), comme «fusion métabolique» : ce n'est donc pas l'axe sémantique amorphe qui subsisterait, mais la corrélation de X et Y en son principe même. En d'autres termes, la «corrélation tensive», telle que nous la définissons, est à la sémantique tensive et continue ce que l'«axe sémantique» est à la sémantique discrète et discontinue.

A y regarder de plus près, on s'aperçoit que la complexité — au sens où nous l'entendons, c'est-à-dire la coexistence et la corrélation de plusieurs dimensions ou profondeurs — ne s'efface jamais, dans la perspective catastrophiste, puisque même l'opposition privative la maintient : l'absence de X peut être reformulée, à partir de la «décompacification» du cusp, comme une disparition de X (absorption par 0) «en présence de Y»; inversement, l'apparition de Y sera formulée comme «genèse de Y à partir de 0 en présence de X»[35]. La co-présence et la connexion de deux déterminations — que nous appellerions volontiers des « dimensions » ou des « profondeurs ») — est donc là aussi le minimum requis pour qu'une catégorie se dessine.

Mais la focalisation — compréhensible dans les années 80 — sur le carré sémiotique et sur la nécessité d'en « rendre compte » a en partie occulté cette dimension quasiment brøndalienne de la théorie des catastrophes : en effet, toute la démonstration de J. Petitot est finalisée et vise à « fonder » mathématiquement et ontologiquement, via la phénoménologie, le carré sémiotique. Il n'en reste pas moins que les positions du carré sémiotique ainsi définies ne sont jamais des termes simples, tout au plus, parfois et à la limite, des termes « simplifiés » — c'est le cas de $X_{00}$, la détermination dite « infinitisée » ou « idéalisée » — mais, tout au contraire, des termes complexes au sein desquels des dimensions corrélées cherchent leur équilibre en réciprocité et en interdépendance.

Il paraît enfin opportun de tenter de prendre position par rapport à la sémantique du prototype, qui se présente actuellement comme une théorie psycho-linguistique de la catégorie. En effet, dans cette perspective, la catégorie ne se définit pas à partir des relations canoniques qui la constituent, mais grâce à l'élection d'une grandeur dénommée « prototype », autour de laquelle s'organisent les différentes dimensions d'un domaine sémantique. Il convient de préciser à cet égard plusieurs points : (i) à l'origine, cette théorie s'intéresse surtout à la base perceptive de la catégorisation (par exemple, le découpage des couleurs); (ii) elle traiterait donc, comme nous l'avons suggéré, plutôt de la catégorisation du monde naturel, dans la perspective de sa lexicalisation, que de la catégorie linguistique en général; (iii) elle use tout autant des propriétés distinctives que des propriétés hiérarchiques, c'est-à-dire de la différence comme de la dépendance; (iv) c'est dire que les prototypes qu'elle manipule sont de natures fort différentes : un paquet de traits communs ou un élément isolé, un élément neutre ou un élément saillant (le « parangon », ou meilleur exemplaire), un ensemble de traits organisés en réseau, ou bien en une simple ressemblance de famille en chaîne. En ce qui concerne ce dernier point, on s'aperçoit que les prototypes peuvent être soit intensifs (meilleur exemplaire), soit extensifs (réseau, airs de famille), et que leur rôle structurant peut être fort (parangon, réseau) ou faible (élément neutre, airs de famille).

La sémantique du prototype concerne la stratification en ce sens que la question posée est celle de la détermination des frontières du domaine sémantique à partir des figures du monde naturel qui sont perçues par le sujet, et, par suite, de l'identification des relations internes et externes qui contribuent à stabiliser ou déstabiliser ces frontières. Il s'agit donc plus de l'émergence des catégories à partir de la figurativité que de la description de la catégorie sémio-linguistique en général. La sémantique du prototype est à cet égard redevable de la théorie de la Gestalt, en ce sens qu'elle traite de l'identification de formes dont la diversité phénoménale est difficilement contrôlable, grâce à une matrice que leur superposition et leur rapprochement dessine peu à peu : le prototype est en quelque sorte une «figure» qui se détache sur le fond indistinct des occurrences.

Bien des problèmes abordés par cette théorie peuvent être formulés et en partie résolus dans les termes d'une sémiotique tensive du discours. Par exemple, la question de la consistance des frontières du domaine n'a guère de sens en langue, dans la mesure où elle dépend des sélections propres à chaque discours, à une classe de discours, voire à une culture. Se demander par exemple si la «lave» fait partie de la classe des liquides, ou si une soucoupe volante est un bon prototype pour la classe des véhicules automobiles, c'est se demander en fait qu'elle est l'isotopie du discours, qui est elle-même tributaire du genre et du type de discours.

La nature des liens entre les constituants de la catégorie, autre question récurrente, dépend du point de vue adopté pour construire la totalité : la collection de traits communs relève d'une stratégie cumulative, extensive et conceptualisante, alors que la sélection d'un «meilleur exemplaire» obéit à une stratégie intensive, élective et iconisante. Conformément à la distinction avancée dans l'essai «Praxis énonciative», les deux grandes stratégies de point de vue sont ici à l'œuvre, l'une reposant sur l'extension cognitive d'une ou plusieurs grandeurs dans le domaine sémantique, et l'autre, sur l'intensité sensible d'une partie valant pour toutes les autres. De ce fait, l'analyse de la catégorie, et des positions respectives de ses constituants, pourra déboucher sur la mesure des **tensions** entre la matrice et ses réalisations concrètes. C'est ainsi, par exemple, qu'on prendra en compte aussi bien les tensions **cohésives** qui réunissent en un même domaine : *eau, lait, soupe, pluie, brouillard, lave, huile, métal fondu*, que les tensions **dispersives**, qui, dans tel contexte discursif, peuvent être considérées comme inférieures entre *eau* et *huile*, et supérieures entre *eau* et *lave*. A cet égard, les figures de rhétorique peuvent aussi intervenir, pour élever ou abaisser ces tensions dispersives, puisque, sous certaines conditions, la *lave* peut former un *fleuve* ou encore, comme chez Verlaine, l'horizon encombré de brouillard, apparaître comme *Un ciel comme du lait*[36].

Entre les modulations tensives (extensives et intensives) de la catégorie et ses usages dans des énonciations et sous des points de vue particuliers, il reste néanmoins la zone de pertinence du carré sémiotique qui, à cet égard aussi, mérite d'être **situé**. Cette situation pourrait être précisée ainsi : (i) l'organisation tensive de la catégorie détermine au moins un centre de tension (l'attracteur, ou «prototype») et des horizons de détente ou «frontières», (ii) un domaine sémantique, du point de vue de la perception sémantique, est donc organisé comme un espace tensif, un champ de présence (*cf.* essai «Présence»), (iii) l'apparition de l'attracteur, s'il est de type intensif, s'apparente à ce que nous appelons la «sommation», et, s'il est de type extensif, à la «résolution» (*cf.* essai «Schéma»); la sommation et la résolution sont au cœur de l'engendrement du carré sémiotique à partir de l'espace tensif (*cf. supra*), et enfin (iv) la praxis énonciative, réglant l'apparition et la fixation des usages, rétro-agit sur la perception catégorielle, et fige en cela des «styles» catégoriels (*cf. supra*). A cet égard, et en se rappelant que le carré sémiotique peut être dérivé du réseau, il occuperait la place suivante dans la typologie des «styles catégoriels» :

|  | Dominante intensive (→ *sommation*) | Dominante extensive (→ *résolution*) |
|---|---|---|
| Perception tonique | Elément saillant (→ *parangon*) | **Réseau de traits communs** (→ *carré sémiotique*) |
| Perception atone | **Elément neutre** (→ *terme de base*) | **Recouvrement irréguliers** (→ *airs de famille*) |

NOTES ET RÉFÉRENCES BIBLIOGRAPHIQUES

[1] L. Hjelmslev, *Prolégomènes à une théorie du langage*, Paris, Minuit, 1971, p. 128.
[2] A.J. Greimas et J. Courtés, *Sémiotique 1, dictionnaire raisonné de la théorie du langage*, Paris, Hachette, 1979, p. 29.
[3] L. Hjelmslev, *Le langage*, Paris, Minuit, 1969, p. 173.
[4] L. Hjelmslev, *La catégorie des cas*, Munich, W. Fink, 1972, p. 127.
[5] D. de Tracy, cité par le *Littré*, entrée «Catégorie».
[6] *Cf.* V. Brøndal, «Langage et logique», in *Essais de linguistique générale*, Copenhague, E. Munksgaard, 1943, p. 48-71.
[7] Voir notamment Fr. Rastier, *Sémantique et recherches cognitives*, Paris, PUF, 1991, p. 180-236.
[8] G. Kleiber, *La sémantique du prototype*, Paris, PUF, 1990.

[9] A. de Libéra, «La sémiotique d'Aristote», in *Structures élémentaires de la signification*, *op. cit.*, p. 28-55.
[10] *Op. cit.*, p. 30.
[11] Le premier exposé systématique est dû à A.J. Greimas et Fr. Rastier, «Le jeu des contraintes sémiotiques», in A.J. Greimas, *Du sens I*, Paris, Seuil, 1970, p. 135-155.
[12] A.J. Greimas, *Sémantique structurale*, Paris, Larousse, 1966, p. 253 (reprint PUF, 1986).
[13] Cl. Lévi-Strauss, *Anthropologie structurale I*, Paris, Plon, 1958.
[14] A.J. Greimas, *Sémantique structurale*, *op. cit.*, p. 233. *Cf.* également Greimas, «Pour une théorie de l'interprétation du récit mythique», in *Du sens I*, *op. cit.*, p. 185-230.
[15] *Cf.* Cl. Zilberberg, «Greimas et le paradigme sémiotique», in *Raison et poétique du sens*, Paris, PUF, 1988, p. 65-94.
[16] *In Structures élémentaires de la signification*, *op. cit.*, p. 21.
[17] L. Hjelmslev, *Prolégomènes à une théorie du langage*, *op. cit.*, p. 109.
[18] L. Hjelmslev, *Nouveaux essais*, Paris, PUF, 1985, p. 49.
[19] *Op. cit.*, p. 50.
[20] J. Courtés, *L'analyse sémiotique des discours*, Paris, Hachette, 1991, p. 136-160; J. Fontanille, *Le point de vue dans le discours - de l'épistémologie à l'identification*, Thèse d'état, Paris III, 1984, première partie.
[21] *In Structures élémentaires de la signification*, *op. cit.*, p. 22.
[22] L. Hjelmslev, *Prolégomènes à une théorie du langage*, *op. cit.*, p. 49.
[23] A.J. Greimas & J. Fontanille, «Le beau geste», *R.S.S.I.*, vol. 13, 1-2, 1993, p. 21-35.
[24] M. Arrivé & J.-C. Coquet, *Sémiotique en jeu*, Paris/Amsterdam/Philadelphia, 1987, Hadès/Benjamins, p. 293-297, ainsi que P. Ricœur, «Entre herméneutique et sémiotique», *Nouveaux Actes sémiotiques*, 7, Limoges, Pulim, 1990.
[25] Telle est la thèse du Groupe m, dans *Rhétorique de la poésie* (Paris, Complexe, 1977, réed. Points Seuil, 1990) puisque, selon eux, la dimension rhétorique du discours poétique opère par médiation entre les grands univers disjoints que sont le *logos*, le *cosmos* et l'*anthropos*.
[26] R. Blanché, *Structures intellectuelles*, Paris, Vrin, 1969, p. 104.
[27] *Cf.* S. Freud, *Introduction à la psychanalyse*, Paris, Payot, 1971, p. 323.
[28] R. Blanché, *Structures intellectuelles*, *op. cit.*, p. 64.
[29] E. Sapir, *Linguistique*, Paris, Folio-essais, 1991, p. 242.
[30] A.J. Greimas & J. Courtés, *Sémiotique 1, dictionnaire raisonné de la théorie du langage*, *op. cit.*, p. 31.
[31] J.-C. Coquet, *Le discours et son sujet*, Paris, Klincksieck, 1985, p. 39.
[32] A.J. Greimas & J. Courtés, *Sémiotique, dictionnaire raisonné de la théorie du langage*, *op. cit.*, p. 34-37.
[33] J. Petitot, «Sémiotique et théorie des catastrophes», *Actes sémiotiques*, Documents, V, 47-48, Paris, CNRS, 1983, p. 6.
[34] *Op. cit.*, p. 17.
[35] *Op. cit.*, p. 21.
[36] P. Verlaine, «L'échelonnement des haies...», *Sagesse*, III, 13, Poche, p. 147.

# Schéma

## 1. RECENSION

Procéder ici à la recension, c'est d'abord établir le corpus des termes lexicalement apparentés. En premier lieu, le lexème «schéma» peut se présenter absolument ou bien spécifié. Dans le domaine sémio-linguistique, l'emploi absolu appartient à Hjelmslev et fonde la distinction entre *forme* et *substance*, en laquelle il voyait l'essentiel de la découverte saussurienne. L'emploi absolu est également retenu par Greimas à propos des structures élémentaires de la signification pour désigner la relation entre les termes contradictoires du carré sémiotique, respectivement s1 et non-s1, s2 et non-s2, et pour rappeler que la forme sémiotique «est faite d'exclusions, de présences et d'absences»[1]. Précisons d'entrée que Greimas ne rattache pas cette dénomination à l'acception hjelmslevienne — ce qu'il ne manque jamais de faire quand la continuité est patente —, mais il est clair ici que, conçue comme productrice d'un «schéma», la négation est identifiée à une opération de **tri** dont l'objectif est de délimiter la zone d'une catégorie : la **schématisation** aurait donc, en ce sens, quelque chose à voir avec la **sommation**.

En second lieu, le «schéma» se présente aussi muni d'un adjectif, comme dans le syntagme «schéma narratif» dans le déroulement duquel Greimas se plaisait à voir le «sens de la vie». Mais, si l'expression est permise, le «schéma narratif» est, pour ainsi dire, resté orphelin : pourquoi, par exemple, ne pas faire état d'un «schéma modal»? La modalisation est certes partie prenante de la narrativité, mais elle peut être visée pour elle-même et, considérée comme une dimension autonome du discours, ne demande-t-elle pas en tant que telle un «schéma modal»?

Le corpus comprend encore les termes de «schématisme» que l'on doit à Kant, et de «schématisation des catégories», selon J. Petitot, qui considère cette dernière comme une médiation entre la transcendance des catégories et leur objectivité phénoménale. Mais au-delà du sens propre, qui consisterait à s'en tenir à la lettre kantienne, c'est-à-dire le «schématisme» conçu comme médiation entre le concept et l'image[2], on rencontre aussi un sens figuré, que Cassirer, dans *La philosophie des formes symboliques*, propose, en élargissant cette notion à la médiation entre ce qu'il est convenu d'appeler le **sensible** et l'**intelligible** :

> «Le langage, avec les noms qu'il donne aux contenus et aux rapports spatiaux, possède lui aussi un schème, auquel il doit rapporter toutes les représentations intellectuelles pour les rendre saisissables et représentables par les sens.»[3]

Quant à J. Petitot, il précise le statut du **schéma** en le confrontant au **modèle** : à mi-chemin entre le concept et la diversité phénoménale, les structures topologiques sont des **schémas** à l'égard des concepts théoriques, parce qu'elles les traduisent en un imaginaire susceptible d'être déployé en occurrences, et elles sont des **modèles** à l'égard de la diversité des occurrences qu'elles réduisent.

La question qui se pose à nous est la suivante : cette diversité est-elle réductible? Est-il possible de dégager un noyau qui soit attesté dans tous les emplois que nous avons relevés qui ne seraient alors que des variétés de ce noyau? Il semble que la convocation d'une schématisation réponde au besoin de traiter avec la plus grande rigueur une **hétérogénéité** ou une **altérité** jugée par ailleurs constitutive : entre la *forme* et la *substance* pour Hjelmslev, entre l'*intelligible* et le *sensible* pour Cassirer, entre l'*image* et le *concept* pour Kant, entre l'*esthétique transcendantale* et la *perception* pour J. Petitot. Restent les deux emplois différents de schéma par Greimas : ces emplois, d'ailleurs corrélés entre eux, ne contredisent pas cette proposition, dans la mesure où, s'ils se situent à un niveau de généralité moindre, ils se proposent du moins d'enjamber eux aussi une béance, purement sémantique dans le cas du carré, existentielle dans le cas du schéma narratif. Tout se passe comme si, chez ces divers auteurs, le schéma ne devait sa position de médiateur qu'à cette béance entre, d'une part l'intensité et la concentration conceptuelle et catégorielle et, d'autre part, l'étendue et la dispersion des occurrences.

C'est dans cet esprit, c'est-à-dire dans les **limites** qu'il présuppose, que la notion de schéma sera abordée ici. En raison de la problématique **tensive** qui sous-tend l'ensemble de ces essais, le schéma sera envisagé comme **la médiation entre les deux dimensions dont l'intersection constituerait le fait tensif par excellence, à savoir l'intensité et l'extensité**. Le schéma ne traite donc ni de l'intensité ni de l'extensité en soi, mais il entend s'attaquer au principe de leur corrélation dans la sémiosis, et notamment dans la médiation entre réalisable et réalisé, entre une catégorie et ses usages.

## 2. DÉFINITIONS

### 2.1. Définitions paradigmatiques

Dans les années soixante, en raison de la «phonologisation de la sémantique»[4], qui semblait alors la voie prometteuse, il était généralement admis que le problème théorique portait sur l'inventaire d'une vingtaine de paires de traits distinctifs à l'aide desquels il semblait possible de décrire les micro-univers tels qu'ils apparaissent dans les discours verbaux ou non verbaux. L'épistémologie de la sémantique se voulait imitative ou analogique : à partir des travaux de R. Jakobson, notamment la grande étude intitulée *Phonologie et phonétique*[5], il s'agissait d'appliquer au plan du contenu une démarche qui avait fait ses preuves pour le plan de l'expression. On sait que l'entreprise a fait long feu, mais en cette affaire c'est moins la réponse qui était fautive que la question.

Exprimée dans la terminologie hjelmslevienne, la démarche binariste procède du point de vue «intensional», alors que le point de vue de la sémiotique doit être aussi «extensional». Ceci demande éclaircissement : pour Hjelmslev, la valeur — ainsi que nous le mentionnons dans l'essai sur la valeur — est définie par son **extension** : concentrée ou étendue. Mais dans la mesure où la sémiotique a pour objet le discours, cette grandeur sera ici une extension **discursive**, minimale pour le sème, maximale quand l'isotopie est coextensive au discours-objet; en second lieu, les grandeurs qui offrent les mêmes caractéristiques dans la chaîne forment une classe, ou encore une catégorie, puisque celle-ci est définie comme «un paradigme dont les éléments ne peuvent être introduits qu'à certaines places dans la chaîne et non pas à d'autres»[6]; rappelons que dans le *Cours de linguistique générale*, Saussure se demande :

> «Lorsque, dans une conférence, on entend répéter à plusieurs reprises le mot **Messieurs!**, on a le sentiment qu'il s'agit chaque fois de la même expression, et pourtant les variations de débit de d'intonation la présente, dans les divers passages, avec des différences phoniques très appréciables (...)»[7]

Quitte à anticiper quelque peu, nous dirons justement que les valeurs schématiques de *Messieurs!* sont constamment réévaluées par l'énonciateur ; enfin, les grandeurs, pour ce qui les concerne chacune isolément, sont définies par l'**intersection** de deux dimensions au moins mais, ainsi que nous nous sommes efforcés de l'établir dans l'essai «Catégorie et carré sémiotique», elles sont aussi partie prenante de ce que nous appelons un réseau reposant sur la «compénétration de deux dimensions», et cette appartenance répond de leur complexité structurale. C'est dans ces conditions que nous croyons utile de distinguer entre définition étendue et définition restreinte.

### 2.1.1. *Définition paradigmatique étendue*

La démarche propre à Hjelmslev dans les *Prolégomènes*, démarche qui consiste à se placer d'abord **hors** du langage, à installer ensuite la **fonction** et la **dépendance** comme objets de l'analyse, puis, à partir de ce «credo», à réintroduire une à une les catégories qui font, depuis toujours, l'objet de la réflexion linguistique, cette démarche s'accorde ce qu'il faudrait établir : la possibilité de cette expulsion initiale du langage.

A tout le moins cette démarche devrait-elle démontrer que la réintroduction du langage advient sans générer de reste conséquent. Or s'il est clair que la composante structurale de la langue, et plus généralement, la composante dite «sémio-narrative», n'en sont en rien affectées, on ne saurait en dire autant de ce qui relève du sensible (la phorie) et du perceptible (la tensivité). Ce qui se trouve surtout lésé et faussé dans cette affaire, c'est précisément la médiation, voire la conversion, entre la tensivité et la phorie d'une part, et la structure d'autre part, conversion que les notions de schéma, schématisme et schématisation entendent expliciter. Jusqu'à un certain point, la démarche hjelmslevienne entend soumettre l'objet à la méthode qu'elle préconise, et la distinction entre les caractères «arbitraire» et «adéquate» de la théorie ainsi que l'indépendance du système à l'égard du procès ne sont que des corollaires de ce choix.

Nous avons le sentiment que le parcours de la sémiotique a plus ou moins mis en cause ce dernier. Sous l'impulsion de Greimas, la sémiotique a placé l'accent successivement sur le *faire*, le *croire* et le *sentir*. Observons d'entrée que le *croire* a été moins bien «servi» que les deux autres dimensions. La sémiotique de la passion demeure, si l'on peut dire, en deçà de la sémiotique de l'action, laquelle, en vertu des droits immémoriaux du « premier occupant », s'est approprié la narrativité ; mais surtout, en raison de son antécédence, la sémiotique de l'action est toujours la référence en matière de procès et de consécution dans la chaîne.

L'introduction de *Sémiotique des passions* marque avec netteté que la sémiotique de la passion ne vient pas **après** celle de l'action, mais comme un effort d'intégration par rapport aux clivages jusque-là acceptés :

> « On ne saurait trop insister, ici encore, sur le fait que si les deux conceptions de l'état — état de choses, transformé ou transformable, et état d'âme du sujet, comme compétence pour et à la suite de la transformation — se réconcilient dans une **dimension sémiotique homogène**, c'est au prix d'une médiation somatique et 'sensibilisante'. »[8]

La question qui se pose à nous est la suivante : intégration par adoption d'un point de vue englobant ou commutation entraînant une mutation de point de vue ? S'agit-il de voir **plus**, ou de voir **autre chose** ou **autrement** ? De fait, c'est le second terme de l'alternative qui s'impose à notre attention. Dans les manifestations discursives du *sentir*, tout indique que le sujet connaît un changement de régime modal, sinon de rection : au lieu de **régir** et d'informer l'objet, au lieu de l'infléchir, le sujet **subit** l'objet. Cette révolution intime — interprétable sommairement comme retournement de la dépendance — était selon Merleau-Ponty au cœur même de la praxis picturale :

> « Le peintre vit dans la fascination. Ses actions les plus propres — ces gestes, ces tracés dont il est seul capable, et qui seront pour les autres révélation, parce qu'ils n'ont pas les mêmes manques que lui — il lui semble qu'elles émanent des choses mêmes, comme le dessin des constellations. Entre lui et le visible, les rôles inévitablement s'inversent. C'est pourquoi tant de peintres ont dit que les choses les regardent (...) »[9]

Cependant, rien ne permet de réserver ce dispositif modal à la seule expérience esthétique et, de fait, Cassirer propose d'en faire le critère de ce qu'il appelle la « pensée mythique » :

> « La pensée théorique adopte, face à ce qui l'aborde en tant qu'objet, avec des prétentions à l'objectivité et à la nécessité, une attitude d'investigation, d'interrogation, de doute et d'examen : elle s'oppose à lui avec ses normes propres. La pensée mythique au contraire ne connaît aucun affrontement de ce genre. Elle n'« a » l'objet que si elle est dominée par lui : elle ne le possède pas en le construisant, et serait plutôt absolument possédée par lui. Cette pensée n'est pas poussée par la volonté de **comprendre** l'objet, au sens de l'embrasser par la pensée et de l'incorporer à un complexe de causes et de conséquences : elle est simplement **prise** par lui. »[10]

**Saisir** ou **être saisi**, telle est la question.

D'une certaine manière, la théorie avoue ici l'un de ses manques : à savoir l'existence d'un **système modal** fondé sur l'alternance entre deux schémas modaux, le premier accentuant le sujet et l'instaurant comme sujet de maîtrise efficace, le second accentuant l'objet et qualifiant, ou recatégorisant le sujet comme sujet d'accueil et d'écoute, ou encore comme sujet «passible», selon A.Hénault[11].

La visée propre de toute schématisation est de combler une béance, de s'en prendre à une altérité qui est menacée d'inconsistance. Or il n'y a pas d'altérité plus résistante que celle qui oppose le moi au non-moi, que ce soit sous la forme du rapport sujet/objet, ou sous la forme du rapport sujet/autre sujet. Nous admettrons que, grâce au *faire*, le moi entend réduire le non-moi; à la limite, le moi se propose de l'assimiler et, sous un certain point de vue, même de l'annuler, tandis que dans le cas du *subir*, le moi est invité à se conformer, à se plier au non-moi qui le précède. Il est possible de pousser plus loin encore le contraste : dans le cas du *faire*, c'est le non-moi qui subit et donc **résiste**, alors que le cas du *subir*, ce rôle actantiel échoit alors au moi. Mais ce renversement est moins une réponse qu'une liste de questions relatives aux conditions d'émergence du *sentir* et du *subir*.

Par ailleurs, les concepts opérationnels de la théorie linguistique, à savoir l'alternance, le renversement, la commutation, la polarisation, ..., ne sont pas des concepts libres, évoluant dans quelque éther mental : ils sont contraints, liés à ce que nous appellerons un **primat de la tensivité** (intensité/extensité), conçue comme mesure imaginaire de l'altérité entre le moi et le non-moi; cette valeur peut être nulle ou en voie d'amenuisement, mais la nullité n'est pas l'absence. La compacité ordinaire de la prédication est une illusion et nous proposons ici de distinguer, en allant de la présupposée vers la présupposante : (i) une prédication **tensive** relative au complexe d'intensité/extensité; (ii) une prédication **existentielle** relative à la présence et à l'absence et corrélée aux modes d'existence; (iii) une prédication **différentielle** et qualificative ouverte sur l'analyse sémique. Cet ordre n'est pas seulement synchronique :  il permet de rendre compte du devenir de la sémiotique elle-même si l'on admet, hypothèse assurément lourde, que l'évolution théorique conduit progressivement à dégager les présupposés sous-jacents.

En premier lieu, cet ordonnancement peut être justifié ainsi : la prédication des différences en discours n'est possible que si chacune des grandeurs concurrentes se voit dotée d'un mode d'existence propre; telle figure ne s'actualise que si son contraire est potentialisé ou virtualisé. En outre, la prédication des modes d'existence, qui donne lieu aux modulations de la présence et de l'absence discursives, ne peut se comprendre sans référence à l'intensité et à l'extensité d'un champ perceptif. D'où la séquence proposée : la prédication différentielle présuppose la prédication existentielle, qui elle-même présuppose la prédication tensive. En second lieu, nous accédons aux limites du nominalisme, puisque l'assertion tant des choses que de leurs qualités est **conditionnelle** et **située** à l'intérieur des gradients de l'intensité/extensité, comme Pascal l'a indiqué avec force :

> «Nous ne sentons ni l'extrême chaud ni l'extrême froid. Les qualités excessives nous sont ennemies, et non pas sensibles : nous ne les sentons plus, nous les souffrons. Trop de jeunesse et trop de vieillesse empêchent l'esprit et trop peu d'instruction. Enfin les choses extrêmes sont pour nous comme si elles n'étaient point et nous ne sommes point à leur égard : elles nous échappent, ou nous à elles.»[12]

De même, une sémiotique du visible se heurte, dans son effort pour saisir les états signifiants de la lumière, aux deux limites que sont d'un côté, l'éblouissement, et de l'autre, l'obscurité. C'est pourquoi le discours, toujours négociant entre le sensible et l'intelligible, tend à «traduire» en **extension** le gradient d'**intensité**, et réciproquement. Par exemple, l'intensité lumineuse n'accèdera à la signification en discours qu'en se spatialisant sous forme d'éclats, d'éclairage, de chromatisme, etc. Inversement, l'étendue spatiale n'est saisissable figurativement que si elle est soumise au gradient de l'intensité lumineuse.

A un autre niveau, celui de la transformation discursive, la forme sensible est celle de l'**événement**, caractérisé par son éclat et sa saillance, et sa conversion intelligible et extensive engendre le **procès**, souvent défini comme un «entier» quantifiable et divisible en aspects; inversement, le procès n'est saisissable pour le sujet du *sentir* que s'il est modulé par l'intensité qui en fait un événement pour un observateur. La corrélation fondatrice de la schématisation narrative du discours serait donc celle-ci :

$$\begin{array}{ccc} \text{événement} & \Leftrightarrow & \text{procès} \\ \textit{intensité} & & \textit{extensité} \end{array}$$

Nous sommes en mesure de proposer une première ébauche du schéma : dans la mesure où il prend en charge la tension née de l'inégalité entre l'intensité et l'extensité, le schéma se présente comme la **médiation entre ces deux dimensions**. Dans plusieurs études, Hjelmslev oppose deux dimensions du plan de l'expression, celle des «constituants», les phonèmes, et celle des «exposants», la prosodie : les exposants sont, selon lui de deux sortes : les **accents**, intenses et localisés, et les **modu-**

**lations**, extenses et distribuées. Cette analyse vaut pour les deux plans du langage puisque :

> « [A] grossièrement parler, les morphèmes extenses sont les morphèmes 'verbaux', les morphèmes intenses sont les morphèmes 'nominaux' ».[13]

C'est dans cette direction que nous aimerions nous engager.

Dans le plan du contenu, le schéma comporterait lui aussi deux fonctifs : un fonctif intense et un fonctif extense. Le fonctif intense concerne, à l'évidence, ce que *Sémiotique des Passions* appelle la **sommation** :

> « Le premier geste est un acte pur, l'acte par excellence : une sommation ; (...) cette sommation est elle-même une négation, ou plutôt une saisie, un arrêt dans les fluctuations de la tension. En effet, le monde comme valeur s'offrait tout entier au sentir du sujet tensif ; mais pour le connaître, il faut en arrêter le défilement continu, c'est-à-dire généraliser la « clôture » — c'est donc la source de la première négation —, cerner une zone, sommer une place, c'est-à-dire nier ce qui n'est pas cette place. »[14]

La sommation se présente comme la présentification d'une relation *in absentia*. Elle cerne et stabilise, sous le sceau de l'éclat et de l'arrêt, une place, mais une place vide, en attente de remplissement ; en ce sens, la sommation, à la fois culmination et suspension de l'intensité, est une « demande ». Ce qu'elle fait attendre, c'est le fonctif extense du schéma, que nous dénommerons une **résolution**. De sorte que, si à un niveau général, le schéma conjugue l'intensité et l'extensité, dans le plan du contenu, il associe la sommation et la résolution, soit :

schéma = sommation ⇔ résolution

La dimension tensive et la dimension schématique s'ajustent ainsi l'une à l'autre, permettant le passage entre l'événement et le procès, entre la catégorie comme « place vide » et ses articulations discrètes, entre l'éclat et ses résonances discursives, entre le survenir et le devenir.

Le schématisme élémentaire que nous proposons ici, consiste donc, dans un sens, à résoudre une sommation dans l'extensité et, dans l'autre sens, à sommer une résolution sous forme intensive. Dès lors, les diverses acceptions dont nous faisons état dans la recension préalable s'éclairent globalement : le schématisme assure la médiation entre le concept (sommation) et la diversité phénoménale (résolution), entre les définitions en compréhension (sommation) et les définitions en extension (résolution), entre l'événement (sommation) et le procès (résolution), entre la jonction (sommation) et son déploiement sous forme de « schéma narratif canonique » (résolution).

NB : Du point de vue de la manifestation, cette hypothèse permettrait de comprendre comment deux niveaux d'articulation différents (par exemple, d'un côté, la jonction, ou la transformation narrative élémentaire, et, de l'autre, le schéma narratif canonique ou le procès aspectualisé), peuvent être l'un ou l'autre alternativement pris en charge par la prédication discursive. Dans cette perspective, le choix, en vue de la manifestation discursive, du niveau présupposé est un choix intensif (de type «sommation»), et le choix du niveau présupposant, un choix extensif (de type «résolution»). Dès lors, la manifestation directe d'une grandeur ou d'une structure issue des niveaux profonds du parcours génératif apparaît toujours plus «sensible», et celle d'une grandeur ou d'une structure issue des niveaux superficiels, plus «intelligible». La schématisation que nous proposons concerne donc directement l'opération dite de «convocation», dont les choix obéiront au moins en partie au principe de la corrélation entre intensité et extensité (voir à ce sujet l'étude consacrée à la praxis énonciative).

### 2.1.2. Définitions paradigmatiques restreintes

A partir de cette structure générale définie : (i) du point de vue anthropologique, par le commerce du sensible et de l'intelligible ; (ii) du point de vue structural, par le commerce de l'intensité et de l'extensité, nous sommes en mesure d'introduire des propriétés formelles que nous dirons de second rang, tout en sachant que la description de la forme ne saurait être une fin en soi et qu'elle n'est que la «gardienne de la structure». Nous suggérons de modifier ainsi la définition hjelmslevienne de la structure : *entité autonome et **déformable de dépendances internes***. Qualifier la structure d'«entité autonome», c'est dire qu'elle est **circonscrite** ou, comme la définition même de la sommation l'indique, qu'elle est **contenue**. Ajouter qu'elle est «déformable», c'est entendre que la plasticité de la structure permet aux valences intensives et extensives de varier et de déplacer les valeurs schématiques. Ces propriétés formelles sont respectivement relatives (i) à la **suture** entre sommation et résolution, (ii) au jeu de l'expansion et de la **syncope**, (iii) enfin à la **direction**, que nous examinerons ici dans leurs effets sur les schémas syntaxiques du discours.

La première différenciation concerne la **suture** ou la transition entre sommation et résolution. Si on examine, par exemple, les variations passionnelles autour de la rupture d'un attachement, l'«inconsolable» (cas I) est celui qui ne parvient pas à sortir de la sommation disjonctive et pour qui le «travail de deuil» ne se fait pas ; en revanche, pour la «veuve joyeuse», la résolution empiète déjà sur la sommation.

La seconde possibilité porte sur l'**expansion** discursive de l'une ou l'autre des composantes du schéma. Il ne s'agit plus alors de la place relative de la sommation et de la résolution à l'intérieur de la structure et de la corrélation, comme précédemment, mais dans le déploiement du procès discursif. Le théâtre de facture classique favorise manifestement la sommation et « expédie » la résolution, ce qui n'est pas exact, semble-t-il, du théâtre grec qui appréciait les tragédies mettant en scène la déploration, tragédies dans lesquelles, sans qu'elles déméritent, *il ne se passerait pas grand-chose*. Autrement dit, le théâtre grec semble avoir eu l'intuition d'une partition entre des pièces « sommatives », violentes, et des pièces « résolutives », lentes, en voie d'apaisement. Rien n'interdit de considérer que le couplage d'une pièce « sommative » et d'une pièce « résolutive », comme dans l'exemple d'œdipe, reconstitue le schéma complet. Dans cette perspective, la *Poétique* d'Aristote, en érigeant la « péripétie » et surtout la « reconnaissance » comme pivots de l'émotion tragique, place visiblement la sommation au-dessus de la résolution.

Dans cette perspective, l'« élasticité » du discours (en condensation ou en expansion) reçoit une description opératoire, et sa schématisation en autorise la reformulation en termes de corrélations entre intensité et extensité, entre effet « sensible » et effet « intelligible ».

Par **syncope** maintenant, nous entendons une propriété symétrique et inverse de l'expansion qui consiste à abréger un **usage** bien attesté. Par nature, la syncope porte sur la résolution : elle opère par retrait de telle ou telle séquence intermédiaire, soudain sentie comme redondante ou non pertinente. Greimas définissait la colère, par exemple, grâce à la « syncope » de la vengeance, syncope qui interdit en quelque sorte à l'impétuosité du mécontentement de se résoudre, et qui bloque notamment le processus de rééquilibrage (extensif) des dommages et des souffrances. La séquence complète de l'affront comporte la phase résolutive de la vengeance ou de la justice ; la colère est obtenue, à partir de cette séquence, par syncope de la résolution[15].

La troisième possibilité en appelle à la **direction** et porte sur la question suivante : la succession [sommation → résolution] est-elle ou non réversible ? Nous nous bornerons à deux allusions : dans la musique européenne, si l'on admet que la succession des mouvements dans la sonate a eu pendant plusieurs siècles une valeur schématique, il est connu qu'avant de décliner [vif-lent-vif], la sonate s'est construite sur la succession [lent-vif-lent]. Plus près de nous, Mallarmé, dans le texte intitulé *Le Mystère dans les lettres*, écrit :

« Disposition l'habituelle.
On peut, du reste, commencer d'un éclat triomphal trop brusque pour durer; invitant que se groupe, en retards, libérés par l'écho, la surprise.
L'inverse : sont, en un reploiement noir soucieux d'attester l'état d'esprit sur un point, foulés et épaissis des doutes pour que sorte une splendeur définitive. »[16]

Nous réduisons sans doute la portée de ces remarques, mais nous avons le sentiment de ne pas les fausser quand nous reconnaissons, dans la première recommandation, le schéma [sommation → résolution] et, dans la seconde, son renversement : [déploiement → sommation].


## 2.2. Définitions syntagmatiques

Traiter de la définition syntagmatique du schéma revient à en fait à statuer ou parier sur le sens existentiel de la syntaxe, et à cet égard Greimas a indubitablement raison quand il fait du schéma narratif le dépositaire du « sens de la vie ». Cependant, l'investigation en cours des « formes de vie » a montré que l'exclusivité accordée au schéma narratif était sujette à examen. La problématique propre au schéma tient dans la substitution du pluriel au singulier et dans le discernement des conséquences de cette substitution : à quoi renvoie exactement la multiplicité des schémas ? Comment tel discours singulier parvient-il à ajuster les différents schémas qu'il accueille, puisque l'originalité d'un discours dépend des schémas qu'il met en œuvre. Le corollaire de cette co-présence de schémas dans le discours impose, à l'évidence, les concepts de **densité** et de **cohérence schématiques**.

L'examen des définitions syntagmatiques du schéma consistera à formuler d'abord les tenants et les aboutissants d'une schématisation canonique, puis les conditions qui lui permette de prendre en charge tel ou tel modèle, tel ou tel parcours discursif. En effet, le propre de ces schémas tensifs est d'articuler l'intensité sensible et le déploiement cognitif, mais cette articulation concerne tout aussi bien des parcours narratifs, descriptifs que passionnels. Nous soupçonnons l'existence de schémas canoniques généraux, mais cette problématique est si neuve en sémiotique que les interrogations l'emportent sur les réponses et, comme souvent, certaines conventions terminologiques préalables s'imposent. Nous emprunterons à G. Guillaume, parce qu'elle est suggestive, l'opposition [ascendant/décadent], et nous admettrons les équivalences suivantes :

schéma **ascendant** : déploiement → sommation
schéma **décadent** : sommation → résolution

On aura relevé, tout au long de cet ouvrage, que le schéma décadent s'est souvent révélé plus heuristique que le schéma ascendant. C'est donc à la structure du schéma décadent que nous nous attacherons surtout. Pour penser la mise en procès d'une grandeur sémiotique, il faut commencer par la traduire en termes de programme et de contre-programme, transitifs ou intransitifs. A partir du diagramme suivant, où nous introduisons une troisième phase, la syntaxe tensive immanente au schéma canonique peut être approchée :

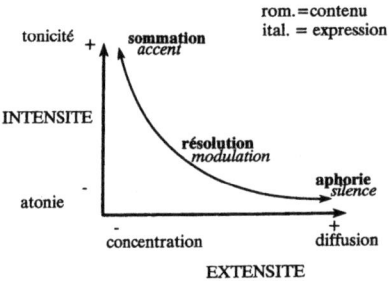

Le schéma décadent comporte au moins une phase caractérisée par une présupposition réciproque entre un maximum d'intensité et un minimum d'extensité; ces deux degrés tensifs peuvent être ou non convertis, respectivement en **excès** d'intensité et en **déficit** d'extensité si le degré dépasse le seuil d'une norme. Examinons chaque cas : si le maximum d'intensité est converti en excès d'intensité, notamment par l'effet d'une moralisation, nous dirons que cet excès est **contensif** et appelle un contre-programme **détensif** de résolution, destiné à combler le déficit d'extensité; en l'absence de cette évaluation, le maximum d'intensité sera simplement **rétensif** et se présentera alors comme un contre-programme à l'égard de la résolution potentielle. Nous accédons ainsi à des **styles tensifs** élémentaires, par exemple, dans le deuxième cas, à une culture délibérée, parfois cynique, de l'excès, du paroxysme que résume trivialement le mot d'ordre sommaire : *qu'importe le flacon, pourvu qu'on ait l'ivresse !*

Nous avons ajouté un troisième terme, l'**aphorie**, dont l'interprétation peut être double : convient-il de penser ce schéma comme ternaire ? ou bien comme un « montage » de deux schémas binaires ?

[sommation → résolution] + [résolution → aphorie]

Ce « montage » attribuerait à la résolution deux valeurs schématiques distinctes puisque, si le processus atteint l'aphorie, alors la résolution précédente vaut à son égard comme une sorte de « sommation ».

Les deux interprétations sont plausibles : la première est conforme au caractère **attractif** des minima et rend compte, par exemple, de la substitution, dans la symphonie moderne, de l'*adagio* à l'*allegro* comme dernier mouvement : c'est ainsi qu'un critique a pu écrire, à propos du dernier mouvement de la *Neuvième* de Mahler, que son « écriture évolue en apesanteur »[17].

Mais, par ailleurs, le propre d'une culture particulière consiste parfois à sélectionner telle ou telle portion du schéma. Ainsi « tout se passe comme si », par une sorte de syncope de la première partie du schéma, la culture hindoue ne voulait connaître et « habiter » que la portion de l'arc menant « de » la résolution « à » l'aphorie :

« Le but est au contraire, pour le regard religieux, de faire disparaître le temps comme totalité; avec tout ce qui se trouve en lui et ce qui reçoit de lui 'forme et nom'. La flamme de la vie s'éteint devant le regard pur de la connaissance. 'La roue est brisée, le fleuve asséché du temps ne coule plus, la roue brisée ne tourne plus : c'est la fin de la passion.' (Udana VII,1 ; VIII,3) »[18]

A l'inverse, le temps occidental, eschatologique, ne retient que la première partie du schéma, et rejette l'aphorie comme **excessive**. Mais à l'intérieur de l'espace tensif ainsi défini, des accentuations et des différenciations sont envisageables. Nous concevons le schéma canonique, muni de ses deux possibilités de corrélation, comme une armature, ou une structure d'accueil pour les autres schémas. Pour l'heure, il ne constitue qu'une hypothèse en cours de validation, reposant sur : (i) l'interaction du sensible et de l'intelligible, et (ii) la direction réversible de chacune des deux dimensions, l'intensité et l'extensité.

Ceci posé, la prise en charge d'un modèle spécifique par le schéma canonique suppose trois conditions : (i) la présence d'une dimension pathémique, manifeste ou latente; (ii) l'identification des dimensions qui dans le discours examiné valent respectivement comme intensive et comme extensive; (iii) l'identification des opérateurs qui traitent l'intensité et l'extensité.

Même si le choix d'un exemple est toujours sujet à caution, nous aimerions montrer que le rabattement du schéma canonique sur un discours-objet ne fait pas tort, loin s'en faut, au texte. Ainsi, quand Pascal écrit dans le texte intitulé *Le mystère de Jésus* :

« Jésus sera en agonie jusqu'à la fin du monde : il ne faut pas dormir pendant ce temps-là », il impose le temps sommatif de la venue, sinon de la survenue, du Christ, mais suspend le temps résolutif. Parmi les possibles tensifs, la pensée pascalienne fait manifestement choix d'une syntaxe rétensive, au sens où la sommation n'est jamais trop intense. Quand Pascal envisage les voies de la connaissance, en opposant l'« esprit de géométrie » à l'« esprit de finesse », il convoque les mêmes catégories, c'est-à-dire les mêmes tensions canoniques : « Les principes se sentent, les propositions se concluent »[19] : les « principes », affiliés au *sentir*, relèvent de la sommation, tandis que les « propositions », dont la déduction est confiée à la *raison*, sont prises en charge par la résolution. Le passage suivant est encore plus explicite :

> « La raison agit avec lenteur, et avec tant de vues, sur tant de principes, lesquels il faut qu'ils soient toujours présents, qu'à toute heure elle s'assoupit ou s'égare, manque d'avoir tous ses principes présents. »[20]

et sa prise en charge par le schéma canonique est immédiate : (i) les « principes », correspondant à la sommation, reposent sur l'intensité maximale du sensible, dont l'opérateur déclaré est « le cœur »; (ii) les « propositions », correspondant à la résolution, reposent sur l'extensité de l'intelligible, dont l'opérateur est « la raison ».

Et selon le point de vue avancé dans cet essai, le défi, que Pascal lance aux uns et aux autres, consiste, pour les « esprits fins », à se déplacer de la sommation vers la résolution, tandis que les « géomètres » sont conviés à se transporter du déploiement vers la sommation. Cependant, on pourrait reprocher à la transposition que nous proposons de n'être qu'une traduction. A cet égard, le schéma canonique comporte deux possibilités de déploiement : (i) quand la sommation est rétensive, qu'il s'agisse de l'être aimé :

> « Quand on aime fortement, c'est toujours une nouveauté de voir la personne aimée. »

ou de la grâce :

> « C'est un flux continuel de grâce que l'Ecriture compare à un fleuve et à la lumière que le soleil envoie incessamment hors de soi, et qui est toujours nouvelle, en sorte que, s'il cessait un instant d'envoyer, toute celle qu'on aurait reçue disparaîtrait, et on resterait dans l'obscurité. »[21]

elle tend vers ce que Pascal appelle l'« effusion »; (ii) à l'inverse, si la sommation tend vers la nullité, la résolution devient à la fois maximale et vide :

> « C'est une chose horrible que de sentir s'écouler tout ce qu'on possède. »[22]

Ce schéma canonique, qui dégage ici les rudiments d'une grammaire pascalienne, semble donc présenter des possibilités de prévision, fort modestes il est vrai, qui en font un modèle de compréhension et non seulement de description.

## 3. CONFRONTATIONS

La chaîne du discours est composée, selon Hjelmslev, de deux sortes de grandeurs : les constituants et les exposants; les constituants occupent l'étendue de la chaîne et obéissent aux règles extensives de la distribution, alors que les exposants sont responsables des variations d'intensité dans la chaîne. Dans un second temps, pour les exposants, il convient de distinguer entre morphèmes **intenses** et morphèmes **extenses**; dans le plan de l'expression, les premiers renvoient aux **accents**, les seconds aux **modulations** qui affectent l'énoncé tout entier; pour ce qui concerne le plan du contenu, Hjelmslev ne propose aucun terme, mais il donne comme exemples la personne, la voix, l'aspect, le temps, le mode[23]. Si le terme de **prosodie**, réunissant accents et modulations, s'impose sans difficulté pour le plan de l'expression, il n'en va de même pour le plan du contenu; mais si l'on veut bien se souvenir qu'une de nos hypothèses centrales porte sur la **dépendance** entre l'intensité et l'extensité, il nous semble que celui de «**consistance**», entendu comme clef de voûte du réseau de dépendances, de complexités et de tensions que nous nous efforçons de préciser, pourrait désigner, au plan du contenu, l'association de l'éclat et de l'étendue. La syntaxe discursive comporterait donc deux plans associés : la syntaxe de la **constituance** et celle de la **consistance**.

Dans la mesure où le schéma a pour principe, dans le plan du contenu, la tension entre sommation intensive et résolution extensive, il devient à ce titre l'équivalent de la période ou du schéma intonatif du plan de l'expression. Pour récapituler :

| PLAN DE L'EXPRESSION | PLAN DU CONTENU |
|---|---|
| Prosodie | Consistance |
| Période, schéma intonatif | Schéma tensif |
| Accent ⇔ modulation | Sommation ⇔ résolution |

Pour finir, nous nous en tiendrons à deux questions qui ne font que prolonger quelques-unes des hypothèses avancées : (i) convient-il de postuler un schéma des schémas? (ii) que signifie l'inégalité récurrente entre le schéma ascendant, qui met en œuvre la corrélation converse des valences, et le schéma décadent fondé sur leur corrélation inverse?

Existe-t-il un **schéma des schémas**, comme le parcours génératif, dans l'esprit de Greimas, ou la stratification, à une échelle bien plus modeste ? Ou bien seulement des corrélations et des congruences circonstancielles, « à la demande », entre deux schématisations, jugées jusqu'ici étrangères et subitement identifiées par une énonciation individuelle, à l'instar de celle que propose Lévi-Strauss, à la fin des *Mythologiques*, quand il jette un pont entre le mythe et la musique, jusque-là jugés étrangers l'un à l'autre ? Le parcours génératif est certes un « schéma des schémas », mais qui aurait délibérément misé sur l'intelligibilité du discours, sur une série de « résolutions » en chaîne à partir de la première sommation catégorielle, jusqu'aux articulations les plus fines de la mise en discours. Mais Greimas lui-même, s'intéressant au sentir et à l'esthésie, a dû provisoirement mettre entre parenthèses le parcours génératif ; et les recherches sur les formes de vie, reposant chacune sur une esthésie caractéristique, confirment cette tendance : les sélections opérées à partir de cette esthésie discriminante s'appuient certes sur les différents niveaux du parcours génératif, mais pour en proposer une déformation cohérente qui est la véritable schématisation en acte dans le discours. De fait, l'essai qui leur est consacré, et dans lequel elles sont définies comme des « schémas de schémas », répond à la question précédente en attribuant aux cultures la tâche de schématiser des collections de schémas. Dès lors, le schéma des schémas ne peut être que spécifique, particularisant et non générique, tout comme chez I. Lotman, les systèmes modelants secondaires, en assurant l'intersection des structures, engendrent l'originalité et la spécificité culturelles.

L'inégalité entre schéma ascendant et schéma décadent est un des motifs — bien involontaire — de cet ouvrage. Dans les années soixante, en raison du consensus selon lequel les éléments étaient aphoriques, achroniques et ponctuels, c'est-à-dire « inétendus », l'émergence du sens était confiée à une combinatoire qui procurait un nombre fini de possibles ; à partir de cette combinatoire, chaque micro-univers procédait à une sélection, sans doute arbitraire, mais le discours était chargé de la motiver en la mettant en rapport avec d'autres sélections. Or, dès l'instant que la combinatoire doit composer avec les pré-conditions tensives du sens, elle doit tenir compte des différences de potentiel et, même s'ils associent les mêmes grandeurs, les schémas ascendant et décadent ne produisent pas à cet égard les mêmes effets. Nous n'évoquerions pas cette hypothèse si Saussure, dans les manuscrits accessibles et dans ses *Principes de phonologie*, n'avait affronté avec détermination cette difficulté.

L'analyse phonologique selon Saussure ne consiste pas à poser d'abord des traits binaires, puis des phonèmes, enfin des syllabes, en un mot à poser des parties et à composer ensuite un tout :

> « Quiconque professe une opinion déterminée sur **u** consonne et **u** voyelle sans avoir par devers soi une vue parfaitement <nette et> précise sur la syllabe parle en l'air. »[24]

Saussure est donc conduit à s'inquiéter des constituants propres de la syllabe et il en discerne deux : l'implosion (notée >) et l'explosion (notée <) :

> « Voyons maintenant ce qui doit résulter de la consécution des explosions et des implosions dans les quatre combinaisons théoriquement possibles : 1° < >, 2° > <, 3° < <, 4° > >. »[25]

Cependant, si elles sont toutes « théoriquement possibles », les deux premières combinaisons manifestent des propriétés qui les mettent à part : (i) la première, [< >], qui peut être rapprochée du schéma décadent, produit le « point vocalique »; la seconde, [> <], comparable au schéma ascendant, produit la « frontière de syllabe ». L'un produirait un effet de « centre », l'autre un effet de « seuil », ce qui revient à dire que le schéma décadent se referme sur lui-même en se donnant un centre organisateur, alors que le schéma ascendant appelle toujours un au-delà, c'est-à-dire une autre résolution.

Le cas du manque et de sa liquidation est particulièrement clair à cet égard : quand la résolution liquide un manque intense, elle conduit le parcours du sujet vers un attracteur qui le stabilise — c'est l'effet « centre » —; en revanche, quand la liquidation est une sommation qui supprime un manque diffus et extense, elle prépare le sujet, comme Swann chez Proust, pour de nouvelles aventures — de nouvelles résolutions —, car si le « seuil » est une zone critique, il n'assure aucune stabilité. L'inégalité entre les deux schémas pourrait être résumée ainsi : le schéma décadent conduit à un équilibre stable (le centre attracteur), alors que le schéma ascendant conduit à un équilibre instable (le seuil, qu'on pourrait dénommer « point de répulsion » ou « répulseur »).

Au terme de cette étude, il apparaît maintenant que le schéma tensif canonique est doté des propriétés suivantes : (i) il appartient à l'espace tensif du fait qu'il négocie une corrélation inverse entre deux dimensions (ou profondeurs) : une profondeur intensive et une profondeur extensive; (ii) il affecte aussi bien le *tempo* que la durée et la spatialité : la sommation se présente le plus souvent comme une accélération, s'accompagnant d'une contraction de l'espace et de la durée; son caractère instantané est même parfois la seule manifestation concrète de l'intensité qui la définit; (iii) enfin la sommation est donation, donation d'objet ou donation de sens, alors que la résolution s'inscrit plutôt du côté du *savoir-faire* et du *pouvoir-faire*; (iv) le schéma canonique est donc bien la transition grammaticale en vertu de laquelle le sensible rappelle l'intelligible qu'il a lui-même suspendu[26]; si le schéma canonique tient lieu maintenant de chemin entre la sommation et la résolution, alors celui-ci permet au sujet de convertir la passion en action, l'affect en projet, le subir sommatif en agir résolutif et, à ce titre, le schéma canonique mérite assez le titre de **savoir-vivre** ou d'**art de vivre** élémentaire.

## NOTES ET RÉFÉRENCES BIBLIOGRAPHIQUES

[1] A.J. Greimas & J. Courtés, *Sémiotique 1. Dictionnaire raisonné de la théorie du langage*, op. cit., p. 322.

[2] Pour Kant : «Tout ce que nous pouvons dire, c'est que l'image est un produit de la faculté empirique de l'imagination productrice, tandis que le schème des concepts sensibles (comme des figures dans l'espace, est un produit et en quelque sorte un monogramme de l'imagination pure *a priori*, au moyen duquel et d'après lequel les images sont d'abord possibles; et que, si ces images ne peuvent être liées au concept qu'au moyen du schème qu'elles désignent, elles ne lui sont pas en elles-mêmes parfaitement adéquates.» (*in Critique de la raison pure*, tome 1, Paris, Flammarion, 1944, p. 173).

[3] E. Cassirer, *La philosophie des formes symboliques*, op. cit., tome 1, p. 154.

[4] Cette expression est empruntée à Hjelmslev quand il veut en mettre en garde, avant même qu'elles ne soient formulées, contre les thèses binaristes. Voir L. Hjelmslev, *Essais linguistiques*, op. cit., p. 124.

[5] R. Jakobson, *Essais de linguistique générale*, Paris, Minuit, 1963, p. 103-149.

[6] L. Hjelmslev, *Le langage*, op. cit., p. 173.

[7] F. de Saussure, *Cours de linguistique générale*, op. cit., p. 151-152.

[8] A.J. Greimas & J. Fontanille, *Sémiotique des passions*, op. cit., p. 14.

[9] M. Merleau-Ponty, *L'œil et l'Esprit*, Paris, Folio-Essais, 1989, p. 31.

[10] E. Cassirer, *La philosophie des formes symboliques*, op. cit., p. 100.

[11] A. Hénault, «Structures aspectuelles du rôle passionnel», *Actes Sémiotiques*, Bulletin, XI, 39, «Les passions», Paris, CNRS, 1986.

[12] B. Pascal, *Œuvres Complètes*, Paris, Gallimard, La Pléiade, 1954, p. 1109.

[13] L. Hjelmslev, *Essais linguistiques*, op. cit., p. 165; cf. également «La syllabe en tant qu'unité structurale», in *Nouveaux essais*, Paris, PUF, 1985, p. 165-171; *Le langage*, op. cit., p. 131-150.

[14] A.J. Greimas & J. Fontanille, *Sémiotique des passions*, op. cit., p. 40. A propos de la valeur génératrice de l'arrêt, voir Cl. Zilberberg, «Pour introduire le faire missif», in *Raison et poétique du sens*, Paris, PUF, 1988, p. 97-113.

[15] «De la colère», *Actes Sémiotiques*, Documents, III, 27, Paris, CNRS, 1981; repris dans *Du Sens II*, op. cit.

[16] S. Mallarmé, *Œuvres complètes*, Paris, Gallimard/La Pléiade, 1945, p. 384-385.

[17] M. Chion, *La symphonie à l'époque romantique*, Paris, Fayard, 1994, p. 240.

[18] E. Cassirer, *La philosophie des formes symboliques*, op. cit., p. 153.

[19] B. Pascal, op. cit., p. 1222.

[20] *Op. cit.*, p. 1220.

[21] *Loc. cit.*

[22] *Op. cit.*, p. 1181.

[23] Voir A. Zinna, «La théorie des formants. Essai sur la pensée morphématique de Louis Hjelmslev», *Versus*, 43, juin-avril 1986, p. 95-99.

[24] R. Engler, *Edition critique du C.L.G.*, tome 2, fasc. 4, Wiesbaden, O. Harowitz, 1974, 3305.2.

[25] F. de Saussure, *Cours de linguistique générale*, op. cit., 1962, p. 83.

[26] Pour une sémiotique de la dépendance, la distance entre *être* et *faire*, entre *état* et *procès* est induite à s'amenuiser.

# Présence

## 1. RECENSION

La catégorie *présence/absence* appartient de droit, pour commencer, au discours philosophique sur l'existence (en général opposée à l'essence). Elle y fonctionne presque toujours comme une catégorie «impure», dont le terme complexe *présence + absence* semble plus facilement actualisable et plus productif que les autres. Ainsi, dans le mythe platonicien de la caverne, la présence sensible est construite comme une «absence présentifiée», une sorte de simulacre de l'«Idée» obtenu par présentation indirecte et déceptive. La reformulation plus récente de cette catégorie par la phénoménologie, aboutissant chez Merleau-Ponty à la notion de «champ de présence»[1], repose sur une interprétation du couple *présence/absence* en termes d'opérations (apparition/disparition) par lesquelles les «étants» sensibles se détachent de, puis retournent à l'«être» sous-jacent. L'intérêt de cette reformulation, d'un point de vue sémiotique, tient dans le fait que la présence y est définie en termes déictiques, c'est-à-dire, en somme, à partir d'une sorte de présent linguistique; en outre, pour la phénoménologie elle-même, la présence est le premier mode d'existence de la signification, dont la plénitude serait toujours à conquérir.

## 2. DÉFINITIONS

Pour la sémiotique, dans la mesure où elle se réclame de Hjelmslev, l'élucidation de la présence, outre le fait qu'il s'agit d'une notion particulièrement délicate, se heurte, pour ainsi dire, à un interdit puisque l'auteur des *Prolégomènes* déclare :

> « Ces définitions s'appuient sur des concepts non spécifiques et indéfinissables : présence, nécessité, condition, ainsi que sur les définitions de fonction et de fonctif. »[2]

Sans traiter la question au fond, il nous semble que, si les indéfinissables sont bien tels, pris chacun séparément, du groupe qu'ils forment — à ceux que nous venons d'indiquer il faut encore ajouter « description, objet, dépendance, homogénéité »[3] —, et de leur rapprochement se dégagent des indices de corrélation qui permettent d'envisager une interdéfinition.

## 2.1. Définitions paradigmatiques

L'existence sémiotique ne peut être conçue comme présence que si on suppose, comme le font les auteurs de *Sémiotique 1*, que cette existence est un objet de savoir pour un sujet cognitif. Mais il faudrait faire un pas de plus et reconnaître dans cette relation cognitive la base perceptive de l'appréhension de toute signification. Considérée comme partie prenante d'une configuration perceptive qui serait constitutive aussi bien de la sémiosis que de l'énonciation, l'absence et la présence, logiquement antérieures à la catégorisation, en préfigurent pourtant, comme on le verra, l'apparition.

En « raccordant » ainsi d'entrée la problématique de la présence à celle de l'énonciation, nous sommes en mesure d'introduire les « variétés » énonciatives de la présence, contrôlées par l'instance trinitaire de l'énonciation : actant, espace, temps. Notre point de départ sera constitué par la présupposition réciproque entre d'une part le « champ de présence », considéré comme le domaine spatio-temporel où s'exerce la perception, et d'autre part les entrées, les séjours, les sorties et les retours qui, à la fois, lui doivent leur valeur et lui donnent corps. Isolons chacune des trois dimensions de la deixis énonciative et envisageons-là comme catégorie tensive.

Pour l'**actant**, que nous concevons, comme la phénoménologie, dans sa relation à un objet de valeur, nous proposons de distinguer une orientation soit vers le sujet, soit vers l'objet, sans atteinte pour la jonction sujet-objet. Du point de vue du sujet, la présence est — de façon quasiment unanime — appréhendée comme **étonnement**; nous admettrons que nous sommes en face de la présence réalisée. Mais la soudaineté étant, par définition, éphémère, sa virtualisation inéluctable donne lieu à l'**habitude**. Du point de vue de l'objet, l'opposition canonique, homologue de la précédente, conjoint et disjoint le **nouveau** et l'**ancien**. La sémiotique ne prétend à rien d'autre qu'à comprendre la **prévalence** de ces «vécus de signification» (Cassirer); par rapport au champ de présence, l'étonnement et la nouveauté sont porteurs d'une valeur d'**irruption**, l'habitude et l'ancienneté d'une valeur de **séjour**.

En ce qui regarde la **deixis spatiale**, la catégorie tensive de premier rang est bien évidemment la **profondeur** dont la meilleure formulation phénoménologique a été proposée par Merleau-Ponty dans *L'œil et l'esprit* :

> «De la profondeur ainsi comprise, on ne peut plus dire qu'elle est «troisième dimension». D'abord, si elle en était une, ce serait plutôt la première : il n'y de formes, de plans définis que si l'on stipule à quelle distance de moi se trouvent leurs différentes parties. Mais une dimension première et qui contient les autres n'est pas une dimension, du moins en sens ordinaire **d'un certain rapport** selon lequel on mesure. La profondeur ainsi comprise est plutôt l'expérience de la réversibilité des dimensions, d'une «localité» globale où tout est à la fois, dont hauteur, largeur et distance sont abstraites, d'une voluminosité qu'on exprime d'un mot en disant qu'une chose est là.»[4]

L'articulation sémiotique minimale est celle qui pose en vis-à-vis le **proche** pour la présence réalisée et le **lointain** pour la présence virtualisée.

Quand la profondeur est rabattue sur la compétence du sujet de la perception, elle donne lieu à la dialectique des «points de vue» : aux écarts inhérents à la distance correspondent des morphologies perceptives, parfois seulement distinctes, parfois irréductibles les unes aux autres comme dans les pages que Proust consacre au jet d'eau du peintre Hubert Robert dans *Sodome et Gomorrhe*[5]. La morphologie des points de vue doit être envisagée dans sa relation à la profondeur comme la «fonction discontinue d'une certaine variable continue»[6].

Pour ce qui concerne la dernière dimension — le **maintenant** — la mnésie, version dépsychologisée de la mémoire, est à la temporalité ce que la profondeur est à la spatialité. Nous admettrons que l'**actuel** manifeste la présence réalisée et le **révolu**, forme intensive du passé, la présence virtualisée. La structure élémentaire de la temporalité nous semble plutôt duelle que ternaire : en effet, nombreuses sont les langues, le latin entre autres, dans lesquelles les formes du futur sont données comme «tardives».

Avant d'aller plus loin, nous aimerions faire deux remarques : (i) si l'on admet que la dimension propre à ego n'est autre que celle dite de l'**affect**, c'est-à-dire l'état — voire la «température» —, de la relation sensible entre le sujet et ses entours, la relation de la profondeur et de la mnésie à l'affect est de l'ordre de la **catalyse**, dans la mesure où le proche et l'actuel ne valent que s'ils sont « affectants ». En raison de leur dépendance commune à l'égard de l'affect, la profondeur et la mnésie ont vocation à « se métaphoriser » l'une l'autre, ce dont ni les langues ni les discours ne se privent : ainsi peut-on parler de la « profondeur » temporelle du souvenir. (ii) La praxis énonciative peut **subir** ou **réagir** : elle subit si la consécution [réalisé → virtualisé] prévaut ; par contre, elle réagit si ce contenu est évalué comme *contenu inversé* appelant son renversement en *contenu posé*. A titre d'exemple immédiat, l'entreprise de Péguy s'efforce, à partir de l'opposition entre le « tout fait », le révolu dans notre approche, et le « se faisant », l'actuel, de faire échec à ce qu'il appelle l'« amortissement » :

> « Car du bois mort est du bois envahi de tout fait, tout entier occupé, tout entier consacré au tout fait, tout entier dévoré de tout fait, tout entier consommé pour ainsi dire par l'envahissement du tout fait. Tout entier racorni, tout entier momifié ; plein de son habitude et de sa mémoire. C'est un bois qui est arrivé à la limite de cet amortissement. C'est un bois dont toute la matière a été gagnée peu à peu par ce vieillissement. C'est un bois dont toute la souplesse a été mangée peu à peu par ce raidissement, dont tout l'être a été sclérosé par ce durcissement. C'est un bois qui n'a plus un atome de place et plus un atome de matière pour du se faisant. Pour faire du se faisant. Aussi il n'en forme plus, il n'en fait plus. »[7]

Le tableau suivant expose le rabattement des modes de présence sur les catégories énonciatives :

| | | Présence réalisée | Présence virtualisée |
|---|---|---|---|
| EGO | PdV du sujet | **étonné** | **habitué** |
| | PdV de l'objet | **nouveau** | **ancien** |
| ICI | | **proche** | **lointain** |
| MAINTENANT | | **actuel** | **révolu** |

En second lieu, le « je » sémiotique ne se réduit pas au « je » linguistique : le « je » sémiotique est un « je » sensible, affecté, souvent sidéré, c'est-à-dire ému par les extases qui l'assaillent, un « je » plutôt oscillatoire qu'identitaire. La présence devient de ce fait une variable, comme le montrait déjà Descartes en traitant de l'« admiration » :

> « Lorsque la première rencontre de quelque objet nous surprend, nous le jugeons être nouveau, ou fort différent de ce que nous connaissions auparavant (...) ; cela peut nous arriver avant que nous connaissions aucunement si cet objet nous est convenable (...) ; elle n'a point de contraire, à cause que, si l'objet qui se présente n'a rien en soi qui nous surprenne (...) nous le considérons sans passion. »[8]

Le « je » sémiotique hante un espace tensif, c'est-à-dire un espace au cœur duquel l'intensité et la profondeur sont associées, tandis que le sujet s'efforce, à l'instar de tout vivant, de rendre cette niche habitable, c'est-à-dire d'ajuster et de réguler les tensions en aménageant les morphologies qui le contraignent.

Si l'on accepte de voir d'une part dans la durée et l'espace des possibilités de déploiement, et d'autre part dans l'intensité l'opérateur en mesure d'effectuer, mais également, le cas échéant, d'inhiber ces déploiements, le champ de présence est déterminé, du point de vue morphologique, d'un côté par le centre déictique qui lui sert de référent, et de l'autre par les horizons d'apparition et de disparition qui en constituent les premières modalisations et aspectualisations. La profondeur spatio-temporelle procure à la présence un **devenir** et une **étendue**; elle permet en outre, dans la mesure où elle est toujours susceptible de se contracter ou de s'étendre, de reculer ou d'avancer les horizons, une mise en perspective de la présence ou de l'absence l'une par rapport à l'autre, de sorte que le champ de présence apparaît comme **modulé**, plutôt que découpé, par diverses combinaisons d'absence et de présence, c'est-à-dire par des corrélations de gradients de la présence et de l'absence. Nous aimerions montrer plus précisément comment les termes de la paire *présence/absence* sont articulés par leur immersion dans l'espace tensif.

La catégorie que nous cherchons à construire repose en fait sur la co-présence, dans un même domaine — ou champ de présence —, d'au moins deux grandeurs : la présence sémiotique ne peut être que relationnelle et tensive, et doit être comprise comme une « présence de **x** à **y**». Dans la perspective qui nous intéresse ici, les deux grandeurs concernées sont les deux aboutissants de la fonction «perception», un sujet et un objet. Dès lors, le domaine considéré est celui déterminé par la portée spatio-temporelle de l'acte perceptif, qui peut être exprimée aussi bien en termes d'étendue des objets perçus, qu'en termes d'intensité des perceptions.

Ce domaine a donc un intérieur et un extérieur (le «champ» et le «hors-champ»), dont les corrélats respectifs sont la **tonicité** et l'**atonie** des perceptions. En outre, il peut être traité comme **ouvert** ou comme **fermé**; dans le premier cas, la perception est considérée comme une **visée**, et, dans le second cas, comme une **saisie**). La visée repose en somme sur l'intensité de la tension qu'elle instaure entre ses deux aboutissants, le sujet et l'objet, alors que la saisie procède par délimitation d'une étendue, et cerne le domaine pour y circonscrire l'objet. Dans cette perspective, « saisir », c'est faire coïncider l'étendue d'un domaine fermé avec le champ où s'exerce l'intensité optimale de la perception : dans le champ ainsi circonscrit, l'intensité et l'extensité perceptives évoluent de manière converse : plus le nombre d'objets saisis est important, plus il est admis que la perception est intense. En revanche, « viser », c'est sélectionner dans une étendue ouverte la zone où s'exercera la perception la plus intense ; c'est renoncer à l'étendue et au nombre des objets au profit de la saillance perceptive de quelques-uns ou d'un seul. Par conséquent, dans la visée, l'intensité et l'extensité perceptives évoluent de manière inverse : moins on vise d'objets à la fois, mieux ils sont visés. La **profondeur** de la visée et de la saisie, évaluée à partir du centre déictique, sera donc fonction de la **tonicité** de l'une et de l'autre, tonicité considérée comme un complexe d'intensité et d'extensité perceptives.

Les définitions respectives de la visée et de la saisie sont homologues des définitions respectives des valeurs d'absolu (corrélation inverse entre intensité et extensité) et des valeurs d'univers (corrélation converse), telles qu'elles apparaissent dans l'essai « Valeur ». On pouvait alors se demander à juste titre : de quelle intensité et de quelle étendue s'agissait-il ? En quoi ces deux types axiologiques reposaient-ils sur les deux grandes directions de l'espace tensif ? La réponse se trouve dans notre définition de la présence : les valeurs d'absolu, associées aux opérations de **tri** axiologique, reposent sur le type perceptif de la visée ; les valeurs d'univers, associées aux opérations de mélange et de totalisation axiologiques, reposent sur le type perceptif de la saisie.

En cette première phase d'élaboration de la catégorie, nous disposons de deux gradients de la « tonicité » perceptive : celui de la saisie et celui de la visée. Nous admettrons que la catégorie présence/absence repose sur la corrélation entre ces deux gradients, dans la mesure où ses différents cas de figure résultent de l'association d'une visée et d'une saisie, de la tension entre l'ouverture et la fermeture du champ. Ces tensions peuvent être organisées en réseau :

|  | Visée tonique | Visée atone |
|---|---|---|
| Saisie tonique | **Plénitude** | **Inanité** |
| Saisie atone | **Manque** | **Vacuité** |

ou bien organisées en carré homogène mais non canonique :

Les modulations de la présence et de l'absence fournissent en somme la première modalisation des relations entre le sujet et l'objet tensifs, la **modalisation existentielle** : la plénitude est **réalisante**, le manque est **actualisant**, la vacuité est **virtualisante** et l'inanité est **potentialisante**. Cette suggestion suppose, de fait, (i) que les modalisations existentielles puissent être engendrées à partir des modulations de la présence/absence, et (ii) que nous puissions généraliser les articulations de la base perceptive à l'ensemble de la modalisation existentielle dans le discours.

Concernant le premier point, il est aisé de remarquer que la catégorie de la *présence* procède d'une analyse tensive, perceptive, et soucieuse d'articuler les formes complexes, des mêmes phénomènes qui sont analysés, par ailleurs, dans une perspective discrète, strictement narrative, et limitée aux termes simples, grâce à la catégorie de la *jonction*. Or la catégorie de la jonction était déjà utilisée par Greimas pour fonder la typologie des modes d'existence (*cf.* ici même, l'essai « Modalité »), et ce, en deux temps. Tout d'abord, d'un point de vue épistémologique :

> « La théorie sémiotique se pose le problème de la présence, c'est-à-dire de la 'réalité' des objets connaissables, problème qui est commun — il est vrai — à l'épistémologie scientifique dans son ensemble. »[9]

Suit la présentation des trois modes d'existence alors reconnus : le **virtualisé**, l'**actualisé** et le **réalisé**. Ensuite, les mêmes modes d'existence sont attribués au parcours du sujet discursif, à partir du raisonnement suivant :

> « (...) une définition existentielle, d'ordre proprement sémiotique, des sujets et des objets rencontrés et identifiés dans le discours, est absolument nécessaire. On dira qu'un sujet sémiotique n'existe en tant que sujet que dans la mesure où on peut lui reconnaître au moins une détermination, autrement dit, que s'il est en relation avec un objet de valeur quelconque. De même, un objet (...) n'est tel que s'il est en relation, s'il est 'visé' par un sujet. C'est la jonction qui est la condition nécessaire de l'existence... »

On voit bien comment, de la question épistémologique de la **présence**, on est passé à la catégorie discursive de la **jonction** : par l'intermédiaire des **modes d'existence** qui leur sont communs. Il nous semble pourtant que la catégorie présence/absence, dès lors qu'elle reçoit, comme ici, une définition discursive et tensive, reposant sur les corrélations entre la visée et la saisie, se substitue aisément, et non sans profit, à celle de la jonction, dont les opérations logico-narratives qui la constituent restent, de fait, bien éloignées des questions inhérentes à l'existence, notamment la densité de présence et la tonicité perceptive. Il est vrai que si la jonction était traitée comme une grandeur complexe, associant par exemple les avatars de l'intentionnalité (*i.e.* : la visée) et les aléas de la capture (*i.e.* : la saisie), nous retrouverions alors le complexe visée/saisie et, par suite, toute l'épaisseur, toute la densité de l'existence sémiotique.

Concernant le deuxième point, il faut admettre que, dans notre démarche, la tonicité (ce complexe d'intensité et d'extensité) prend le pas sur les autres grandeurs. Pour une sémiotique de la présence, la relation ne va pas de la différence vers la tonicité, mais de la tonicité vers la différence. De même que la physique a, dans l'ordre qui est le sien, renversé la relation admise entre la matière et l'énergie, et fait dépendre la matière des destins de l'énergie. Dès lors, si nous érigeons l'intensité/extensité en dimensions *ab quo*, l'appréhension de la présence devient indissociable de l'évaluation de cette tonicité : le simulacre sémiotique, la sémiosis même, résulterait à cet égard d'un compromis entre les deux modulations extrêmes que sont, d'un côté, le trop de présence du monde naturel (le « plein » de l'expression, la plénitude sensible des tensions) et, de l'autre, le trop d'absence du monde intérieur (le vide de contenu, l'absence d'articulations). Entre ces deux extrêmes, la signification se nourrit de tous les degrés de la modulation réciproque de la présence et de l'absence. La généralisation de la complexité que nous avons proposée conduit à penser que l'existence sémiotique repose en somme sur la recherche d'un équilibre tensif entre les différents modes d'existence (la potentialisation, la virtualisation, l'actualisation et la réalisation), qui organisent le champ perceptif, et qui, transitant à travers le parcours génératif, conditionnent la sémiosis discursive elle-même. Mais le compromis sensible sur lequel reposent les univers de sens est toujours menacé par le non-sens, qui guette aux deux extrémités du gradient de la présence.

Dès lors, reprenant la suggestion de *Sémiotique des passions*, qui introduit un quatrième mode d'existence[10], nous proposons l'homologation suivante :

Plénitude *réalisante*    Vacuité *virtualisante*

Manque *actualisant*    Inanité *potentialisante*[11]

## 2.2. Définitions syntagmatiques

Le contenu des définitions syntagmatiques n'est pas autonome : il doit concorder avec les définitions paradigmatiques dont il vient d'être fait état et obéir aux exigences suivantes : (i) l'appartenance à un espace tensif; (ii) la divisibilité de la phorie, qui a pour corollaire la solidarité entre les gradients de l'intensité et de l'extensité, ainsi que nous nous sommes efforcés de l'établir dans l'étude consacrée à la valence. Globalement, les parcours syntaxiques se déduisent des définitions paradigmatiques, comme des abaissements ou des augmentations de l'intensité de la visée et de l'étendue de la saisie, et la « présence vive » est alors un produit des tensions maximales.

### 2.2.1. Définitions syntagmatiques étendues

Nous n'avons pas à imaginer les définitions syntagmatiques : la phorie, considérée comme le principe syntaxique de l'espace tensif, est cela même dont le devenir est modulé par les variations de la tonicité perceptive. La présence perceptive doit donc être confrontée à la « phorie » qui l'emporte et qui, elle, est de l'ordre du pur « vécu », c'est-à-dire du **sentir**. De ce point de vue, la présence est le corrélat **perceptif** d'une grandeur purement **sensible**, identifiable à la « *lebendige Strömung der Gegenwart* » selon Husserl, au « flux insaisissable » selon Cassirer.

D'ores et déjà, les modes d'existence, ou **modalisations existentielles**, nous procurent une syntaxe canonique, qui croise deux parcours, comme dans le carré sémiotique : l'inanité (la potentialisation) constitue une « perte » de densité existentielle, due à l'annulation de la visée, et qui mène de la présence (réalisante) vers l'absence (virtualisante); à l'inverse, le manque (actualisant), procure un gain de densité existentielle, dû à l'intensité de la visée, sur le chemin qui mène de l'absence à la présence. Ces deux parcours peuvent aussi être représentés comme ceux, respectivement, de sortie et d'entrée par rapport au domaine perceptif :

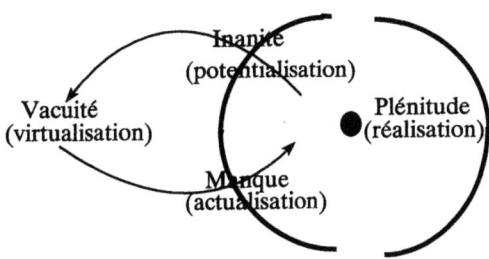

Nous aimerions évoquer ce qui se passe quand cette structure syntaxico-prosodique, dont l'arrière-plan reste les transformations de la **tonicité perceptive** (intensité/extensité), porte sur les trois dimensions constitutives de l'énonciation, l'actantialité, la temporalité et la spatialité :

1. Pour ce qui concerne l'**actant**, il peut être considéré soit dans la perspective de l'intensité, soit dans celle de l'extensité. L'intensité s'articule ainsi :

**éclatant** ⇔ **diffus**

Selon l'extensité, ego reçoit la quantification :

**un** ⇔ **nombreux**

Les deux dimensions constitutives de la tonicité perceptive et de la densité de présence, l'intensité et l'extensité, peuvent alors adopter les styles ou les régimes suivants :

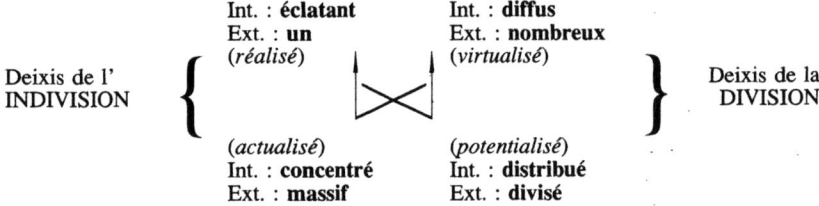

La question à laquelle nous nous efforçons de répondre est motivée par la projection de la définition de la structure, « entité autonome de dépendances internes », sur la tensivité (intensité et extensité). La dépendance concerne ici la solidité du lien entre intensité et extensité : une structure peut être postulée si à tel degré d'intensité est associée de façon récurrente une morphologie différentielle. Pour simplifier, nous n'examinons ici que **la corrélation inverse** entre l'intensité et l'extensité.

a) Avec l'**éclatant**, nous avons affaire à ce que nous aimerions appeler la présence vive : l'intensité est à son comble et la morphologie qui lui est associée est celle de l'**un**, du singulier.

b) Avec le **distribué**, nous retrouvons cette disposition qui lie l'abaissement des tensions à leur fractionnement ; la morphologie associée est celle résultant de la scission, qui engendre le **divisé**, voire le discret et le sériel. Ainsi que nous l'avons déjà indiqué dans l'essai consacré à la valence, toute articulation, en tant qu'elle contrarie la fusion, vaut comme détension, mène à la potentialisation, et conduit finalement à la virtualisation de l'intensité elle-même.

c) Avec le **diffus**, sous le rapport de l'intensité, et le **nombreux** sous le rapport de l'extensité, la détension est manifestée par la distance qui est établie et maintenue entre le sujet et l'objet, même bénéfique. La diffusion maximale de la scission aboutit alors à la pluralisation, qui est la morphologie la plus détendue. A titre d'illustration, rappelons que, selon H. Wölfflin, cette détension était la catégorie directrice du style de la Renaissance et qu'elle avait pour corrélat une laxité croissante, c'est-à-dire une félicité :

> «La Renaissance est l'art de la beauté paisible. Elle nous offre cette beauté libératrice que nous ressentons comme un bien-être général et un accroissement régulier de notre force vitale.»[12]

Les paradoxes ordinaires dénoncés à propos des valeurs prises deux à deux trouvent leur résolution dans les ajustements et les concordances de valences.

d) Avec le **concentré**, la reconstitution de l'intensité, grâce à l'actualisation, a pour corrélat morphologique et quantitatif le **massif**; sous cette dénomination empruntée à la linguistique, nous reconnaissons des groupes indissociables, des masses peu articulées mais individualisées; le rythme en use abondamment puisqu'une des vertus du rythme consiste à réunir les grandeurs nombreuses en groupes, ou cellules rythmiques, résistant à la dispersion; le regain de l'intensité («concentré») et le déficit morphologique («massif») sont solidaires l'un de l'autre. Dans le prolongement de l'exemple précédent, rappelons que Wölfflin insiste sur la dissolution des contours et des limites à laquelle s'est employé, selon lui, l'art baroque :

> «Le contour est détruit par principe, la paisible ligne continue cède la place à une zone terminale, les masses ne peuvent pas être délimitées par des lignes nettes, mais se 'perdent'.»[13]

2. Pour la temporalité, la mise en œuvre de la distinction proposée par G. Guillaume entre «temps ascendant» et «temps décadent»[14] conduit à opposer pour le premier :

**imminent** ⇔ **futur**

et, pour le second :

**récent** ⇔ **ancien**

La tension entre «imminent» et «futur» est elle-même analysable dès qu'on la suppose variable en tension et en laxité, de sorte que le pôle tendu, l'imminent, puisse être relâché, et le pôle détendu, le futur, puisse être au contraire tendu :

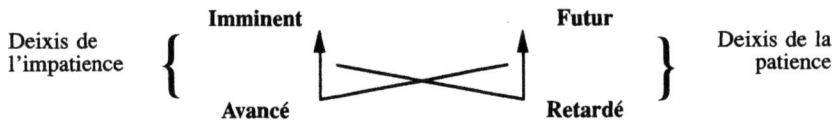

La tension propre au temps décadent, à savoir **récent/ancien**, peut elle aussi être enrichie :

Remarquons encore que si les schémas contrastent par les directions qui sont les leurs, ils contrastent surtout par leur différence de *tempo* : la transformation de la patience en impatience peut être considérée comme une accélération, et la transformation inverse comme une décélération. De même, pour le temps décadent, la réminiscence est plus ou moins soudaine, tandis que l'effacement des souvenirs est marqué par la progressivité.

3. Enfin, pour la spatialité, la tension entre le « proche » et le « lointain » peut, elle aussi, être déployée grâce aux variations tensives :

On l'aura remarqué à propos de cet essai comme pour d'autres : deux dimensions au moins sont nécessaires pour mettre en évidence les valeurs dans chaque système : ainsi, à propos de la spatialité, la distance métrique doit composer avec une distance affective, comme, à propos de la temporalité, une distance chronologique devait composer avec une distance mnésique. Cette bivalence pose une fois encore la question du passage d'une corrélation de valences tensives à un carré sémiotique, c'est-à-dire la question de la sommation et de la catégorisation. Le dernier cas de figure est à cet égard particulièrement révélateur. En effet, en termes de valences, et donc de corrélations tensives, le gradient (métrique) du « proche » et du « lointain » varie de manière converse avec celui (affectif) du « familier » et de l'« étranger »; mais la corrélation entre les valences associées deux à deux homogénéise la catégorie, de sorte que, par contamination, les deux premiers termes sont eux aussi chargés affectivement, et les deux derniers reçoivent une valeur métrique : c'est ainsi que la «familiarisation» devient une étape du rapprochement, et, réciproquement, le rapprochement est l'aboutissement de l'établissement du contact affectif.

C'est à cette condition que les limites des gradients conjugués deviennent les frontières de la catégorie, et que les corrélations tensives, une fois stabilisées, sont converties en différences. Mais, le lecteur l'aura remarqué, et s'en sera même peut-être offusqué, les termes simples, et d'ordinaire supposés isotopes, sont alors d'emblée posés comme des complexes figuraux tensifs. Les carrés construits pour rendre compte des discours concrets ont souvent été critiqués pour leur caractère hétérogène : nous proposons de renverser la perspective, et de considérer que la sémiotique du discours n'a affaire qu'à des catégories impures, où la valeur émerge des tensions entre au moins deux dimensions.

### 2.2.2. Définitions syntagmatiques restreintes

Nous concevons les définitions étendues comme des structures d'accueil pour les définitions restreintes. Ces dernières sont ici obtenues par rabattement des définitions étendues sur les catégories élémentaires de la syntaxe, à savoir celles de **sujet** et d'**objet**.

Nous aimerions maintenant examiner brièvement dans quelle mesure ce dégagement de structures tensives peut contribuer, sous ce seul point de vue, à enrichir la typologie des sujets. Les structures tensives ayant pour ressort syntaxique les variations corrélées de l'intensité et de l'extensité, nous pouvons utilement comparer le parcours qui mène, sur le carré, de la réalisation à la virtualisation, en passant par la potentialisation, à la **protase** d'une période rythmique, et celui qui mène de la virtualisation à la réalisation, en passant par l'actualisation, à son **apodose**. La typologie tensive du sujet reposerait alors sur le principe suivant : si on admet que, comme toute grandeur sémiotique considérée du point de vue tensif, la subjectivité est susceptible d'être décrite comme un rapport tensif à soi-même entre «ego» et «alter ego», la tension interne, constitutive de la subjectivité (et de l'«empathie», selon Kant), peut être comprise au moins de trois manières : (i) pour ce qui concerne les actes perceptifs, comme une tension plus ou moins grande entre la visée et la saisie; (ii) eu égard à la portée des perceptions, comme une tension entre l'intéroceptivité (le noologique, la «conscience», la «pensée», etc.), et la proprioceptivité (le corps propre du sujet percevant, siège des corrélations entre dimensions); et (iii) pour ce qui regarde l'identité modale, comme une tension entre les rôles modaux qui le composent.

Dans chaque cas de figure, le sujet est clivé en au moins deux instances (**S'** et **S"**) — par exemple S', sujet de la **visée**, et S", sujet de la **saisie** —, entre lesquelles la tension évolue, de la contraction maximale, par fusion, qui est réalisante, jusqu'à la distance maximale, qui est virtualisante. Pour chacun d'eux, le monde (M) est un facteur de cohésion ou de dispersion (au titre du champ de présence dans le cas (i), d'extéroceptivité dans le cas (ii), et d'objet syntaxique dans le cas (iii).

La réalisation du sujet S, face à un monde M perçu comme unique et d'une présence éclatante, le consacre comme **contracté**, **unifié**, dans la mesure où il n'y a aucune distance entre la visée et la saisie, entre l'intéroceptivité et la proprioceptivité : l'appropriation du monde M par le sujet S est en quelque sorte simultanée avec leur mise en présence.

La potentialisation du sujet S, face à un monde M perçu comme distribué et divisé, compromet cette appropriation synchrone de M par S' et S", de sorte que la tension interne du sujet s'affaiblit en se distribuant : le sujet est alors **distendu**.

La virtualisation du sujet S, face à un monde M perçu comme diffus et nombreux, compromet radicalement l'appropriation parallèle de M par S' et S" : c'est alors l'un ou l'autre. Le sujet est de ce fait un sujet **détaché** de lui-même.

L'actualisation met en présence le sujet S et un monde M perçu comme concentré et massif : elle reconstitue ainsi en partie la tension entre les deux instances S' et S", et rend possible, sinon une synchronisation, du moins une superposition partielle de leurs actes et de leurs rôles respectifs, de sorte que le sujet peut être dit ici **mobilisé**, au sens où l'armée « mobilise » ses troupes, c'est-à-dire à la fois les convoque et les rassemble.

On obtient ainsi une typologie des tensions propres au « dialogue » du sujet avec lui-même, chaque « état d'âme » résultant de l'interaction avec les modulations de l'intensité et de l'extensité projetées sur le monde M :

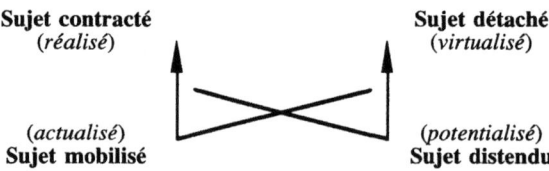

Cette typologie est donc censée rendre compte de l'interaction entre d'une part la tension entre les instances clivées du sujet, instances sensibles, perceptives et modales, et d'autre part les énergies et les morphologies qui caractérisent son monde-objet. Elle peut être déclinée selon les trois cas de figure évoqués ci-dessus (visée et saisie, intéroceptivité et proprioceptivité, rôles modaux), notamment pour rendre compte, dans le dernier cas, des aléas de la cohésion interne du sujet passionné. Mais il semble qu'une unité se dégage sur un autre plan, si on considère par exemple que c'est le corps propre du sujet qui, dans tous les cas, est à la fois le lieu et le ressort de la tentative de réunion ou de séparation des instances S' et S"; cette typologie concernerait alors la communication entre le **langage du corps** et les autres langages. La distance plus ou moins grande entre le corps propre et les autres instances du sujet laisse place aux variations de la tension émotionnelle, considérée comme dépendante de ces «différences de potentiel» internes au sujet.

C'est ainsi qu'un sujet «mobilisé» sera **transporté** par l'émotion, et, s'il est doté des compétences et des programmes d'usage requis, il devient même «fantasmatique», comme le montre la lecture de la fable de la Fontaine, proposée dans *Sémiotique des passions*. De même, un sujet «contracté», dont le corps propre entraîne avec lui l'être tout entier, pourra être considéré comme **exalté**, ou même extatique, ainsi que le montrait M. de Certeau dans son analyse de l'«Absolu du pâtir»[15]. Cette même figure, dont la tension est maximale pourrait, plus trivialement être considérée comme celle du sujet «grisé». Dans d'autres contextes, il pourrait même être qualifié d'«enthousiaste», quasiment au sens étymologique, au sens où le principe même de son action ou de sa réaction «habite» littéralement son corps. Enfin, le sujet «distendu», par négation de l'exaltation, serait alors «dégrisé», et le sujet «détaché», achevant le parcours de détente, serait **abattu**.

La reformulation «émotionnelle» de la typologie des sujets peut être reportée sur le précédent diagramme :

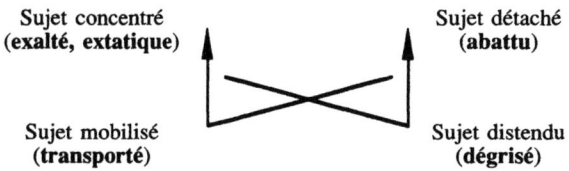

Si ces stases et ces phases ont quelque pertinence, puisqu'elles mettent en jeu valeurs et valences, il devient compréhensible qu'elles aient retenu l'attention des écrivains épris d'analyse. Nous demanderons à Valéry et à Nietzsche de témoigner en notre faveur.

Dans le dialogue intitulé *Eupalinos ou l'architecte*, Valéry montre bien que le sujet transporté, évoqué par Phèdre, est incompréhensible pour Socrate, sujet détaché :

> «**Socrate** – Mais puisqu'il est permis par les dieux, mon cher Phèdre, que nos entretiens se poursuivent dans ces enfers, (...) nous devons savoir maintenant ce qui est véritablement beau, ce qui est laid; ce qui convient à l'homme, ce qui doit l'émerveiller sans le confondre, le posséder sans l'abêtir...
> **Phèdre** – C'est ce qui le met sans effort au-dessus de sa nature.
> **Socrate** – **Sans effort? Au-dessus de sa nature?**
> **Phèdre** – Oui.
> **Socrate** – **Sans effort?** Comment se peut-il? **Au-dessus de sa nature?** Que veut dire ceci? Je pense invinciblement à un homme qui voudrait grimper sur ses propres épaules!... Rebuté par cette image absurde, je te demande Phèdre, comment cesser d'être soi-même; puis, revenir à son essence? Et comment, sans violence, peut arriver ceci?»[16]

Mais c'est sans doute Nietzsche qui a porté à l'incandescence l'opposition entre les deux régimes de la présence en plaçant en vis-à-vis le «dionysiaque» que nous rattachons à la deixis intensive, et l'«apollinien», à la deixis extensive. Si le propos de Nietzsche est de montrer que l'art grec tend vers la complexité, c'est-à-dire à créer des œuvres à la fois «apollinienne» et «dionysiaques», notre propos est beaucoup plus modeste puisque nous souhaitons seulement valider deux types de liens.

D'une part, le lien entre détension et stabilité morphologique, entre le «rêve» et l'«apparence» :

> «C'est le contour sobre, l'absence d'impulsions brutales, le calme et la sagesse du dieu sculpteur. (...) Même quand il exprime la colère et le ressentiment, la grâce de la belle apparence ne le quitte pas.»[17]

L'œuvre «apollinienne» est respectueuse de ce que Nietzsche appelle le «principe d'individuation», c'est-à-dire ce que nous nous sommes permis d'appeler, à propos des structures élémentaires, le «nombreux» :

> «On pourrait même dire d'Apollon qu'en lui la foi inébranlable au principe d'individuation et la tranquillité ont trouvé leur expression sublime.»[18]

Un peu plus loin, Nietzsche parlera de «nature morcelée en individus».

D'autre part le lien entre intensité et divagation morphologique, entre l'«ivresse» et l'«harmonie universelle» :

> «... il [l'homme] se sent dieu, il marche extasié et soulevé au-dessus de lui-même, comme ces dieux qu'il a vu marcher en rêve.»[19]

Envisageons maintenant les régimes de présence de l'**objet**. Là encore, les directions inverses l'une de l'autre de la potentialisation et de l'actualisation semblent fonder les morphologies élémentaires de l'objet, qui pourraient être approximativement cernées grâce aux dénominations suivantes :

Notre propos ne porte pas sur les significations objectives, car les dénominations proposées paraîtraient alors biaisées ou bien arbitraires, mais sur les **valences** qui les sous-tendent. Les significations relèvent de l'encyclopédie, qui établit par débrayage l'ancienneté des commencements à telle ou telle date. Mais nous avons en vue le commerce des valeurs, c'est-à-dire le parcours des objets qui potentialise leur modernité et actualise leur ancienneté. Là encore, la présence s'éloigne de l'« état » proprement dit, et semble relever d'une problématique des phases tensives : (i) la conversion d'un objet « moderne » en objet « classique » est *grosso modo* détensive, mais, si le processus est scruté de près, l'« ancienneté », qui correspond en principe à un seuil, peut devenir une limite : tout ce qui est *ancien* ne devient pas *classique* et cet arrêt peut raviver la tension ; (ii) le transfert inverse doit lui aussi apprécier le poids des valences respectives du classique et du moderne ; plus précisément, les sujets ont en effet à mesurer la résistance à une « nouveauté » qui leur paraît plus ou moins « agressive », et qui, de ce fait, peut se comporter, elle aussi, soit en seuil, soit en limite. Là encore, la consécration de la nouveauté en modernité est dans la dépendance du *tempo*, bien que l'époque contemporaine, éprise comme on sait de vitesse « pure », soit portée à abréger le délai qui les distingue.

## 3. CONFRONTATIONS

Dans cette rubrique, nous aimerions examiner si la problématique des modes de présence avancée par *Sémiotique 1* et *Sémiotique des passions* est exclusive ou non. Si elle se révèle exclusive, elle induit une rupture, sinon un « changement de paradigme » ; par contre, si la diversité « styles de présence » est admise, ce sont seulement de nouvelles perspectives qui s'ouvrent.

Dans le troisième volume de *La philosophie des formes symboliques*, E. Cassirer admet qu'il existe une région où les distinctions entre «objet» et «propriétés», entre «être» et «paraître» n'ont pas encore priorité, et cette région, c'est le mythe :

> «Tout phénomène occasionnel y exhibe un caractère de présence authentique et non de simple représentation substitutive : chaque étant réel s'y dresse en pleine présence au lieu de ne se 'représenter' que par la médiation du phénomène.»[20]

Les clivages entre le «signe» et la «chose», entre la «partie» et le «tout», qui sont tenus pour indispensables par la démarche objectivante, ne sont encore ni opérants ni exclusifs, et la conversion même de la différence en précédence appartient à la démarche objectivante, mais nullement à la conscience mythique : pour que cette dernière se reconnaisse dans la démarche objectivante, il faudrait qu'elle se compare à la démarche scientifique et que cette comparaison fasse émerger un manque, mais on sait que c'est l'inverse qui est généralement admis quand la comparaison est effectuée *a posteriori* : il y a «plus», voire «mieux», dans le mythe que dans l'inventaire «désenchanté» du monde, auquel s'adonne, sous la dénomination de «sciences», la démarche objectivante.

Cependant la connaissance dite scientifique et la conscience mythique ont au moins une paire de catégories en commun, celles de «présence» et d'«efficience», la première au titre de l'objet, la seconde au titre du sujet :

> «Car toute réalité effective que nous saisissons est moins, dans sa forme primitive, celle d'un monde précis de choses, érigé en face de nous, que la certitude d'une efficience vivante éprouvée par nous.»[21]

Le sujet et l'objet tensifs de l'efficience et de la présence sont susceptibles d'être affectés par l'intensité, et notamment par la catégorie «tonique *vs* atone». L'actant sujet apparaît alors comme l'**émetteur** d'un certain degré d'intensité, et l'actant objet comme le **récepteur**. Si l'émetteur est tonique, son action apparaît comme un «coup» et produit sur le récepteur un «effet»; si l'émetteur est atone, son action apparaît seulement comme «efficience» et le récepteur se contente de la ressentir comme «présence». Pour l'observateur, l'«effet» et la «présence» manifestent alors respectivement l'«action» et l'«efficience» de l'émetteur. Soit le réseau :

|  | tonique | atone |
|---|---|---|
| émetteur | **action** | **efficience** |
| récepteur | **effet** | **présence** |

La sémiotique greimassienne est-elle ici prise en défaut ? Non et oui, sommes-nous tentés de répondre. Dans *Sémantique structurale*, Greimas, à propos des catégories modales et actantielles, défendait une conception plutôt « matérialiste » de l'émergence et de l'interaction des actants, quitte à la confier à l'imaginaire :

> « Dire qu'une catégorie modale prend en charge le contenu des messages et l'organise en établissant un type déterminé de relations entre les objets linguistiques constitués, cela revient à reconnaître que la structure du message impose une certaine vision du monde. Ainsi, la catégorie de la 'transitivité' nous force, pour ainsi dire, à concevoir un certain type de relation entre actants, pose devant nous un actant comme chargé d'un pouvoir d'agir et un autre actant comme investi d'une inertie. Il en est de même de la relation entre destinateur et destinataire, qui paraît non seulement fonder l'échange, mais aussi instituer, face à face, des objets dont l'un serait la cause et l'autre, l'effet. »[22]

Cependant, Greimas entrouvre une porte qu'il referme aussitôt parce que cette mise en place contredirait les prémisses « phonologisantes » et « logicisantes » retenues pour fonder les structures élémentaires de la signification.

Une seconde raison peut expliquer le désintérêt relatif de la sémiotique pour la catégorie de la présence. Le privilège que la sémiotique greimassienne a accordé à la narrativité proppienne est resté ambigu : que la narrativité proppienne détienne un degré élevé de pertinence, sans doute mais dans quelles limites ? Selon Propp, le conte était un avatar du mythe, mais cette dégradation elle-même est restée impensée et, pour éviter la question épineuse qu'elle induisait, il suffisait de faire comme s'il n'y avait pas « plus » dans le mythe que dans le récit et pas « moins » dans le récit que dans le mythe. Cette réduction du mythe au récit permet, jusqu'à un certain point, de comprendre que la sémiotique ait éprouvé quelque embarras pour traiter de la présence puisque précisément, pour une tradition importante de l'anthropologie, le mythe avait justement affaire à la présence !

Dans le discours sémiotique proprement dit, cette difficulté a induit une distorsion entre d'une part un méta-langage privilégiant la division, la *diaïresis* et l'articulation, et au-delà, les forces dispersives, et d'autre part, un langage-objet plus sensible, dans le cas du discours mythique, à l'indivision, à la *sunagôgê* et au-delà, aux forces cohésives.

L'homogénéité de la conceptualisation sémiotique supposait une solution de continuité entre la sphère du sensible et celle de l'intelligible, et du même coup la suffisance de l'intelligible, mais ni en droit ni en fait la rupture n'a pu être opérée. En droit d'abord : ainsi que le remarque Hjelmslev, *distinguer* n'est pas *séparer*, et la reconnaissance de l'intelligible ne s'effectue qu'en apparence aux dépens du sensible :

> « Mais aucune abstraction, si poussée soit-elle, ne peut écarter et éliminer cette couche [fondamentale et primitive de la perception] en tant que telle; (...) Cette abstraction est pleinement légitime pour l'intention purement théorique de construire l'ordre objectif de la nature et d'en saisir la légalité; mais elle ne peut dissiper le monde des phénomènes expressifs comme tel. »[23]

Le dualisme de l'affect et de la forme établit, moyennant un positivisme tenace, que la forme s'impose d'elle-même, alors que la sémiotique de la présence, recueillie déjà par Cassirer, laisse entendre avec conviction que l'impact de la présence doit être attribué à l'affect, c'est-à-dire, dans ses propres termes, à l'« expression » :

> « On ne pourrait jamais conclure de la perception, prise comme simple perception de choses, à un être réel s'il n'y était pas déjà inclus d'une manière ou d'une autre, grâce à la perception d'expression et s'il ne s'y manifestait pas de façon tout à fait originale. »[24]

Si nous envisageons maintenant la question de fait, les choses sont peut-être plus claires encore. Le parcours propre à la sémiotique a consisté, de notre point de vue, à réintroduire progressivement les présupposés de la présence comme grandeurs cardinales des langages-objets : la phorie, indispensable pour faire « tourner » ou « avancer » le modèle transformationnel; la « masse thymique » permettant de convertir les « valeurs virtuelles » du saussurisme en « valeurs axiologiques » ou intentionnelles; les passions pour rendre aux actants et aux acteurs leurs dynamiques tensives internes; « l'espace tensif », posé dans *Sémiotique des Passions* comme « pré-condition » de la quête du sens; enfin certaines propositions récentes visant à pousser aussi loin que possible l'hypothèse d'une prosodisation du contenu. Chacune de ces hypothèses prise séparément apparaît comme l'ajout d'une simple touche ne remettant pas en cause l'économie globale du projet sémiotique mais, ramassées ensemble, elles confèrent à la sémiotique une « physionomie » sensiblement différente de celle qui d'abord prévalut.

## NOTES ET RÉFÉRENCES BIBLIOGRAPHIQUES

[1] M. Merleau-Ponty, *Phénoménologie de la perception*, Paris, Gallimard, 1983, p. 29-30.
[2] L. Hjelmslev, *Prolégomènes à une théorie du langage*, Paris, Minuit, 1971, p. 51.
[3] *Op. cit.*, p. 44.
[4] M. Merleau-Ponty, *L'œil et l'esprit*, Paris, Folio-essais, 1989, p. 65.
[5] M. Proust, *A la recherche du temps perdu*, tome 2, Paris, Gallimard/La Pléiade, 1954, p. 656-657.
[6] P. Valéry, *Cahiers*, tome 1, Paris, Gallimard/La Pléiade, 1973, p. 789.
[7] Ch. Péguy, *Œuvres en prose*, 1909-1914, Paris, Gallimard/La Pléiade, 1961, p. 1402.
[8] R. Descartes, *Traité des passions*, Paris, Gallimard/La Pléiade.
[9] A.J. Greimas & J. Courtés, *Sémiotique I*, *op. cit.*, p. 138.
[10] A.J. Greimas & J. Fontanille, *Sémiotique des passions*, *op. cit.*, p. 141-149.
[11] Comme nous l'avons précisé et justifié dans l'essai «Valeur», nous ne reprenons ni la disposition de *Sémiotique des passions*, ni celle de *Sémiotique I* : en effet, considérer l'**actualisation** comme **disjonctive** dans le discours, c'est faire un emploi contre-intuitif de ce terme, et aller à l'encontre de sa signification épistémologique (*cf.* Greimas & Courtés eux-mêmes : «... l'existence actuelle, propre à l'axe syntagmatique, offre à l'analyste des objets sémiotiques *in praesentia* et paraît, de ce fait, comme plus 'concrète'», *Sémiotique I*, p. 138). Si les mots ont un sens, l'actualisation est un pas vers la réalisation, c'est-à-dire qu'elle est, en tant que son complémentaire, sur la même deixis qu'elle, et non son contraire.
[12] H. Wölfflin, *Renaissance et baroque*, Paris, Le livre de poche, 1989, p. 81.
[13] *Op. cit.*, p. 69.
[14] G. Guillaume, *Temps et verbe, théorie des aspects, des modes et des temps*, Paris, Champion, 1968, p. 52 *sq.*
[15] «L'absolu du pâtir», *Actes Sémiotiques*, Bulletin, n° 9, «Passions», CNRS, 1979.
[16] P. Valéry, *Eupalinos ou l'Architecte*, Paris, Gallimard, La Pléiade, 1960, p. 89.
[17] F. Nietzsche, *La naissance de la tragédie*, Paris, Gallimard/Idées, 1970, p. 24.
[18] *Loc. cit.*
[19] *Op. cit.*, p. 26.
[20] E. Cassirer, *La philosophie des formes symboliques*, tome 3, Paris, Minuit, 1988, p. 83.
[21] *Op. cit.*, p. 90.
[22] A.J. Greimas, *Sémantique structurale*, Paris, Larousse, 1966, rééd., PUF, 1986, p. 133.
[23] E. Cassirer, *op. cit.*, p. 89.
[24] *Op. cit.*, p. 90.

# Devenir

## 1. RECENSION

Les interrogations sur le devenir sont aussi anciennes que la philosophie et le fait que l'une des premières confrontations, celle qui oppose Parménide, tenant de l'éternité de l'être, à Héraclite, tenant de l'éternité du devenir, soit justement celle-ci, indique que nous sommes en présence d'une notion majeure. En effet, les philosophies qui s'intéressent au devenir l'opposent à l'être : plus on prête attention au mouvement progressif par lequel les choses se font, moins l'être est saisissable, au point qu'on en vient à douter qu'il y ait, dans le flux du devenir, autre chose que des «états». C'est ainsi que, pour Husserl et Merleau-Ponty, le monde sensible, dès lors qu'il est visé par un sujet, est en perpétuel devenir, partagé entre rétention et protention, du fait même que la série des esquisses qui constituent l'être sensible se succèdent et se superposent indéfiniment.

Dans le domaine sémiotique, il convient de relever que *Sémiotique 1*, en concordance avec les options premières de Greimas, ne retient pas cette entrée. B. Pottier avait relevé cette réticence[1]. Dans *Sémiotique 2*, E. Tarasti, au titre de la sémiotique musicale, insiste sur l'importance du devenir qu'il identifie à la temporalité et qu'il situe comme terme neutre régi entre l'être et le faire, posés, eux, comme termes régissants : le ralentissement est l'expression d'une modalisation par l'être dans l'exacte mesure où l'accélération renvoie à une modalisation par le faire[2].

## 2. DÉFINITIONS

### 2.1. Définitions paradigmatiques

Il n'existe pas de définition lexicale exclusive du devenir parce que la classe paradigmatique du devenir qu'on pourrait tenter de constituer à partir de la collecte des synonymes ou des quasi-synonymes opérée par les dictionnaires est un fourre-tout. Considérer que le devenir dénote le seul passage d'un état à un autre pour un observateur attentif, c'est privilégier, sans la justifier, une possibilité. Pour parler clairement du devenir, il conviendrait au préalable de savoir « ce qui se passe » dans un paradigme — ce qui est le cas des paradigmes grammaticaux qui sont, en fait sinon en droit, stabilisés — mais la question que nous soulevons en suppose une autre : les paradigmes, indépendamment du nombre de termes qu'ils comportent, relèvent-ils ou non de la même structure ou de structures différentes ?

Les difficultés que l'on rencontre pour cerner le devenir nous apparaissent liées aux décisions relatives à la prédication. Nous admettrons à titre de prémisses que la prédication s'applique à un « espace tensif » organisé autour d'un centre déictique ; cet « espace tensif » est caractérisé par l'intensité qui y est distribuée, par les apparitions/disparitions des esquisses dans le champ, par son extension et ses horizons (*cf.* essai « Présence »). En ce sens, le devenir est une propriété de l'« instance énonçante » dans la prédication, instance contrôlant les transformations touchant à la présence, à son intensité et son étendue. Il existerait de ce fait trois classes prédicatives dans la dépendance des trois axes énonciatifs de la prédication : (i) l'intensité, aboutissant à la tension entre tonicité et atonie ; (ii) l'existence, aboutissant à la tension entre absence et présence ; (iii) l'extension, aboutissant notamment à la tension entre ouverture et fermeture.

L'étude des textes, des structures phrastiques élémentaires, la reconnaissance de l'existence de structures pathémiques et affectives, montrent que « ce qui compte », c'est d'être éclatant ou non, d'être ou de ne plus être, d'être étendu ou non. Dans les termes de Saussure, la **signification** du devenir concerne le passage d'un terme à l'autre, mais la **valeur** du devenir sur chacun de ces axes n'est pas la même en raison des relations de présupposition que nous arrêtons entre ces trois prédications : l'existence (absence/présence) présuppose l'intensité (tonique/atone) et l'extension (ouvert/fermé, concentré/étendu). De sorte que les valeurs intensives du sensible et les valeurs extensives de la perception sont — c'est l'une de nos orientations — déterminantes à l'égard des valeurs existentielles.

Dans la terminologie de Hjelmslev, le devenir devient une «variété», c'est-à-dire une variante combinatoire tributaire de la direction du discours et de l'extension qu'il entend prendre en charge. Mais si l'analyse parvient à peine à distinguer les trois prédications mentionnées ci-dessus, les discours ont affaire à leur simultanéité effective et l'une des tâches de la discursivité consiste à actualiser le type de devenir prévalent. En effet, ces trois types de devenir sont nécessairement porteurs de valeurs et d'affects différents — de valeurs quand le devenir concerné est tourné vers l'objet, d'affects quand il est tourné vers le sujet. L'une des finalités du discours, qu'il soit pris dans la gaine d'un genre ou qu'il soit relativement libre, est, comme l'indiquait Greimas à propos de la «colère», d'opérer cette «régulation [sociale] des passions»[3] jusqu'à ce qu'un seuil jugé supportable ou acceptable soit atteint et stabilisé.

Les trois prédications mentionnées — l'intensité, l'extension (ou «extensité») et l'existence — appartiennent aussi bien au plan de l'expression qu'au plan du contenu; à ce titre, nous aimerions les qualifier de **générales** pour les distinguer de leur rabattement dans l'un ou l'autre des deux plans. Nous n'envisagerons ici que la projection dans le plan du contenu. A chacune de ces prédications correspond une tension singulière, difficile à dénommer parce qu'elle reste tributaire de la langue dans laquelle elle est formulée. La prédication intensive (ou «prosodique», donnant lieu à la «consistance» — *cf.* essai «Schéma»), qui a pour assiette le *tempo* et les profils syntaxiques de l'intensité, a affaire dans le plan du contenu à la polarité :

$$\text{événement} \Leftrightarrow \text{état}$$

L'événement serait donc justiciable de la définition minimale suivante :

$$\text{événement} = \text{intensité} + \text{classème/contenu/},$$

étant entendu que ces propriétés s'appliquent à une prédication tensive (*cf.* le devenir), dans un champ sensible et perceptif; l'«intensité», notamment, implique un observateur, sujet percevant et témoin de l'«éclat» propre à l'événement.

La prédication extensive intéresse d'abord la spatialité, mais au sens où elle dessine l'espace abstrait où émergeront les valeurs; elle détermine l'espace tensif soit comme «fermé», soit comme «ouvert», de telle sorte que les valeurs qui y circuleront seront réputées « concentrées » ou « étendues »; la polarité extensive s'établit donc ainsi :

$$\text{exclusivité} \Leftrightarrow \text{universalité}$$

La prédication existentielle repose quant à elle plutôt sur la temporalité et la mnésie, qui en est le répondant subjectal. En effet, le couple [être/ne pas être] n'est pensable, d'un point de vue sémiotique, que dans la perspective d'un devenir, ou d'une transformation, en relation avec un paraître qui le manifeste; « ne pas être » n'est alors que l'« autre » extrémité d'une direction traversant l'« être »; en outre, la saisie temporelle de cette différence n'est pas de même nature selon que le regard se porte vers le passé et vers l'avenir; en effet, contrairement à l'approche phénoménologique, l'approche sémiotique du « devenir existentiel » distinguera (i) une prédication proprement existentielle : [être/avoir été], et (ii) une prédication aléthique : [être/devoir être]; la première instaure donc le « passé », et la seconde, le « futur ». La prédication existentielle porte donc seulement, affectée du classème /contenu/, sur la polarité :

$$\text{passéification} \Leftrightarrow \text{présentification}$$

Du point de vue paradigmatique, le devenir est de ce fait une classe qui contrôle trois sous-classes : le devenir de la **phorie** (prédication intensive), le devenir de l'**étendue** (prédication extensive), et enfin le devenir de la **mnésie** (prédication existentielle). Ce tryptique de la prédication repose, comme on l'a suggéré, sur celui de l'énonciation, elle-même rapportée aux déterminations d'un domaine tensif-perceptif, organisé à partir de la deixis, et articulable selon l'intensité, l'extensité et l'existence. Comme nous l'avons montré dans l'essai « Présence », la prise en compte des « modalisations existentielles » reste liée à l'intensité et à l'extensité, mais à un niveau d'articulation différent.

Chacune de ces polarités est, ainsi présentée, de l'ordre de la **virtualité**, c'est-à-dire susceptible d'un traitement sémiotique comportant un certain nombre d'opérations sémiotiques élémentaires. Les trois opérations suivantes semblent, à cet égard, se présenter comme les plus pertinentes dans l'analyse concrète et les mieux fondées à actualiser le devenir en discours : (i) l'**orientation** qui polarise la trajectoire qui vaudra comme positive dans tel univers de discours, (ii) la **séquentialisation**, qui fixe la place et le nombre des grandeurs manifestées dans la chaîne; et (iii) la **segmentation**, qui a pour aboutissants une différenciation et une rythmique. Cet inventaire n'est qu'une hypothèse de travail, dont on voit déjà les limites, puisqu'elle présuppose la linéarité, et ne tient pas compte, par exemple, du devenir dans l'« épaisseur » et la stratification d'un discours, ou même, plus généralement, du devenir dans des discours pluri-dimensionnels.

Il ressort néanmoins de ces considérations liminaires que le concept de transformation — auquel *Sémiotique 1* entendait s'en tenir pour traiter du devenir — s'avère trop limité, puisqu'il convient à la seule prédication qualificative, (être *tel* ou *tel* — provisoirement ou à jamais), en second lieu que tel devenir singulier doit être traité comme un «syncrétisme résoluble»[4] composant respectivement une force, une phorie d'un certain type, le choix d'une allure, une direction et un champ d'extension. Sous ces préalables, un devenir serait donc sémiotiquement décrit dès qu'on a mesuré sa dynamique, apprécié son *tempo*, reconnu son sens et circonscrit son domaine.

Comme elle met en jeu en même temps plusieurs prédications, la sémiosis est nécessairement complexe et l'instauration du sens consiste à faire prévaloir telle prédication au détriment des autres. Ainsi, lorsque Greimas avançait que les deux passions fondamentales de l'homme seraient l'«attente» — *ce qui n'est pas encore est déjà* — et la «nostalgie» — *ce qui n'est plus est encore* —, il est clair qu'il mettait l'accent sur la présentification et avantageait la prédication existentielle au détriment des deux autres[5].

## 2.2. Définitions syntagmatiques

Si la distinction entre «définitions étendues» et «définitions restreintes» s'applique si pertinemment au devenir, c'est peut-être qu'elle en procède.

### 2.2.1. *Définitions syntagmatiques étendues*

Les définitions étendues ont pour discriminants l'orientation et la séquentialisation. Si nous convenons d'appeler, à seule fin de commodité, *A* et *non-A* les termes d'une polarité, l'orientation consiste à reconnaître si elle est de type : [A → non-A] ou bien [non-A → A]; la séquentialisation doit établir si le schéma discursif se limite à cette paire ou s'il enchaîne trois séquences : [A → non-A → A] ou bien [non-A → A → non-A].

Par ailleurs, la fixation du *tempo* du discours est l'une des prérogatives majeures du sujet de l'énonciation et détermine la diffusion des affects. Le rabattement du *tempo* sur les trois prédications déjà mentionnées rend compte des morphologies élémentaires respectives de l'intensité, de l'existence et de l'extension ; en voici une typologie possible, où les dénominations ne prétendent pas accéder au méta-langage, et n'ont qu'une valeur indicative :

| **Tempo :** | Vif | Neutre | Lent |
|---|---|---|---|
| INTENSITE | *choc* | *déploiement* | *profondeur* |
| EXTENSITE | *accès* | *expansion* | *diffusion* |
| EXISTENCE | *arrêt* | *durée* | *mnésie* |

Considéré en lui-même et globalement, c'est-à-dire comme **schème**, le devenir déterminé par les variations du *tempo* se présenterait ainsi :

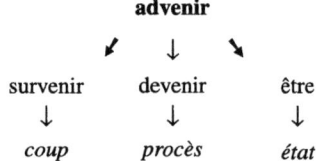

La séquentialisation est ici aisée à formuler, puisqu'elle se présente tantôt comme accélération, tantôt comme décélération. La relation entre l'orientation et le *tempo* peut être pensée à partir de trois questions différentes au moins : (i) Combien de « temps » faut-il pour passer d'une séquence à une autre ? (ii) Quelles sont les forces, c'est-à-dire les compétences permettant cette avancée ? (iii) Quelles sont les résistances connues ? L'avancée se fera-t-elle aisément ou péniblement ?

La prise en compte du *tempo* conduit, on le voit, à un déplacement terminologique contrôlable. La tradition savante et le langage courant ont retenu comme terme générique le « devenir », tandis que nous proposons de le remplacer dans ce rôle par l'**advenir**, ce qui nous conduit à ravaler le devenir au rang de forme spécifique. Nous défendrons ce choix en nous contentant ici des deux arguments suivants : en premier lieu, les trois membres de la triade participent bien, chacun à sa façon, de l'advenir, celui-ci rendant compte de l'énoncé minimal tensif, et les autres de ses variétés ; en second lieu, chacun sent bien que le devenir ne peut se concevoir sans un freinage interne qui rend compte, à moindres frais, de sa position médiane entre le *survenir*, qui emporte d'un seul « coup » toutes les résistances potentielles, et l'*être*, où les forces en présence s'équilibrent, au moins momentanément. Il convient d'insister avec force sur le fait que le *survenir*, le *devenir* et l'*être* sont ici des grandeurs sémiotiques, c'est-à-dire contraintes par la fonction sémiotique, ce qui signifie qu'à chacun de ces termes sont attachées des morphologies objectales et subjectales singulières, de sorte que l'accélération et la décélération rencontrent des résistances, des appréhensions, des retards...

La conjugaison de l'orientation et de la mise en séquence conduit à dégager deux types de devenir étendu : si les termes extrêmes du parcours demeurent distincts, le devenir sera dit **linéaire**; si, par contre, les termes extrêmes du parcours sont identiques, le devenir sera dit **circulaire**. Cette mise en place appelle toutefois trois précautions. En premier lieu, les valeurs sémiotiques étant toujours contextuelles, si le schéma discursif est du type [A → non-A → A], le contenu A n'a pas la même valeur selon qu'il est placé en position initiale ou finale, de même que le phonème /r/ en position pré-vocalique, dans «roc» par exemple, est sensiblement différent du phonème /r/ en position post-vocalique dans «cor».

En second lieu, la véridiction intervient pour brouiller les données proprement fonctionnelles et produire par exemple un devenir apparemment linéaire et de fait circulaire : ainsi le schéma narratif greimassien est présenté comme linéaire puisqu'il va du «contenu inversé» au «contenu posé», mais la formule «contenu inversé» elle-même conduit, si les termes ont un sens, à poser un contenu antérieur à son inversion, et donc à envisager le «contenu inversé» comme précédé par un «contenu présupposé». Au terme de cette catalyse élémentaire, le schéma narratif greimassien apparaît comme circulaire, dans le cas où le «contenu présupposé» et le «contenu posé» sont identiques.

Enfin, un devenir étendu peut être décrit comme linéaire en fait, mais non en droit : si un devenir circulaire connaît une suspension durable, telle qu'elle entraîne pour le sujet cognitif une indétermination, ce devenir risque, dans l'urgence, d'être qualifié de linéaire. Les spéculations sur les évolutions dites «ouvertes» sont de ce type. Bien entendu, un devenir linéaire peut être reconnu à tort comme circulaire : c'est le cas chaque fois que la nouveauté est prématurément interprétée en fonction des codes que son surgissement invalide.

La dualité des devenirs possibles conduit ainsi à distinguer des devenirs de **restauration** et des devenirs d'**instauration**, selon que les contenus «présupposé» et «posé» sont identiques ou pas. Ainsi le discours du socialisme dit «utopique» au dix-neuvième siècle était de «restauration» et en appelait à la félicité rousseauiste des premiers âges, tandis que le discours du socialisme dit «scientifique» se voulait, lui, d'«instauration», sans parler de ceux qui se proposaient de composer les deux directions.

## 2.2.2. Définitions syntagmatiques restreintes

Les définitions restreintes mettent en œuvre la segmentation. Toute séquence peut être dédoublée et ce dédoublement confère au devenir une profondeur. Ainsi, lors de la substitution de la séquence dédoublée [A → (non-$A_1$ + non-$A_2$) → A] à la séquence simple [A → non-A → A], l'éclatement de la séquence médiane, sa démultiplication, et le ralentissement qu'elle entraîne, sont assimilables à un gain de profondeur. La multiplication des plans dans l'analyse du style classique conduite par H. Wölfflin est une illustration, à notre sens exemplaire, de cette pratique sémiotique.

En premier lieu, les propositions novatrices de P.A. Brandt exposées sous l'entrée «aspectualisation» dans *Sémiotique 2*[6], relatives à la «cadence», aux «effets de phase», à la «progressivité» et à l'«intensité», nous semblent relever des définitions restreintes du devenir. Dans le même esprit, des configurations comme le «provenir», le «parvenir, le «prévenir», l'«intervenir», ..., méritent d'être retenues comme morphologies locales : (i) le «provenir» dédouble l'inchoativité en instaurant une «origine» du commencement; nous sommes ici dans l'imaginaire régressif de la généalogie; (ii) le «parvenir», que l'on peut rapprocher de l'«effet *aoriste*» indiqué par P.A. Brandt, se présente comme une morphologie localement tensive, concessive (*le sujet parvient à... malgré...*) et, de ce fait, gratifiante pour le sujet, en raison de la résistance sous-jacente d'un anti-sujet faisant manifestement obstacle au progrès même du procès; (iii) le «prévenir» et l'«intervenir», fort proches l'un de l'autre, consistent à interrompre ou modifier la trajectoire d'un devenir afin de le détourner de l'aboutissement attendu. Cette intervention peut se situer au moment même où le procès s'engage, et telle est l'acception de «prévenir» en français classique; elle a alors pour conséquence de virtualiser le procès. Elle peut se situer en cours de procès, conformément à la définition du *Micro-Robert* : «arriver, se produire au cours d'un procès. (...) Prendre part à une action, à une affaire en cours dans l'intention d'influer sur son déroulement.» Elle peut enfin survenir *in extremis*. Le «prévenir» et l'«intervenir» supposent une coopération intersubjective et une spatialité ouverte favorisant la communication.

Il appartiendra aux descriptions à venir de reconnaître dans ces configurations leur degré de dépendance à l'égard du *tempo* : le *tempo* du «parvenir» apparaîtra par exemple comme «freiné», si on le compare à celui de «prévenir», qui serait, lui, accéléré.

Si nous enregistrons ces définitions comme restreintes, c'est dans la mesure où aucune de ces configurations n'indique, même après catalyse, si le procès étendu est linéaire ou circulaire.

## 3. CONFRONTATIONS

Le devenir vient s'intercaler entre deux catégories importantes : la continuité et l'aspect. Sans prétendre épuiser une question aussi délicate, nous avançons l'hypothèse que le devenir devrait être retenu comme médiation entre le terme *ab quo* du continu et le terme *ad quem* de l'aspect, tel qu'il est défini par les linguistes. Les virtualités du continu, ou encore les attentes dont le sujet charge le continu, à savoir la divisibilité et l'orientation, sont réalisées par le devenir, et ces acquis formels du devenir vont être utilisés, après stabilisation, comme points d'appui de l'aspectualisation.

Mais, par ailleurs, la question se pose du rapport entre le devenir et le faire, ou plus exactement l'éventualité du rabattement du second terme sur le premier : le devenir est-il **fait**? En effet, de deux choses l'une, ou le devenir est supposé compact, lisse, suffisant, et dans ce cas il ne requiert pas d'opération particulière pour le produire. Ou bien, tout devenir est un **produit**, et donc le syncrétisme de plusieurs grandeurs discontinues; dans ce deuxième cas, le devenir est-il, par analogie avec l'engendrement du nombre, **sériel** dans un premier temps, puis **lissé** dans un second temps? A moins que la différence entre un devenir «rugueux» et un devenir «lisse» ne soit un effet de la distance d'observation, le regard éloigné ne laissant apparaître qu'un changement continu et orienté, là où le regard rapproché décèlerait des états et des faire.

Les conséquences de la mise en place du devenir parmi les structures dites «profondes» apparaissent notamment dans *Sémiotique des Passions*. L'importance supérieure qu'on voudrait accorder aujourd'hui au devenir résulte de l'installation de l'espace tensif et des virtualités schématiques dont il est crédité. En second lieu, le devenir devient à son tour l'origine d'un certain nombre de retentissements relatifs respectivement à la structuration, à la modalisation et à la pathémisation.

Dans la phase constitutive de la sémiotique, les structures étaient pensées, et la chose allait pour ainsi dire de soi, comme définitives, fixes et achroniques; leur inscription dans l'espace tensif les a fait reconnaître bientôt comme instables, mouvantes et temporelles; et le signifié, auparavant solidaire de son seul contenu sémique, est entré dans la dépendance des valences positives et négatives des programmes et des contre-programmes. Ce que *Sémiotique des Passions* désigne comme « déséquilibre positif »[7].

Cette accentuation du devenir permet de « remettre sur pied » la sémiotique en prônant, en fait comme en droit, l'énonciation comme strate première, et notamment sa base perceptive. Cette orientation, si elle rejoint celle de J.-C. Coquet[8], est menée à partir de considérations différentes. L'espace tensif a pour tension directrice la scission entre démarcation et segmentation, entre démarcation discursive et segmentation énoncive, entre une démarcation qui prétend embrasser le tout, et une segmentation qui tente de cerner les parties du tout.

Le second retentissement concerne une meilleure compréhension de la modalisation au sein du parcours génératif. En continuité avec l'enseignement de Saussure, un concept détient par lui-même une signification et reçoit sa valeur de la place qu'il occupe dans un dispositif théorique. A cet égard, la signification de la modalisation est encore aujourd'hui mieux entendue que sa valeur. Pour progresser dans l'intelligence de cette valeur, deux hypothèses peuvent être avancées : selon la première, plutôt descriptive, la modalisation et l'aspectualisation seraient de même rang et en distribution complémentaire : l'aspectualisation serait tournée vers le procès et l'objet qu'il vise tandis que la modalisation leur préférerait le sujet en devenir. Selon la seconde, plutôt normative, la modalisation serait induite par une aspectualisation, laquelle, délaissant la programmation des phases du procès, s'attacherait à sanctionner les excès et les manques et éclaterait dans deux directions : une modalisation plutôt déontique quand elle a pour objet l'excès, plutôt volitive quand elle a pour objet le manque. Ces deux « régimes » ou ces deux « styles » aspectuels, le premier descriptif, le second normatif, se tiennent, chacun avec ses ressources propres, dans le voisinage de la modalisation.

Enfin, la solution de continuité entre la structure et le thymique semble en voie d'amenuisement. La sémiotique et l'épistémè des années 60, restrictives par rapport aux acquis des années 30, concevaient une solution de continuité nécessaire entre la structure et l'affect. L'immersion de la structure dans l'espace tensif permet d'échapper à ce dilemme : l'espace tensif n'est pas un espace de tout repos, même si une sémiotique du repos — esquissée notamment par G. Bachelard dans *La dialectique de la durée* — est fondée autant qu'une autre à faire valoir ses droits. L'espace tensif est un espace inquiet, et la passion comme toile de fond de l'existence l'atteste. C'est également l'une des raisons pour lesquelles nous préférons le terme d'**advenir**, impliquant une certaine instabilité, comme terme générique, à celui de **devenir**, qui suppose déjà une certaine continuité réglée du changement.

La pathémisation peut être attribuée au sujet et portée au compte de sa sensibilité, ou de sa passibilité, selon A. Hénault[9], mais cette interprétation, largement décalquée de la perception, ne rend pas compte de tous les cas et notamment de ceux que l'on pourrait décrire comme des « effets sans cause ». A partir des définitions syntagmatiques étendues dont nous avons fait état plus haut, il est possible, nous semble-t-il, d'une part de procéder à une déduction immanente de l'affect, et même de cela seul qui importe à la vérité, à savoir la **violence** de l'affect, et d'autre part de prévoir des **devenirs critiques** du passionnel. Si une grandeur démarcative, relative au tout, se substitue, sous un *tempo* très vif, à une grandeur segmentative, relative à une partie, cette substitution impromptue suscite, en vertu de la fonction sémiotique, un affect puissant, du type « petite cause, grand effet », vite qualifiée de « catastrophe » — au sens courant du terme. La substitution inverse, à savoir le remplacement inespéré d'une partie (grandeur segmentative) par le tout qui la comprend (grandeur démarcative) semble bien être au principe de l'« enthousiasme », et, notamment pour les Grecs, de la présence du divin dans l'humain.

Il est aussi question du traitement de la **discursivité** par la théorie sémiotique. Ce traitement est loin d'être satisfaisant puisque la sémiotique s'est montrée incapable d'envisager la notion de genre, qui est bien, comme l'a montré Fr. Rastier[10], l'un des points de passage obligés de la discursivité. Par ailleurs, les structures narratives de surface font appel, et ce de manière exclusive, à un genre parmi d'autres, le récit, au point d'avoir rabattu le récit sur le mythe et d'admettre, une fois ce pas accompli, que la forme du premier valait — sans reste — pour le second. Enfin, la théorie sémiotique fait état, à juste titre, de « stratégies discursives », mais sans que le lien entre ces « stratégies » et le récit apparaisse avec clarté.

Sans prétendre bien sûr épuiser la question, on peut se demander si la prise en compte des définitions paradigmatiques du devenir ne permettrait pas à la fois de détendre — sans la rompre — la dépendance de la sémiotique à l'égard du récit proppien et de mieux entendre la présence incontestable des genres dans toute élaboration discursive. Dans la mesure où nous avons fait état de trois tensions prédicatives, respectivement intensive, extensive et existentielle, nous supposons que chacune de ces tensions est grosse de devenirs appelant chacun un type de discours respectueux de leur spécificité. Cette différenciation du discours en types discursifs produit par récurrence un effet appréciable de « congruence » et sert d'assiette à la praxis discursive. Sous ces préalables, il nous semble que :

a) la prédication **intensive** (tension tonique/atone) appelle plutôt le **récit**, et tout discours de type narratif, puisque ce dernier est constitué d'un schéma où sont associés les événements saillants, extraits à cet effet, du fait même de leur intensité, de la gangue pré-narrative du devenir ;

b) la prédication **extensive** (tension ouvert/fermé, étendu/concentré) concernerait plutôt la **loi**, et tout discours de type normatif, en ce sens qu'elle détermine, en termes de limites et de degrés, le domaine d'application de tel ou tel devenir ;

c) et enfin la prédication **existentielle** fonderait le **mythe**, plutôt selon l'acception de Cassirer que celle de Lévi-Strauss et Greimas, dans la mesure où elle procure à l'advenir l'authenticité d'une absence revivifiée, convoquée certes comme une « présence », mais une présence validée par son immersion antérieure dans un passé immémorial et révolu. Ce type engendre à son tour, par dégénérescence ou par dérivation, toute une classe de discours historiques, ou symboliques et allégoriques.

Une ébauche de typologie se dessine :

| Prédication | Tension prédicative | Type discursif |
|---|---|---|
| INTENSIVE | événement ⇔ état | **le récit** |
| EXTENSIVE | exclusivité ⇔ universalité | **la loi** |
| EXISTENTIELLE | passéification ⇔ présentification | **le mythe** |

Cette esquisse devrait permettre de clarifier le statut de la narrativité dans la sémiotique greimassienne et de la place devant être accordée au modèle proppien. La signification de ce modèle n'est pas en cause, mais sa **valeur** reste à fixer dès lors que l'on admet qu'il n'est un **usage** de la narrativité, précisément dans la dépendance d'un schéma plus général qui est, lui, à constituer. Tout insuffisante qu'elle soit, cette esquisse dénonce une des difficultés persistantes de la théorie greimassienne, à savoir le paralogisme qui consiste à rendre compte d'une grandeur générique en faisant appel aux singularités d'une grandeur spécifique. Pour le dire plus simplement, l'écart entre mythe et récit ayant été neutralisé — alors que pour Propp le conte était un avatar du mythe[11] — les caractéristiques du récit sont devenues celles du mythe, mais comme il y a « plus » dans le mythe que dans le récit, l'analyse du second ne pouvait rendre compte de manière satisfaisante du premier. C'est ce reste, inappréciable, que notre esquisse s'efforce de discerner et de préserver. On peut en présumer autant pour ce qui regarde ce que nous aimerions appeler le «discours de la loi», qui détient une spécificité même s'il entretient des rapports de voisinage et d'enchevêtrement avec les deux précédents.

Autrement dit, la pluralité des types discursifs aurait quelque chose à voir avec la pluralité des devenirs possibles. La sémiotique, en raison de la généralisation dont le récit proppien avait pour ainsi dire bénéficié, liait la narrativité à l'inversion du contenu ; or bien des changements adviennent dans les discours concrets sans que se produise une inversion du contenu ; des états instables s'y rencontrent sans qu'un opérateur manifeste intervienne, ainsi que des ruptures qui remettent en cause l'axe sémantique.

NOTES ET RÉFÉRENCES BIBLIOGRAPHIQUES

[1] B. Pottier, «Un mal-aimé de la sémiotique : le devenir», in H. Parret et H.G. Ruprecht, *Exigences et perspectives de la sémiotique*, tome 1, John Benjamins, 1985, p. 499-503.
[2] A.J. Greimas & J. Courtés, *Sémiotique, II, op. cit.*, p. 67.
[3] A.J. Greimas, *Du sens II*, Paris, Seuil, 1983, p. 242.
[4] L. Hjelmslev, *Prolégomènes à une théorie du langage*, Paris, Minuit, 1971, p. 117.
[5] A.J. Greimas, *De l'imperfection*, Périgueux, Fanlac, 1987, p. 93-98.
[6] *Op. cit.*, p. 20-22.
[7] A.J. Greimas &t J. Fontanille, *op. cit.*, p. 34.
[8] J.-C. Coquet, *Le discours et son sujet, 1 & 2*, Paris, Klincksieck, 1984-1985, et *La quête du sens*, Paris, PUF, 1997.
[9] Anne Hénault, «Structures aspectuelles du rôle passionnel», in «Les passions», *Actes Sémiotiques*, Bulletin, XI, 39, Paris, CNRS, p. 35-41.
[10] Fr. Rastier, *Sens et textualité*, Paris, Hachette, 1989, p. 35-53.
[11] «Une culture meurt, une religion meurt, et leur contenu se transforme en conte.», *in* V. Propp, *Morphologie du conte*, Paris, Seuil, col. Points, 1970, p. 131.

# Praxis énonciative

## 1. RECENSION

D'un point de vue terminologique, la «praxis» évoque tout d'abord une conception matérialiste et réaliste de l'activité de langage, que ce soit dans le domaine de la socio-linguistique (Bourdieu, par exemple)[1] ou dans le domaine de la linguistique guillaumienne dite «praxématique». La «praxéologie», à l'image de celle proposée par l'Ecole polonaise (Kotarbinsky), devient en ce sens une des formes possibles de la théorie de l'action, qui tendrait à en reléguer au second plan les dimensions cognitives et passionnelles. Dans une perspective comparable, mais avec des présupposés idéologiques différents, Greimas et Courtés proposaient de faire un sort particulier aux «pratiques sémiotiques» :

> «... on appellera **pratiques sémiotiques** les procès sémiotiques reconnaissables à l'intérieur du monde naturel, et définissables de manière comparable aux discours (qui sont des «pratiques verbales», c'est-à-dire des procès sémiotiques situés à l'intérieur des langues naturelles).»[2]

En s'appuyant sur ce précédent, P. Stockinger proposera ultérieurement[3] d'opposer le «discursif» (pratiques verbales) et le «praxéologique» (pratiques non-verbales).

Il y aurait tout de même quelque contradiction, au moins au plan terminologique, à définir ces deux sémiotiques comme des «pratiques», et à réserver ensuite le terme de «praxis» ou de «pratique» au domaine non-verbal, dit «du monde naturel». Une des hypothèses sous-jacentes à la notion de «praxis» appliquée au domaine linguistique, et dont nous partirons ici, est que la langue, et, d'une manière générale, la compétence sémio-linguistique des sujets énonçants, ayant le statut d'un simulacre et d'un système virtuel, l'énonciation est une médiation entre l'actualisé (en discours) et le réalisé (dans le monde naturel). En somme, l'énonciation est une praxis dans l'exacte mesure où elle donne un certain statut de réalité — à définir — aux produits de l'activité de langage : la langue se détache par définition du « monde naturel », mais la praxis énonciative l'y plonge à nouveau, faute de quoi les « actes de langage » n'auraient aucune efficacité dans ce monde-là. Il y a bien deux types d'activités sémiotiques, les activités verbales et les activités non verbales, mais elles relèvent d'une seule et même « praxis ».

Benveniste évoque pour sa part l'« exercice de la langue »[4], ou la « mise en fonctionnement », et il est clair que pour lui la langue et son « exercice » n'ont pas le même statut de réalité, puisque c'est le second qui réinsère la langue dans la vie sociale, dans la culture et l'histoire. La distinction entre ces deux registres linguistiques est pour lui fondatrice de la distinction entre le « sémiotique » et le « sémantique », et il appelle de ses vœux, au-delà de l'appareil formel de l'énonciation, une « métasémantique » de l'énonciation, susceptible de rendre compte, justement, des effets de sens de la « praxis ».

Prêtons néanmoins attention au fait que le programme de recherche dessiné par Greimas dans *Sémiotique I* comportait lui aussi une distinction de ce type :

> « ... l'espace des virtualités sémiotiques que l'énonciation est appelée à actualiser est le lieu de résidence des structures sémio-narratives, *formes qui, s'actualisant comme opérations* [souligné par nous], constituent la compétence sémiotique du sujet d'énonciation. »[5]

Les « formes » converties en « opérations » : voilà bien dessiné le champ d'exercice de la praxis énonciative, clairement distingué par ailleurs de l'énonciation énoncée :

> « Une confusion regrettable est souvent entretenue entre l'énonciation proprement dite, dont le mode d'existence est d'être le présupposé logique de l'énoncé, et l'**énonciation énoncée** (ou rapportée), qui n'est que le simulacre imitant, à l'intérieur du discours, le faire énonciatif. »[6]

On a souvent tiré argument de ce « mode d'existence » particulier pour renoncer à l'étude de l'« énonciation proprement dite », c'est-à-dire des opérations inhérentes à l'acte de discours, et pour considérer que seule l'énonciation énoncée était sémiotiquement connaissable. Il est temps de relever le défi.

## 2. DÉFINITIONS

### 2.1. Définitions paradigmatiques

#### 2.1.1. Définitions paradigmatiques étendues

Dans l'histoire récente de la sémiotique, la réflexion sur l'énonciation, les instances énonçantes et le discours a souvent conduit à remettre en cause le parcours génératif, à lui chercher des alternatives, sinon à l'invalider. Pour notre part, nous ferons observer que le concept de praxis énonciative a commencé à retenir l'attention à partir du moment où on a cherché à traiter l'hétérogénéité des grandeurs convoquées dans le discours, notamment dans l'analyse des passions-effets de sens; or il est patent que le parcours génératif est conçu pour engendrer des grandeurs homologues et isomorphes. Le fait critique général est le suivant : à tout moment de l'évolution d'une culture et des discours qui la constituent, en tout point de sa diffusion, cohabitent au moins deux types de grandeurs : celles engendrées à partir du système, et celles fixées par l'usage. Si bien que, tout discours disposant, *hic et nunc*, de ces deux types de grandeurs, l'exigence minimale de cohérence a en quelque sorte imposé le concept de **praxis énonciative**, pour rendre compte de leur co-présence discursive.

Jean-Marie Floch[7] a choisi d'aborder cette question grâce à une métaphore empruntée à Lévi-Strauss, celle du «bricolage»; ce point de vue, essentiellement figuratif, rend compte de la manière dont les ensembles de figures et de motifs, empruntés à des univers sémiotiques hétérogènes, le plus souvent étrangers les uns aux autres, sont assemblés, énoncés et recatégorisés dans la perspective d'un autre discours, et soumis à d'autres axiologies. Nous adopterons plutôt ici un point de vue «figural» et dynamique, complémentaire du précédent, et nous nous intéresserons plus particulièrement à la forme de la cohabitation et à ses transformations. Pour qu'en un même discours des grandeurs de statut différent cohabitent, nous postulerons qu'elles doivent relever de modes d'existence différents : la co-présence discursive ne se réduit pas à la co-occurrence. Les **modalisations existentielles**, le virtualisé, l'actualisé, le potentialisé et le réalisé, convertissent en quelque sorte la co-présence en épaisseur discursive, et projettent des distensions modales sur cette profondeur (voir à ce sujet l'essai «Présence»). A titre de préalable, on pourrait envisager cette première distribution :

1) les formes sémio-narratives (le système) constituent la compétence énonciative **virtuelle**;

2) la première opération de la praxis est la convocation de ces formes en discours, c'est-à-dire une première activation-sélection dans le parcours génératif, qui les **actualise**;

3) les produits de cette convocation sont de deux ordres : d'un côté des occurrences, qui se **réalisent** en discours, de l'autre des *praxèmes* (les types, notamment), qui sont **potentialisés** par l'usage;

4) les produits **potentiels** sont soit mis en mémoire (en disponibilité, en quelque sorte), soit **réalisés** par une nouvelle convocation en discours;

5) ils connaissent alors deux devenirs différents : ou bien ils sont convoqués pour être **virtualisés**, c'est-à-dire «dénoncés» au profit d'une réouverture de la combinatoire virtuelle; ou bien ils sont à leur tour **réalisés** en occurrences, dès lors que le discours exploite directement les formes canoniques disponibles.

La distribution serait donc apparemment aisée entre les «produits» de la praxis énonciative et les modes d'existence, à savoir : (i) virtualisé : structures et catégories, (ii) actualisé : régimes sélectionnés, (iii) potentialisé : praxèmes, (iv) réalisé : occurrences en discours.

Le mode virtualisé et le mode potentialisé correspondent tous deux à l'état latent des formes disponibles, au langage «en puissance» selon Guillaume, au «système» selon Hjelmslev. Il conviendrait sans doute de distinguer le «virtuel», pur présupposé systémique du discours, et le «virtualisé», obtenu par déliaison d'un praxème; mais, du point de vue de l'analyse discursive, ces deux modes se superposent sans reste, dans la mesure où — mémoire de la collectivité (le système virtuel) ou mémoire des opérations du discours (les grandeurs virtualisées) —, ils apparaissent tous deux comme la mémoire de la praxis énonciative. Le mode actualisé et le mode réalisé correspondent en revanche à l'état manifeste, au langage en acte, au «procès» selon Hjelmslev. En chacun de ces deux régimes, l'ouvert (la **visée**) et le fermé (la **saisie**) font leur œuvre; nous aboutissons ainsi à un réseau définitionnel des modalités de la praxis :

|        | système (en puissance) | procès (en acte) |
|--------|------------------------|------------------|
| visée  | **virtualisé**         | **actualisé**    |
| saisie | **potentialisé**       | **réalisé**      |

Mais cette répartition se complique pourtant dès qu'on examine les discours concrets, puisque la praxis ne peut être saisie en discours que par contraste, c'est-à-dire si deux modes d'existence au moins sont exploités concurremment : il se produit alors une superposition modale qui régule le « conflit des interprétations » (*cf.* P. Ricœur). Par exemple, dans ce slogan publicitaire utilisé par une marque de lubrifiants pour automobile :

> « Des mécaniques qui roulent. »

Le jeu de mots et la rupture d'isotopie (automobile /musculature) reposent sur la superposition, pour une même figure, de deux modes d'existence différents, caractérisant respectivement chacune des deux isotopies : l'un d'eux concerne un praxème figé (*rouler les mécaniques*), confirmé, dans l'image associée au slogan, par la présence de biceps luisants ; l'autre concerne une occurrence ordinaire, construite selon un principe combinatoire plus ouvert, présentant une certaine latitude commutative (*une mécanique automobile roule — avance, recule, accélère*). Seule la seconde est réalisée dans le discours, grâce à l'adoption de la construction intransitive dont *mécanique* est le sujet, alors que l'autre, qui exige une construction transitive dont *mécanique* serait l'objet, se trouve du même coup potentialisée. Le praxème reste donc potentiel, car sa syntaxe ne peut s'actualiser en même temps que celle de l'occurrence ; la structure virtuelle est actualisée comme forme syntaxique, et réalisée comme occurrence. Telle serait, on le voit bien sur cet exemple, le point de départ d'une réflexion sur le fonctionnement des tropes, dans la perspective de la praxis.

Pourtant, le praxème, même potentialisé, continue à faire son effet en arrière-plan, comme si le discours gardait, en chaque point de la chaîne, la mémoire des opérations dont il n'affiche pourtant au plan de l'expression que le résultat final. De sorte que la figure convoquée est dotée d'une **profondeur énonciative**, grâce à la mise en perspective que lui procurent les quatre « degrés d'existence » superposés : virtuel, actuel, potentiel et réel. La praxis énonciative installerait en somme une troisième dimension dans le discours réalisé, celle de la profondeur des modes d'existence (dimension **praxématique?**), dimension qu'il conviendrait d'associer aux deux premières, à savoir la dimension paradigmatique et la dimension syntagmatique. C'est sur cette profondeur que se mettent en place les figures de rhétorique et les figures de style, et, d'une manière plus générale, toutes les figures de discours reposant sur la compétition entre au moins deux contenus, deux dimensions ou deux régimes, en vue de la manifestation.

A hauteur du discours tout entier, ces tensions peuvent être régulées et distribuées en une polyphonie (*cf.* Backtine, Ducrot, etc.) ; elles peuvent être aussi figées par convention, sous formes de genres discursifs. C'est ainsi qu'on reconnaîtra dans l'exemple précédent une figure de la praxis appartenant au genre « publicitaire à prétention humoristique ».

### 2.2.2. *Définitions paradigmatiques restreintes*

Cette définition en termes de modes d'existence (ou modalités existentielles) appelle deux sortes de remarques complémentaires. Tout d'abord, la praxis n'étant saisissable, d'un point de vue sémiotique, que si elle met en tension deux modes d'existence au moins, le minimum définitionnel requis consistera donc dans le couplage de deux modalisations existentielles. Mais ce couplage est réglé par un principe qui mérite attention.

En effet, pour reprendre l'exemple précédent, si l'interprétation est **atone**, c'est-à-dire « plate », elle ne retiendra que l'isotopie qui respecte la syntaxe de surface : l'isotopie « automobile » est alors réalisée, et l'isotopie « musculature », virtualisée. En revanche, si l'interprétation est **tonique**, elle maintiendra en tension les deux isotopies, l'une dans la perspective de l'autre : l'isotopie « automobile » sera seulement actualisée, et l'autre, potentialisée. L'effet de la praxis sera alors bien différent. Dans le premier cas, l'énoncé ne réfère qu'à une seule figure à la fois, et il est perçu comme purement iconique (et détensif), sa réalisation effective étant une des conditions de cette iconicité ; dans le second cas, l'énoncé réfère à deux figures à la fois, et il est perçu comme un trope (et contensif). Dès lors que la praxis est définie comme mise en tension de modes d'existence, elle relève *ipso facto* d'une dimension tensive, que nous résumerions, dans le cas évoqué, ainsi :

|  | Praxis tonique | Praxis atone |
|---|---|---|
| Statut du contenu latent | *potentialisé* | *Virtualisé* |
| Statut du contenu manifeste | *Actualisé* | *Réalisé* |

Suggérer que la praxis pourrait gérer la variation des tensions entre les grandeurs qu'elle manipule, c'est reconnaître qu'elle doit obéir à des contraintes schématiques, au sens où nous l'avons proposé dans l'essai sur les schémas. Rappelons qu'un schéma tensif repose sur la corrélation de l'intensité et de l'extensité, et, par homologation, du sensible et de l'intelligible. A titre d'hypothèse générale, le modèle de base de la praxis sera celui de la double corrélation entre intensité et extensité, corrélation converse et corrélation inverse.

Sur chaque gradient, celui de l'intensité et celui de l'étendue, nous pouvons dégager deux zones principales, l'une correspondant aux valeurs faibles, l'autre, aux valeurs fortes. Dans l'espace des valeurs qu'elles définissent, apparaissent donc consécutivement quatre grandes zones typiques, que nous reportons sur le diagramme suivant :

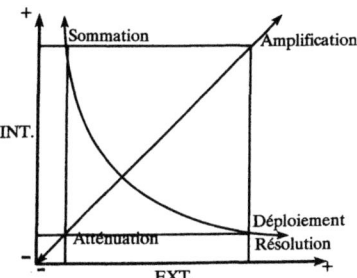

Les opérations typiques de la praxis seront donc les suivantes :

1. en relation converse : l'**amplification** et l'**atténuation**
2. en relation inverse : la **sommation** et la **résolution** (ou le **déploiement**).

Précisons immédiatement que les mouvements sont toujours plus «faciles» dans un sens que dans l'autre : l'amplification comme la sommation imposent seulement une montée en intensité, alors que l'atténuation et la résolution imposent un effort pour contenir l'intensité.

## 2.2. Définitions syntagmatiques

### 2.2.1. *Définitions syntagmatiques étendues*

La praxis a en charge la régulation globale, en diachronie et en synchronie, des différents modes d'existence des grandeurs dont les discours font usage. Cette régulation comporte, dans la tradition linguistique comme dans les sémantiques cognitives plus récentes, une condition intersubjective, ainsi que des conditions d'itération et de typification. La condition intersubjective est centrale chez Benveniste, de telle manière que l'itération des formes n'est rien si la sanction des allocutaires est défavorable. Le raisonnement de Benveniste est particulièrement explicite en ce qui concerne le présent linguistique : à chaque nouvelle énonciation, le sujet du discours invente un nouveau présent, mais ce présent ne peut être actualisé que dans l'interlocution, à la condition que l'allocutaire l'accepte comme son propre présent. Après avoir affirmé :

> «Ce présent est réinventé chaque fois qu'un homme parle, parce que c'est, à la lettre, un moment neuf, non encore vécu.»[8],

il précise :

> « ... la temporalité du locuteur, quoique littéralement étrangère et inaccessible au récepteur, est identifiée par celui-ci à la temporalité qui informe sa propre parole quand il devient à son tour locuteur. [...] Le temps du discours [...] fonctionne comme un facteur d'intersubjectivité, ce qui d'unipersonnel qu'il devrait être le rend omnipersonnel. La condition d'intersubjectivité permet seule la communication linguistique. »[9]

Sans le partage intentionnel que permet l'intersubjectivité, la fréquence d'emploi d'une forme n'est que pure répétition : la formation et la disparition d'une norme reposent sur ce principe; les sujets qui tentent de faire évoluer la norme ne peuvent espérer y parvenir s'ils ne se trouvent un auditoire, s'ils ne suscitent leur propre « horizon d'attente ». En généralisant quelque peu le raisonnement de Benveniste, nous serions enclins à considérer que c'est l'échange social, la circulation des objets sémiotiques et des discours au sein des cultures et des communautés qui retient ou qui rejette les usages innovants ou figés, et qui « canonise » en quelque sorte les créations du discours. La sémantique du prototype n'échappe pas à cette régle, puisque, comme le fait remarquer G. Kleiber :

> « Une instance n'est un prototype ou meilleur exemplaire que s'il y a un accord parmi les sujets pour en juger ainsi. »[10]

La praxis alterne donc entre deux directions : du côté du sujet, l'« unipersonnel » (concentré) et l'« omnipersonnel » (diffus); du côté des objets qu'il manipule, entre l'unique « meilleur exemplaire » et la multiplicité des usages. Cette dimension de l'extensité est en outre associée à l'intensité.

On remarque par exemple que la fréquence d'emploi ne peut être dissociée de l'éclat d'une sanction intersubjective; ou que la saillance d'un prototype dépend de l'accord entre un nombre suffisant de sujets. L'acceptation intersubjective ouvre la porte à la récurrence d'une forme, la diffusion socio-culturelle assure la stabilité d'un prototype. La corrélation converse entre l'intensité et l'extensité assure donc la **valeur d'échange** d'une forme.

Mais on rencontrera tout aussi bien des évolutions où la récurrence désémantise le contenu tropique, au point que, une fois lexicalisé (*cf. boire un verre*), il est littéralement insensible, oublié. L'« inflation » discursive, qui érode cette fois la **valeur d'usage** d'une forme, signale une corrélation inverse entre intensité et extensité.

Les différents modes d'existence des contenus manipulés par la praxis énonciative (par exemple, le potentiel, pour un prototype, ou le virtuel, pour le contenu tropique oublié d'une catachrèse), sont contrôlés par les opérations portant sur l'intensité et l'extensité, au niveau de la syntaxe générale de la praxis.

En corrélation converse, les syntagmes disponibles sont les suivants :

1. l'« amplification » rend compte de la séquence [**adoption** → **intégration**] d'une forme ;

2. l'« atténuation » rend compte de la séquence [**reconnaissance** → **obsolescence**] d'une forme.

Ces opérations concernent la régulation de la *valeur d'échange* des formes dans la communication.

En corrélation inverse, les syntagmes sont les suivants :

1. la « résolution » ou « déploiement » rend compte de la séquence [**formation** → **usure**] d'une forme ;

2. la « sommation » rend compte de la séquence [**diffusion** → **resémantisation**] d'une forme.

Ces opérations concernent la régulation de la *valeur d'usage* des formes.

Reste à envisager maintenant le passage entre une corrélation converse et une corrélation inverse. Une forme en voie d'usure sera néanmoins adoptée, puis, par une augmentation continue de son extension, généralement reconnue. Inversement, une forme peut être adoptée, intégrée, puis, par le fait de sa simple diffusion, si son expansion continue à augmenter, s'user et de figer. Il s'agit de deux transformations différentes, ayant pour pivot, l'une, un minimum d'intensité, et l'autre, un maximum d'intensité, et pour ressort une augmentation (ou une diminution continue) de l'extensité. La première transformation suppose une « énergie » particulière (un *vouloir*, un *pouvoir*), voire un changement de classe de sujets d'énonciation, pour exhumer et faire reconnaître une forme déjà usée. La seconde transformation ne requiert aucune énergie particulière pour que la diffusion générale d'une forme la conduise progressivement à l'usure.

On peut aussi envisager les deux transformations suivantes, qui auraient pour pivot, l'une, un minimum d'extensité, et l'autre, un maximum d'extensité, et pour ressort une augmentation (ou une diminution) continue de l'intensité : une forme reconnue tombe en obsolescence, et, sur le fond de sa rareté, retrouve un éclat éphémère avant de s'user par diffusion ; enfin, une forme adoptée est intégrée, puis, sur le fond d'une diffusion relativement restreinte, se trouve resémantisée grâce à un supplément d'éclat.

Ces quatre parcours pouvant être suivis dans les deux sens, on dispose donc de huit transformations possibles caractérisant la syntaxe de la praxis énonciative.

La symbolisation et la dé-symbolisation opèrent ainsi. Globalement, elles pourraient être décrites comme des « mises en scène » de l'assomption énonciative. Quand la catégorie de la personne est embrayée sur des catégories figuratives extéroceptives, comme dans le vers de Verlaine :

« Votre âme est un paysage choisi »[11],

la symbolisation repose sur l'appropriation, par le sujet de l'énonciation, de catégories propres à l'énoncé. La prédication associe ici deux syntagmes qui renvoient eux-mêmes à deux opérations sur l'extensité et l'intensité des figures : *votre* singularise *âme* en la référant à la deixis, et *choisi* concentre et intensifie *paysage*; le poème qui suit déploie ensuite le « paysage » et énumère ses occupants, sans que l'embrayage et l'identification initiale entre la personne et l'étendue en souffre. La corrélation est donc converse, et nous aurions affaire à une « augmentation » (*cf. supra*), qui nous fait passer de la simple « adoption » d'une figure à son « intégration ».

La dé-symbolisation s'efforce de retrouver en son principe l'embrayage constitutif du symbole stéréotypé, de le défaire et de lui substituer une mise en scène inédite. Lorsque Bruegel peint *Le portement de croix*, il choisit un motif symbolique et fortement stéréotypé par la tradition ; mais il le met en scène de si loin, le Christ étant perdu dans une foule de personnages minuscules et dans un paysage immense, que le symbole se défait : le motif évangélique n'est plus alors qu'une occurrence quelconque de supplice public. Mais pour cela, il a fallu que Bruegel identifie le point de vue responsable de l'embrayage et de la symbolisation, c'est-à-dire le point de vue restreint et intense d'un proche qui suit le chemin de croix, qui en identifie les incidents et les « stations », et qu'il lui substitue un autre point de vue, étendu, indéfini et atone, qui ruine les effets symboliques, et interdit en particulier l'embrayage responsable de la symbolisation. Dès lors, dans la mesure où le déploiement de la figure dans l'espace et dans l'étendue compromet son identification, remet en cause l'embrayage et ruine l'effet symbolique, on peut considérer que la corrélation entre l'intensité (de la reconnaissance, de l'identification symbolique) et de l'extensité (du déploiement) a été inversée. Le seul changement de point de vue, qui substitue un dispositif perceptif à un autre, nous a fait passer d'une « augmentation » à une « résolution ».

### 2.2.2. Définitions syntagmatiques restreintes

Nous avons identifié au cœur de la praxis énonciative deux types d'opérations associées, les opérations portant sur l'intensité, et les opérations portant sur l'extensité, que nous allons maintenant examiner séparément.

a) **Opérations intensives**. Nous sommes partis de l'idée que la praxis mettait en perspective les modes d'existence deux à deux. La syntaxe intensive de la praxis consistera donc en un ensemble d'opérations portant sur les tensions entre modalisations existentielles.

Dans l'espace tensif où elles se déploient, les modalisations existentielles articulent les modulations de la présence et de l'absence, et notamment le franchissement des horizons du champ, sur le principe décrit par le diagramme suivant :

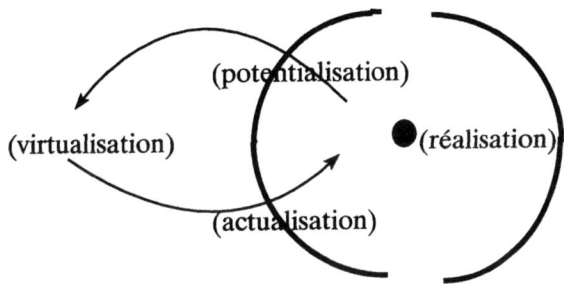

Les opérations élémentaires sont de deux ordres : (i) les opérations **ascendantes**, par lesquelles les formes sont convoquées en vue de la manifestation :

– Virtualisation → Actualisation [**Virt.** → **Act.**] représente l'**émergence** d'une forme ;

– Actualisation → Réalisation [**Act.** → **Réal.**] décrit son **apparition** ;

(ii) et les opérations **décadentes**, par lesquelles les formes sont implicitées, mises en mémoire, voire effacées et oubliées :

– **Réalisation** → Potentialisation [**Réal.** → **Pot.**] est la condition du **déclin** d'une forme dans un discours singulier, et éventuellement sa fixation dans l'usage en tant que praxème potentiel ;

– Potentialisation → Virtualisation [**Pot.** → **Virt.**] décrit la **disparition** d'une forme.

Comme la praxis ne peut être saisie que si elle porte sur deux grandeurs et deux modes d'existence en concurrence, les opérations intensives combinent deux opérations élémentaires : une ascendante et une décadente. Soit :

1. [**Act.** → **Réal.**] ↔ [**Pot.** → **Virt.**] : l'apparition d'une forme corrélée à la disparition d'une autre constitue une **révolution** sémiotique. La classique substitution linguistique en est un exemple.

2. [**Virt.** → **Act.**] ↔ [**Réal.** → **Pot.**] : l'émergence d'une forme corrélée au déclin d'une autre est une **distorsion** sémiotique. Les tropes vivants en sont d'excellents exemples, puisqu'ils mettent en concurrence une forme actualisée (le contenu figurant et sensible) et une forme potentialisée (le contenu reconstitué, conceptuel ou paraphrastique).

3. [**Virt.** → **Act.**] ↔ [**Pot.** → **Virt.**] : l'émergence d'une forme conjuguée à la disparition d'une autre est un **remaniement** sémiotique, qui affecte les relations entre les primitifs culturels et le système. Toute opération visant par exemple à faire jouer la combinatoire virtuelle dans un stéréotype en relève, comme dans cet échange entre deux personnages de Ionesco, où une occurrence libre vient défaire et virtualiser le stéréotype :
Jean : Vous rêvez debout !
Béranger : Je suis assis (*Rhinocéros*, Livre de poche, p. 34).

4. [**Act.** → **Réal.**] ↔ [**Réal.** → **Pot.**] : l'apparition d'une forme conjuguée au déclin d'une autre est une **fluctuation** sémiotique. C'est le cas, notamment, quand deux isotopies, liées par une métaphore, sont manifestées tour à tour en surface ; leur alternance suppose alors que l'isotopie figurante va-et-vient entre actualisation et réalisation, et l'isotopie figurée, entre potentialisation et réalisation.

Récapitulons. La notion générique de « transformation », telle que définie par Greimas, ne prenait en compte, à son niveau de pertinence, que l'*inversion* de contenu de deux états non concomitants, et seulement au plan des **valeurs** sémantiques. Elle se trouve ici spécifiée en quatre transformations élémentaires, et quatre transformations tensives, grâce à la prise en compte des tensions entre états concurrents, et ce au niveau des **valences**. Nous obtenons alors le réseau des figures syntaxiques suivant :

| (Décadence) ↓ | (Ascendance →) | Emergence | Apparition |
|---|---|---|---|
| Déclin | | *Distorsion* | *Fluctuation* |
| Disparition | | *Remaniement* | *Révolution* |

b) **Opérations extensives.** Les opérations tensives portant sur l'étendue et la quantité concernent tout autant la perception des états de choses (unitaires, partiels, holistiques) que l'énonciation, puisque le débrayage est lui-même pluralisant, et l'embrayage homogénéisant. Entre les deux degrés extrêmes de l'extensité, que sont la nullité et la totalité, les langues naturelles disposent des seuils. Ces seuils constituent une série, que nous évoquons ici pour mémoire :

$$\text{nullité - unité - dualité - pluralité} \quad \begin{matrix} \nearrow \text{globalité - totalité } (totus) \\ \searrow \text{généralité - universalité } (omnis) \end{matrix}$$

La syntaxe extensive consiste alors, à partir de chaque seuil, à se déplacer de manière ascendante ou décadente, vers un autre seuil. Le nombre de transformations possibles (une quarantaine) décourage toute velléité de dénomination systématique. On peut toutefois extraire, parmi les opérations ascendantes :

1. nullité → unité : émergence d'un « hapax »,
2. unité → dualité : partition (notamment conflictuelle),
3. pluralité → totalité : intégration,
4. pluralité → universalité : homogénéisation,

et, parmi les opérations décadentes :

1. pluralité → dualité : polarisation,
2. pluralité → unité : singularisation.

## 3. CONFRONTATIONS

Le rapport au plan de l'expression est particulièrement significatif du fonctionnement de la praxis. Un praxème est un réseau de dépendances plutôt que de différences ; il exploite les différences propres au système pour instaurer des dépendances. Si la praxis convoque conjointement deux différences, A/B et x/y, ces différences caractérisent le système sous-jacent, mais l'effet de sens en discours repose sur les deux dépendances conjointes A-x et B-y. Eluard avait bien compris cette conversion, au sein de la métaphore, de la différence en dépendance, quand il écrivait :

> «Comme le jour dépend de l'innocence
> Le monde entier dépend de tes yeux purs
> Et tout mon sang coule dans leurs regards.»[12]

Les différences paradigmatiques convoquées, *jour/monde* et *innocence/yeux purs* sont suspendues par le «comme» comparatif, qui leur substitue une corrélation (ici, une équivalence) de dépendances : «*jour* dépend d'*innocence*» équivaut à «*monde* dépend de *yeux purs*». Le fondement de la dépendance apparaît seulement après coup : il s'agit du trait /inchoatif/ érigé au rang de condition axiologique. Ce ne sont donc pas seulement les traits distinctifs convoqués à partir du système linguistique qui installent l'isotopie — ici, l'isotopie de l'inchoatif —, mais aussi la présence sensible d'un réseau de dépendances, qui suscite la présomption d'isotopie. Cette procédure relève de la stratification dès lors que chaque dépendance, notamment pour ce qui concerne les systèmes semi-symboliques et la métaphore, associe un plan de l'expression et un plan du contenu.

En outre, lors de la constitution d'un praxème, la corrélation entre le plan de l'expression et celui du contenu obéit à certaines règles responsables de leur «figement».

Un exemple emprunté à la publicité permettra de préciser ce point; dans le slogan suivant, attaché à une marque de whisky de haut de gamme :

> «C'est pas donné, mais c'est souvent offert.»,

une tentative de virtualisation du praxème se donne à lire; au début du slogan : le praxème est fermé, non commutable; à la fin l'énoncé est directement réalisé à partir des latitudes virtuelles de la structure; il est ouvert, commutable. Dans le premier segment, les restrictions imposées à l'interprétation, au plan du contenu, découlent de la clôture de la forme syntaxique. Le jugement qu'il comporte est traité comme un bloc autonome, directement et massivement convocable. En revanche, le deuxième segment suspend au plan de l'expression le lien syntaxique fort, propre au segment précédent, grâce à l'insertion d'un adverbe circonstanciel (*souvent*), et à la commutation entre *donné* et *offert*; du même coup, les restrictions d'interprétation au plan du contenu disparaissent et le sujet d'énonciation peut exploiter toutes les virtualités d'une véritable scène d'échange.

La question de la dépendance se pose donc ici de deux manières : (1) Il est d'abord question de dépendance/indépendance entre l'expression et le contenu, qui justifie l'évolution inverse de la densité respective des articulations du plan de l'expression et du plan du contenu. (2) Il est ensuite question de la dépendance/indépendance entre les constituants de chaque plan : plus le lien est fort, plus le praxème est résistant, mais cela se traduit différemment sur les deux plans : au plan de l'expression, par une surdétermination des contraintes syntaxiques ; au plan du contenu, par une réduction des latitudes interprétatives.

La praxis énonciative concerne en outre la sémiotique des cultures. En effet, elle produit des «taxinomies connotatives», c'est-à-dire des découpages de la macro-sémiotique du monde naturel, propres à une aire ou une époque culturelles ; elles sont constituées elles-mêmes de micro-sémiotiques, linguistiques ou non-linguistiques, dont chaque terme, en raison des liens de dépendance et de différence qui l'unissent aux autres, **connote** l'appartenance à un univers culturel particulier. Plus précisément, c'est la distribution des figures dans une micro-sémiotique donnée qui ajoute à chacune de ces figures une charge sémantique particulière, que nous appelons «connotation». Mais, en l'occurrence, il n'y a pas, dans cette perspective, de sèmes spécifiquement «connotatifs».

Si nous examinons par exemple la « micro-sémiotique » de l'«estime de soi» en français, nous y rencontrons, sans souci d'exhaustivité : *l'orgueil, la vanité, la fatuité, la suffisance, la fierté, la dignité, le narcissisme*, etc. Le découpage du domaine obéit aux principes suivants : (1) Il repose sur un certain nombre de traits distinctifs : *estime justifiée/non justifiée, jugement mesuré/excessif, manifestation ostensible/discrète, référence morale/sociale, certitude/incertitude, offensif/ défensif*, etc., (2) La formation des sémèmes n'emprunte pas à tous les couples de traits distinctifs, de sorte que le recouvrement du réseau de traits par celui des sémèmes est irrégulier et sans règle apparente. Chaque terme apparaît donc comme l'intersection entre plusieurs dimensions sémantiques, et il est à ce titre deux fois soumis à la praxis culturelle : (i) tout d'abord par le nombre et la nature des traits disponibles, qui caractérisent la **valeur** de chacun dans le domaine, (ii) ensuite par le nombre et la nature des traits sélectionnés pour une intersection, qui caractérisent la **valence** propre du terme.

Mais la praxis intervient d'une autre manière encore, dès qu'il s'agit de confronter les micro-sémiotiques entre elles. Elle opère par superposition de micro-sémiotiques connotatives, et tente de les homologuer. La pierre de touche permettant de vérifier la congruence de ces superpositions est la convocation énonciative. Par exemple, lorsqu'on convoque en discours un bloc modal donné (c'est-à-dire un élément de la micro-sémiotique modale d'une culture particulière), si on peut toujours convoquer en même temps le même agencement rythmique, on en déduira que les deux micro-sémiotiques dont ils relèvent sont superposables et congruentes. Un autre exemple, plus général, vient à l'esprit : la superposition du « sensible » et du « risible » semble être un critère particulièrement significatif de la stabilité et de l'évolution des cultures. On sait par exemple que si les avares font rire l'aristocratie française au XVIIe siècle, quand Molière les met en scène, ils n'amusent plus personne au XIXe, dans les romans de Balzac; le changement de genre est instructif : on ne songerait plus, en 1830, à faire de l'avare un personnage de comédie. La corrélation entre les deux taxinomies peut être inverse ou converse : les régimes totalitaires, qui suscitent l'indignation de leurs voisins, inspirent plus facilement la satire chez eux : dans le premier cas, le risible s'efface devant le sensible; dans le second, ils se renforcent mutuellement. On le devine sans peine : les raisons sont historiques, tactiques, sociologiques, ce qui n'ôte rien au fait que la variation culturelle se traduit par des modes de superposition et des formes de corrélations différentes entre taxinomies culturelles.

La théorie de la sémiosphère proposée par I. Lotman pourrait accueillir une telle observation. Le centre de la sémiosphère serait en ce sens défini comme le topos culturel où se concentrent la plupart des taxinomies superposables : il serait alors constitué de micro-sémiotiques homologuées et fortement corrélées. La périphérie de la sémiosphère, lieu d'échange avec les cultures voisines dans l'espace ou proches dans le temps, lieu d'instabilité et source des remaniements de la sémiosphère, serait constituée de taxinomies à faible recouvrement; là où la culture dans son ensemble — le sujet d'énonciation collectif — n'assure pas la congruence des découpages culturels, l'initiative des sujets individuels et les influences périphériques peuvent se donner libre cours.

Le concept d'« épistémé », considéré par Greimas et Courtés comme

« l'organisation hiérarchique de plusieurs systèmes sémiotiques, susceptibles de générer, à l'aide d'une combinatoire et des règles restrictives d'incompatibilité, l'ensemble des manifestations (réalisées ou possibles) recouvertes par ces systèmes à l'intérieur d'une culture donnée. »[13],

pourrait être complété de ce fait par une syntaxe, reposant sur les déplacements relatifs des taxinomies entre elles, et sur les transformations des règles de corrélation et de compatibilité.

Des opérateurs de transformation culturelle pourraient alors être identifiés, dont le principe est en somme déjà posé dans l'essai consacré aux « formes de vie ». En effet, qu'est-ce que le « beau geste », par exemple, sinon une tentative pour modifier les corrélations existantes entre les rôles sociaux, éthiques et passionnels ? De même, quand un discours (verbal ou non-verbal) ne respecte pas la corrélation admise entre le risible et le sensible, il est qualifié de « cynique »; le cynisme philosophique, plus radical, n'est-il pas une forme de vie qui s'invente en s'efforçant de décaler les axiologies les unes par rapport aux autres, et de dissocier les taxinomies les unes des autres par l'exercice de la dérision ?

Dans les termes mêmes de Lotman, une forme de vie reçue, canonique et largement partagée (comme l'esprit « bourgeois », selon Barthes) occuperait le centre de la sémiosphère, alors que les formes de vie inventives, contestataires, les corrélations inattendues et non canoniques occuperaient la périphérie, en attendant d'être admises bientôt au centre ou de sortir définitivement de la sémiosphère. La syntaxe qui se dessine, dans le va-et-vient entre centre et périphérie, comporterait trois phases principales : la **congruence**, au centre, l'**ascendance** et la **décadence** en périphérie. Les formes de vie *émergentes* viennent nourrir la congruence, au centre de la sémiosphère, où elles se stabilisent; les formes de vie *en déclin* repartent se défaire en périphérie. On comprend mieux ainsi comment on peut traiter de « décadente » une forme artistique *ascendante émergente*, sans modifier sa position dans la sémiosphère, mais en inversant simplement son orientation syntaxique. A la hauteur de la culture tout entière, la forme sémiotique du « champ de présence », et la syntaxe existentielle qui le module, soutiennent encore la praxis collective.

Dans sa théorie de la sémiosphère[14], Lotman insiste sur plusieurs propriétés strictement homologues de celles du champ discursif : (i) la sémiosphère, centrée sur le « nous » (la culture, l'harmonie, l'intérieur), et excluant le « eux » (la barbarie, l'étrangeté, le chaos, l'extérieur), est bornée par des frontières; (ii) d'incessantes transformations ont lieu, entre le centre et la périphérie, entre l'intérieur et l'extérieur.

Mais, en outre, et cela nous rapproche tout particulièrement de la praxis énonciative, les mouvements et les déformations de la sémiosphère sont déterminés par les opérations d'un **dialogue** entre domaines, c'est-à-dire par les modulations d'une tension énonciative entre l'intérieur et l'extérieur du champ discursif. Le plus remarquable est, en l'occurrence, la syntaxe que propose Lotman :

(a) tout d'abord, l'apport extérieur est perçu comme éclatant et singulier, surévalué comme prestigieux ou inquiétant;

(b) cet apport est ensuite imité, reproduit, traduit et transposé dans les termes du «propre» et du «nôtre», diffusé et digéré dans le champ intérieur tout entier, de sorte qu'il perd tout éclat;

(c) étant ainsi totalement intégré, il n'est plus reconnu comme étranger, de sorte que le domaine extérieur retrouve toute sa spécificité et sa singularité, et paraît à nouveau confus, faux, non pertinent;

(d) enfin, l'apport premier, devenu méconnaissable, est érigé en norme universelle, proposée en retour non seulement dans les limites du monde intérieur, mais aussi au monde extérieur, comme parangon de toute culture.

Cette séquence de dialogue entre «champs» sémiotiques comporte de fait : (i) des opérations d'**ouverture** de **fermeture** du champ; (ii) des augmentations et des diminutions de l'intensité (intensité de la perception-réception); (iii) des opérations d'augmentation et de rétrécissement de l'étendue et de la quantité. Les modifications de la sémiosphère jouent donc, tout comme celles de la praxis, sur deux dimensions essentielles : l'intensité (grâce à l'opération de **visée**), et l'étendue et la quantité (grâce à l'opération de **saisie**). Les quatre phases se définissent alors ainsi :

– *phases a et b* : l'intensité de la visée et l'étendue de la saisie évoluent en raison inverse l'une de l'autre; en *a*, l'irruption éclatante de l'apport extérieur engendre un affect intense, mais sans étendue; en *b*, la diffusion fait son œuvre, l'apport extérieur est à la fois domestiqué, monnayé, dilué, approprié : le champ tout entier en est affecté, mais faiblement.

– *phases c et d* : l'intensité de la visée et l'étendue de la saisie évoluent dans le même sens, conjointement; en *c*, l'étendue comme l'intensité sont au plus bas; en *d* l'amplification, emphatique, conquérante et normative, fait son œuvre, et touche à la fois l'intensité (de la reconnaissance) et l'étendue (de la diffusion).

La schéma de la praxis prend alors la forme suivante :

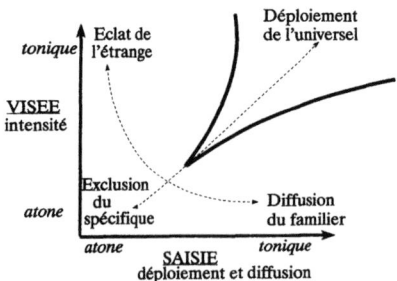

L'angle aigu du *cusp* détermine une zone de discontinuité ; en effet, une fois qu'un fait culturel est considéré comme universel, toutes les phases antérieures sont oubliées : l'universalisation d'une forme pourrait même — et la remarque vaut pour les théories soi-disant universelles — être définie comme la mise entre parenthèses de la praxis qui l'a produite. La zone critique du « déploiement de l'universel » est de fait celle où se met en place un méta-discours qui redéfinit jusqu'au référent du discours et de la culture. En ce sens, c'est dans cette zone que se réalisent et se stabilisent les remaniements du champ discursif, pour former de nouveaux « univers ».

La « praxis » énonciative doit aussi être confrontée aux grandes distinctions de la linguistique du XX$^e$ siècle, que sont la langue, la parole, le discours et la norme. La position que nous lui reconnaîtrons dans cet ensemble aura trait aux modes d'existence des instances du langage.

La linguistique saussurienne oppose la langue et la parole, c'est-à-dire le virtuel et le réalisé, sans véritable souci de la médiation entre les deux. Comme le rappelle M. Arrivé, une fois la langue définie comme un « tout »,

> « reste évidemment à identifier l'objet qui, ajouté au *tout* de la langue, va constituer le *pastout* (qu'on me passe cette anticipation lacanienne) du langage saussurien. »[15]

Il s'agit de la parole, dont le rapport avec la langue est ainsi précisé par Saussure lui-même :

> « La faculté de langage est un fait distinct de la langue, mais qui ne peut s'exercer sans elle. Par la parole, on désigne l'acte de l'individu réalisant sa faculté au moyen de la convention sociale qu'est la langue. »[16]

Dans le langage, la langue est donc un tout homogène et virtuel, par rapport auquel la parole — ce qui reste — ne peut être définie que négativement, alors qu'elle possède pourtant un indéniable statut de réalité. Cette « réalisation » que la linguistique ne peut décrire que négativement et ne sait assumer pose décidément problème. Cet aspect ayant déjà été abondamment souligné, nous n'y insisterons pas, mais il faut tout de même relever qu'il est aussi question chez Saussure d'« exercer » une compétence linguistique (*cf.* la dynamique homogénéisante de la motivation et de l'analogie), et que cet « exercice » est lui aussi considéré comme non-pertinent d'un point de vue strictement linguistique, c'est-à-dire du point de vue exclusif du système de la langue.

La linguistique guillaumienne va introduire ici un autre mode d'existence, après avoir redéfini les termes de départ : au lieu d'opposer la langue et la parole — le «tout» et le «pastout» —, Guillaume oppose la langue et le discours, couple de notions comparable au couple hjelmslevien «système/procès». Nous n'entrerons pas dans le détail de ces distinctions, mais soulignerons seulement l'opération constitutive de la linguistique guillaumienne : au lieu de simplement opposer une compétence — un *savoir dire* — à un discours réalisé — un *dit* effectif —, Guillaume élargit en quelque sorte le seuil entre les deux, pour y placer l'«effection» :

puissance/effection/effet

Comme son nom l'indique, l'«effection» est un processus de conversion du virtuel en réel, processus constitué de diverses opérations mais qui, de ce fait, ne peut se déployer qu'en un temps minimal mais irréductible, le temps dit «opératif», c'est-à-dire, littéralement, le temps des «opérations». Projetée sur la dichotomie hjelmslevienne système/procès, cet élargissement du seuil entre les instances laisserait apparaître l'hétérodoxe «processus», que Hjelmslev lui-même n'a jamais envisagé, car le «procès» est pour lui, sur le fond d'un raisonnement typiquement saussurien, tout ce qui reste quand on a fait la part du système.

E. Coseriu distingue quant à lui la langue, la norme et la parole[17], le deuxième terme étant conçu comme un filtre, qui, en limitant les possibilités d'actualisation de la langue, prédétermine la réalisation des discours concrets, c'est-à-dire la parole. Le pouvoir de médiation et de sélection de la norme est, dans son principe, comparable à celui que nous reconnaissons à la praxis; il repose lui aussi sur les usages qui, au titre de l'actualisation, apparaissent comme des produits de la combinatoire linguistique, mais, au titre de la potentialisation, en restreignent, de fait, l'étendue des possibles dans une culture donnée. La différence entre la norme et la praxis tient essentiellement dans le fait que le point de vue de Coseriu est encore statique, en ce sens que la norme, tout comme la langue, est un «dépôt» de structures et de formes figées; la praxis produit de telles formes, certes, mais aussi toutes les autres, inventives et hors-norme, et le point de vue que nous adoptons est celui des opérations et non celui des «formes déposées».

Par ailleurs, l'énonciation dont nous traitons ici est conçue comme un ensemble d'opérations; de nombreux auteurs ont déjà adopté ce point de vue; nous ne retiendrons que les propositions les plus proches de nos préoccupations, à savoir celles de Saussure, de Benveniste et de Greimas.

Dans «L'appareil formel de l'énonciation»[18], Benveniste s'explique fermement sur ce qu'il entend par l'acte d'énonciation, cette «mise en fonctionnement» ou «effectuation» de la langue. Pour autant qu'on puisse en reconstituer les diverses opérations à travers son exposé, elles seraient au nombre de quatre : (i) la mobilisation de la langue, (ii) l'appropriation de la langue, (iii) l'allocution, et (iv) la référence. Leur définition sémiotique serait la suivante.

La **mobilisation** présupposerait en quelque sorte un ensemble inerte qu'il faudrait activer globalement : considérons que cela correspondrait à l'activation du parcours génératif, à la «mise en résonance» de ses différents niveaux.

L'**appropriation** est, selon Benveniste, l'acte «qui introduit celui qui parle dans sa parole»[19], mais cette définition, placée dans le contexte de l'appareil formel de l'énonciation, a généralement été interprétée de manière restrictive, c'est-à-dire seulement en termes déictiques et modaux. De fait, le sujet du discours s'approprie bien plus largement la langue, puisqu'il y choisit des catégories, sélectionne pour chacune un ou plusieurs régimes, les met en relation, s'efforce de mettre en congruence les régimes retenus et surtout les usages qui en découlent, et en cela aussi, il s'installe dans son discours.

L'**allocution**, grâce à laquelle le locuteur «implante l'autre en face de lui» implique entre autres le partage, la communion phatique, et la possibilité d'une sanction intersubjective des convocations effectuées par chacun des partenaires. Dès lors, la praxis discursive est interactive.

Enfin, la **référence**, que Benveniste réduit parfois soit à la référence déictique, soit à la référence au monde décrit, doit être comprise aussi comme l'établissement d'un réseau de référence interne au discours, partant bien entendu du centre de référence que constitue l'instance de discours; D. Bertrand a proposé de dénommer «référenciation» la «construction énonciative du référentiel», et «référentialisation» les «procédures internes au tissu discursif»[20].

Greimas, quant à lui, conçoit l'énonciation à partir de trois opérations : (i) le débrayage et l'embrayage, et (ii) la convocation. Malgré leur air de parenté étymologique, qui a inspiré à H. Parret le terme générique «brayage»[21], le débrayage et l'embrayage n'opèrent pas au même niveau : le premier est l'opération fondatrice de l'instance de discours, la «schizie» qui actualise d'un même geste les catégories énonciatives (déictiques, pour l'essentiel) et les catégories du discours (acteur, espace, temps); le second est une tentative toujours différée de retour des catégories du discours vers celles de l'énonciation. Le débrayage installe les conditions de réalisation du discours, et l'embrayage ne peut en neutraliser les effets, sous peine d'interdire toute parole. C'est dire que, si le débrayage installe les conditions d'une énonciation, l'embrayage ne peut opérer, et donc «simuler» cette énonciation, qu'à l'intérieur des conditions imposées par le débrayage.

C'est pourquoi, d'un point de vue syntaxique, le débrayage assure le passage d'une réalité indicible, donc virtuelle, à un discours réalisé, par conséquent d'un mode d'existence à un autre; en revanche, l'embrayage, prenant appui sur les catégories actualisées par le débrayage, ne propose qu'un simulacre de l'instance de discours, l'«énonciation énoncée», qui doit être considérée comme «potentielle», en ce sens qu'elle est conventionnelle et plus ou moins figée. Nous reviendrons bientôt sur ce point.

Une autre propriété du débrayage, qui n'a pas été assez soulignée, est d'être pluralisant : en dissociant la personne de la non-personne, il installe en même temps une multiplicité de non-personnes (de «ils») disponibles, alors que la personne subjective est toujours ou bien singulière, ou bien massive («nous») et collective. De même, la pluralité des espaces et des moments résultant du débrayage fonde la possibilité même des déplacements, des points de vue, des jeux de la mémoire, etc. Comme l'embrayage vise l'homogénéisation entre l'énoncé et l'énonciation, on comprend que les opérations extensives/intensives de la praxis font ici encore leur œuvre et que l'embrayage et le débrayage en sont des avatars, appliqués à l'instance de discours elle-même, c'est-à-dire **réfléchis**.

Intervient alors la notion de «convocation»[22]. La métaphore de l'«appel» en discours recouvre, de fait, le procès de la mise en discours de l'ensemble des catégories sémio-narratives disponibles. Conformément à la procédure qui a été mise en place dans l'essai consacré aux formes de vie, appeler une catégorie en discours, c'est (i) en sélectionner tel ou tel régime, et (ii) déployer les usages du régime sélectionné. Ce procès, supposé valable pour toutes les catégories constitutives du discours, a reçu ici-même une description en termes d'effets de présentation et de représentation : la convocation permet aux catégories d'accéder à la présence discursive, et elle est donc réglée par les modalités existentielles.

Les opérations proposées par Greimas recoupent celles de Benveniste, en les redistribuant différemment : la «mobilisation» et l'«appropriation» se laissent identifier sans peine à des opérations constitutives de la convocation (appel des catégories, sélection d'un régime, notamment énonciatif)[23]. L'«allocution» participe de l'embrayage, puisqu'elle installe un des termes du régime personnel, alors que la «référence» (référenciation ou référencialisation) participerait du débrayage, dès lors que, du fait même qu'il sépare chaque catégorie de l'instance de discours en deux ou plusieurs grandeurs, il suscite entre elles une tension qui appelle sa résolution, ce qu'on désigne, justement, du terme de «référence». La référence ne serait rien d'autre, dans cette perspective, que le souvenir d'une unité perdue de l'indicible. Pourtant, la différence est loin d'être négligeable : pour Benveniste, la référence présuppose l'allocution, car il ne saurait y avoir de référence que partagée, c'est-à-dire qui ne soit déjà une «co-référence», alors que la référence énonciative est pour Greimas inhérente au débrayage, c'est-à-dire indépendante de l'allocution. La raison est simple : le sujet d'énonciation greimassien est un actant unique, qui ne se scinde en deux acteurs, l'énonciateur et l'énonciataire, qu'au moment de la manifestation, indépendamment du débrayage lui-même.

NOTES ET RÉFÉRENCES BIBLIOGRAPHIQUES

[1] Pierre Bourdieu, *Esquisse d'une théorie de la pratique*, Genève, Droz, 1972.
[2] *Sémiotique. Dictionnaire raisonné de la théorie du langage. I, op. cit.*, p. 289.
[3] *Sémiotique. Dictionnaire raisonné de la théorie du langage. II, op. cit.*, p. 173-174.
[4] *Problèmes de Linguistique Générale*, I, Paris, Gallimard, col. Tel, rééd. 1982, p. 262.
[5] *Sémiotique, I, op. cit.*, p. 127.
[6] *Sémiotique I, op. cit.*, p. 128.
[7] J.-M. Floch, *Identités visuelles*, Paris, PUF, col. «Formes Sémiotiques», 1995.
[8] *Problèmes de Linguistique Générale II*, Paris, Gallimard, col. Tel, rééd. 1980, «Le langage et l'expérience humaine», p. 74.
[9] *Loc. cit.*, p. 77.
[10] Georges Kleiber, *Sémantique du prototype*, Paris, PUF, 1990, p. 49. Cette position correspond à la «théorie standard étendue», c'est-à-dire à celle qui prend en compte les spécificités culturelles et qui reconnaît une pertinence à l'observateur.
[11] «Clair de lune», *Fêtes Galantes*, Paris, Gallimard, 1973, p. 97.
[12] Paul Eluard, *Capitale de la Douleur*, Paris, Gallimard, 1966, p. 139.
[13] *Sémiotique I, op. cit.*, p. 128.
[14] I. Lotman, *Universe of the mind*, I.B. Tauris, Londres, 1990, p. 123 sq.
[15] *Langage et psychanalyse, linguistique et inconscient*, Paris, PUF, 1994, p. 42.
[16] Rudolf Engler, *Edition critique du «Cours de Linguistique Générale»*, I, Wiesbaden, Harrassowitz, 1989, p. 41.
[17] «Sistema, norma e 'parola'», *Studi linguistici in onore di Vittore Pisani*, Brescia, Paideia Editrice, p. 235-253.

[18] *Problèmes de Linguistique Générale, II, op. cit.*, p. 79-88, première publication dans *Langages*, n° 17, Paris, Didier-Larousse, 1970, p. 12-18.
[19] *Op. cit.*, p. 82.
[20] In *L'espace et le sens, Germinal d'Emile Zola*, Paris/Amsterdam, Hadès/Benjamins, Actes Sémiotiques, 1985, p. 32.
[21] «L'énonciation en tant que déictisation et modalisation», *La mise en discours*, H. Parret, éd., *Langages*, n° 70, Paris, Larousse, 1983, p. 92.
[22] *Cf. Sémiotique des passions, op. cit.*, p. 11, 12, 76, 77, notamment.
[23] Rappelons que, pour Benveniste, «le locuteur s'approprie l'appareil formel de la langue *et* énonce sa position de locuteur» grâce à la même opération appelée «appropriation». *Cf. P.L.G. 2, op. cit.*, p. 82.

# Forme de vie

## 1. RECENSION

La notion de *forme de vie* apparaît dans les *Investigations philosophiques* de Wittgenstein, qui en use pour généraliser les «jeux de langage» : la signification d'une expression ne peut être établie que dans un «usage», qui lui-même appartient à un «jeu de langage», qui lui-même appartient à une «forme de vie» :

> «'Jeu' de langage doit faire ressortir que le parler du langage fait partie d'une activité ou d'une forme de vie qu'elle condense.»[1]

Le projet de Wittgenstein va dans le sens d'une pragmatique généralisée, qui accorderait en fait la prédominance au culturel, à la labilité des usages linguistiques et sémiotiques, sur le système et la structure. L'emboîtement conceptuel qu'il propose :

**expressions → usages → jeux de langage → formes de vie**

permet de substituer à des usages en eux-mêmes labiles, imprévisibles et insignifiants, des formes intentionnelles et/ou codifiées, susceptibles d'ancrer dans chaque expression le sens de la praxis quotidienne.

Le contrôle du sens des expressions est donc assuré par une double procédure de **condensation** et d'**expansion** qui permet de passer des figures locales aux formes de vie plus générales qui les subsument et qui les font signifier. En ce sens, toute manifestation d'une forme de vie est alors considérée comme le condensé de la forme de vie tout entière. Le principe sous-jacent, celui de la coexistence d'une signification constante et de niveaux d'articulation multiples, est d'une part conforme à l'analyse sémiotique en «variétés» et «variations» telle que la conçoit Hjelmslev dans le seizième chapitre des *Prolégomènes*, d'autre part très proche du parcours génératif[2] dont les différents niveaux sont considérés comme «homotopiques», au sens où ils conservent la signification en la réarticulant, mais «hétéromorphes», pour permettre la complexification des articulations d'un niveau à l'autre. C'est dire qu'en ce sens le «style» d'une forme de vie est à la fois le condensé, la manifestation et la garantie de cohérence des différents niveaux d'articulation qui le sous-tendent. Mais le recours au parcours génératif dans ce dispositif permet d'orienter la condensation et l'expansion puisqu'on peut admettre que les structures narratives, tant profondes que superficielles, condensent les structures discursives, dans l'exacte mesure où celles-ci étendent et transposent celles-là, en concordance avec l'axiome hjelmslevien selon lequel le contenu sémiotique est tributaire de son étendue.

Cette même notion, dans une autre acception, se rencontre aussi chez Cassirer, qui, dans le tome deux de *La philosophie des formes symboliques*, consacre plus de quatre-vingt pages au mythe conçu comme «forme de vie». Elle permet alors, dans une perspective qui ne relève plus seulement de la pragmatique du langage, mais, plus largement, de la sémiotique des cultures, de mettre en évidence l'enracinement sensible des organisations symboliques collectives.

## 2. DÉFINITIONS

### 2.1. Définitions paradigmatiques

La prise en compte des formes de vie est comparable au passage de l'unisson à la «polyphonie». Par conception «à l'unisson», nous entendons le double rabattement opéré par la sémiotique greimassienne en ses débuts : d'abord le rabattement de la narrativité sur la diversité sémiotique, faisant apparaître la sémiotique comme une «narrativité généralisée»; ensuite le rabattement de la narrativité proppienne sur la narrativité en général. Cependant un commentaire de Greimas à l'entrée «Schéma narratif» de *Sémiotique 1* est resté longtemps inexploité :

> «Le schéma narratif constitue comme un cadre formel où vient s'inscrire le 'sens de la vie'.»[3]

Cette référence au «sens de la vie» est ici doublement modalisée et distanciée, comme mention (avec les guillemets) et comme approximation (avec le « comme ») ; cette distance peut se comprendre quand, dans le même article, il est affirmé que :

> « (...) la sémiotique française a voulu y voir dès le début un modèle, perfectible, pouvant servir de point de départ pour la compréhension des principes d'organisation de tous les discours narratifs. »[4]

Il est clair que cette prétention à l'universalité n'était guère compatible avec les variations culturelles prévisibles du « sens de la vie », conçu ici à partir de la tripartition des épreuves respectivement qualifiante, décisive et glorifiante. Pourtant, dès cette époque, le modèle proppien apparaissait comme la schématisation d'une idéologie du *faire* humain — en fait propre au monde indo-européen, lequel attribue au *faire* une dimension causative et « poiétique » — reposant sur la quête, au point que, par exemple, parmi les récits de la peur, seuls ceux organisés comme une quête apparaissaient avoir « du » sens, ceux organisés comme une simple fuite en étant privés[5].

L'interrogation propre aux formes de vie doit donc maintenant être précisée : quel est le contenu catégoriel investi dans une forme de vie reconnue ? Ce contenu est **schématique** si l'on convient de définir le schéma par la sélection, la mise en discours et la valorisation de l'un des régimes d'une catégorie reconnue comme dominante dans un discours donné. Ces **régimes** peuvent correspondre, par exemple, aux deixis positive et négative du carré sémiotique, mais, comme toutes les « catégories » ne sont pas construites sur ce modèle, cette équivalence ne peut être que partielle.

Un exemple emprunté à A. Camus va nous permettre de clarifier ce point. L'auteur de *L'homme révolté* décrit le « romanesque » comme la quête d'une forme, puisque « [l]a vie est (...) sans style », et présente ainsi le parcours narratif des personnages romanesques :

> « Les héros ont notre langage, nos faiblesses, nos passions. Leur univers n'est ni plus beau ni plus édifiant que le nôtre. Mais eux, du moins, courent jusqu'au bout de leur destin et il n'est même jamais de si bouleversants héros que ceux qui vont jusqu'à l'extrémité de leur passion, Kirilov et Stavroguine, Mme Graslin, Julien Sorel ou le prince de Clèves. C'est ici que nous perdons leur mesure, car ils finissent alors ce que nous n'achevons jamais. »[6]

La catégorie sélectionnée par Camus, l'**aspectualité**, est celle du procès discursif plutôt que celle du programme narratif défini par la liquidation d'un manque ; il est admis que cette catégorie admet pour **régimes**, ou sous-catégories, le perfectif et l'imperfectif ; sous ces préalables, le roman, selon Camus, met en discours la supériorité progressivement affirmée de l'accompli sur l'inaccompli. Les remarques de Camus prennent tout leur sens si l'on remarque que nombreux sont les univers sémiotiques et les formes de vie qui avantagent au contraire l'inchoatif, comme par exemple la poésie d'Eluard.

Le concept de forme de vie appartient au paradigme des schématisations sémiotiques. Mais il aurait pour particularité, en principe, d'intégrer les schématisations actuellement connues : sous bénéfice d'inventaire, un schéma discursif, un schéma narratif, un schéma modal, un schéma aspectuel, un schéma tensif et même, si l'on suit J. Petitot sur ce point, un schéma relatif aux structures élémentaires de la signification, dans leur interprétation topologique. Mais la particularité des schémas, qui est d'être pris entre le **système**, qu'ils soutiennent, et l'**usage** dont ils se nourrissent, invite à les mettre en rapport avec la problématique des modes d'existence.

Posons, pour la seule commodité du propos, une catégorie C, munie de ses régimes C' et C"; chacun de ces régimes admet lui-même des usages, c'est-à-dire un déploiement : pour C' : $c'_1$, $c'_2$, $c'_3$... pour C" : $c''_1$, $c''_2$, $c''_3$... La mise en discours de la forme de vie solidaire d'un régime touche à chacun des modes d'existence. Supposons ici que la forme de vie examinée concerne le régime C'; dans ce cas :

(a) L'**actualisation** de C' en discours s'accompagne en premier lieu de la **convocation** des différentes structures associées, appartenant au système et susceptibles d'être manifestées en discours (il en irait ainsi du carré sémiotique ou du schéma actantiel); en second lieu, de la **réalisation** des usages correspondant à C' : $c'_1$, $c'_2$, $c'_3$; soit **tel** usage du carré sémiotique, par exemple la prévalence du terme neutre ou du terme complexe sur les termes simples, soit encore **tel** aménagement du schéma actantiel; les différents paliers du parcours génératif, ainsi convoqués, constituent des formes d'accueil pour ces usages canoniques, dont le schéma narratif reste, à l'heure actuelle, le meilleur spécimen.

(b) Mais l'actualisation de C' est solidaire d'une **virtualisation**, partielle ou totale, de l'autre régime C" et d'une **potentialisation** de ses usages probables, $c''_1$, $c''_2$, $c''_3$. Cette potentialisation de l'usage adopte souvent les voies de la péjoration, de l'ironie, de la dérision, du burlesque, etc. : les contenus $c''_1$, $c''_2$, $c''_3$ sont dépréciés et ravalés au rang de stéréotypes insignifiants.

Si nous revenons à l'exemple emprunté à Camus, nous dirons que la forme de vie, sous-jacente à la sous-classe des romans retenue, d'une part **actualise** la perfectivité et **virtualise** l'imperfectivité, et d'autre part qu'elle **réalise** les usages associés, en même temps qu'elle **potentialise** ceux de l'autre régime, pour les déprécier, comme en témoigne la disjonction emphatique : « Mais eux, du moins... ». Et, pour prolonger cet exemple, le supplément modal inhérent à la perfectivité est, dans le monde hellénique, attribué à une volonté divine, dans un univers laïcisé, à l'entêtement stupide selon les uns, à l'opiniâtreté méritoire selon d'autres. Dans ces conditions, les formes de vie exploitent d'une part les latitudes offertes par l'alternance des régimes « à l'intérieur » d'une même catégorie, d'autre part les latitudes d'**expansion** ou de **condensation**, de **complication** ou d'**épuration** des usages prévus pour le régime qui a prévalu. En simplifiant, la praxis énonciative serait ici sollicitée pour répondre à deux questions prioritaires : (i) l'alternance des régimes permettrait de répondre à la question : *sur quoi opère la sélection inhérente à la convocation ?* (ii) le train du discours répondrait, lui, à la question : *qu'est-ce qui peut être associé au régime sélectionné ?* Dans la première démarche, il est aisé de reconnaître la **sommation** abordée dans *Sémiotique des passions*; dans la seconde, la **résolution** (*cf.* l'essai « Schéma »). La singularité propre aux formes de vie, et qui fait leur prix, apparaît dès lors comme le syncrétisme entre la sensibilisation de telle « région » du système (le régime) et d'une extension variable du procès qui la manifeste (ses usages). Les latitudes paradigmatiques (les régimes) et syntagmatiques (les usages), qui sont des propriétés de la sémiosis, deviennent ainsi pour la praxis énonciative des possibilités effectives d'intervention.

Les formes de vie présentent cette particularité d'intégrer et d'ajuster les schémas particuliers reconnus jusqu'à maintenant. La prégnance d'une forme de vie pour celui qui la promeut pourrait aussi être formulée comme une implication, du type : *si C, alors $c_1$, $c_2$, $c_3$*. Ainsi, le schéma narratif canonique, privé de son exclusivité, fait signifier ensemble un schéma actantiel au service du destinateur, des dispositifs modaux orientés par l'acquisition de la modalité du *pouvoir-faire*, un schéma discursif extensible des épreuves, des modes d'existence du sujet dominés par la « patience », et la confrontation d'au moins deux programmes narratifs concurrents. Une forme de vie constituerait alors un « schéma de schémas » répondant de la cohérence et de la signification de tous les schémas immanents à un ensemble discursif relevant d'une énonciation.

Enfin, dans la conceptualisation de la schématisation, la forme de vie apporte un point de vue différent et complémentaire. Il ne s'agit plus seulement d'identifier une forme, une structure ou un dispositif, dans l'immanence discursive, mais d'en approcher l'**effet esthétique**. Que ce soit du point de vue de l'émetteur ou du point de vue du récepteur, construire ou interpréter une forme de vie, c'est viser, pour l'émetteur, ou saisir, pour le récepteur, l'esthétique, c'est-à-dire le plan de l'expression adéquat d'un système de valeurs, rendu sensible grâce à l'agencement cohérent des schématisations par une énonciation.

## 2.2. Définitions syntagmatiques

Du point de vue énonciatif, la notion de forme de vie permettrait de répondre à la question suivante : qu'est-ce qui assure la conservation de la catégorie d'abord, du régime ensuite, à travers les autres niveaux où la première sélection est répercutée ? Si nous revenons à l'exemple emprunté à Camus, sur quoi repose l'ascendant de la perfectivité sur les autres niveaux ? Selon quelle[s] modalité[s] la perfectivité affecte-t-elle les autres niveaux du parcours génératif ou de la stratification ?

Les définitions paradigmatiques nous ayant procuré des indications relatives à la morphologie générale des formes de vie, il nous reste à en examiner les formes syntaxiques. Dans la mesure où ces propriétés morphologiques sont relatives aux modes d'existence, la syntaxe des formes de vie est invitée à prendre en charge les tensions inévitables survenant entre les modes d'existence, et notamment les deux tensions suivantes :

(a) la tension entre l'actualisation de C' et la virtualisation de C". Mais pour penser sémiotiquement cet affrontement, il semble indispensable de considérer C' et C" comme les fonctifs de la fonction C, fonction que nous dirons **totalisante** quand C' et C" sont jugés compatibles entre eux, **partitive** sinon. Le véritable dilemme devient celui-ci : C' et C" sont-ils conjugables ou exclusifs ? Et pour chaque option : dans quelle mesure ?

(b) la tension entre la réalisation des dérivés $c'_1$, $c'_2$, $c'_3$ et la potentialisation corrélative des dérivés $c''_1$, $c''_2$, $c''_3$. Ainsi, en suivant l'exemple emprunté à Camus, la relation pertinente entre imperfectivité et perfectivité est de type transitif : selon Camus, l'imperfectivité demande, attend, espère la perfectivité ; selon d'autres, la valeur réside pour le sujet dans l'inachèvement, donc dans une intransitivité. Mais cette description n'aborde que la «moitié» de la problématique : l'imperfectivité est, à peu près unanimement, évaluée comme dynamique et la perfectivité comme statique, de sorte que l'actualisation de la perfectivité et du statisme serait corrélative de la virtualisation de la «dynamique». Dans le même ordre d'idées mais toujours avec inversion des valences, on pourrait citer la supériorité, aux yeux de Baudelaire, de l'œuvre «faite» sur l'œuvre «finie».

Cette dialectique rejoint la problématique des **tris** et des **mélanges** abordée par Fr. Bastide à propos du «traitement de la matière». Du point de vue descriptif, elle procède par projection et distribution de **manques** et, littéralement, de **restes**; quand le tri est adopté comme point de vue pertinent, le «tout» est évalué comme mauvais puisqu'il comprend des parties jugées impures, c'est-à-dire des restes qui doivent être extraits ou éliminés; le bon traitement est alors «défectif»; à l'inverse, quand le mélange prévaut, la direction s'inverse : le «tout» est évalué comme bon s'il est complet, mauvais s'il présente des manques; le bon traitement est cette fois «additif». Considérées comme des opérations axiologiques, c'est-à-dire conçues pour élaborer des objets de valeur, le tri y parvient par élimination, et le «mélange», par adjonction.

Ainsi le «beau geste»[7] que pense accomplir le chevalier en jetant son gant au visage de la demoiselle Cunégonde ressortit indéniablement à un traitement «partitif», dans une forme de vie dirigée par le tri, qui a pour manifestante discursive une praxis, éclatante, de rupture. Et si nous suspendons les variables historiques contingentes, c'est-à-dire les investissements thématiques, cet orgueilleux chevalier est bien le frère en pensée du dandy baudelairien :

> «L'homme riche, oisif, et qui, même blasé, n'a pas d'autre occupation que de courir à la piste du bonheur; l'homme élevé dans le luxe et accoutumé dès sa jeunesse à l'obéissance des autres hommes, celui enfin qui n'a pas d'autre profession que l'élégance, jouira toujours, dans tous les temps, d'une physionomie distincte, tout à fait à part.»[8]

Dans la mesure où l'intensité traverse de part en part le champ sémiotique, nous pouvons discriminer les opérateurs mentionnés en projetant la différence d'intensité comme critère :

|  | Totalisation (mélange) | Partition (tri) |
| --- | --- | --- |
| Tonique | **fusion** | **distinction** |
| Atone | **addition** | **soustraction** |

Les formes de vie stabilisées seraient donc opposables entre elles, tout d'abord selon qu'elles sont, du point de vue de la **direction**, ou bien totalisantes et cumulatives, ou bien partitives et électives; et ensuite, du point de vue de l'**accent**, éclatantes ou discrètes. Ainsi, si le chevalier et le dandy visent l'un et l'autre la partition — la «distinction», selon Baudelaire —, le premier ajoute la modalité de l'éclat public, tandis que le dandy se fait remarquer en quelque sorte «discrètement» :

> «Aussi, à ses yeux, épris avant tout de **distinction**, la perfection de la toilette consiste-t-elle dans la simplicité absolue, qui est, en effet, la meilleure manière de se distinguer.»[9]

Le premier recherche l'éclat que le second évite, mais les dénominations sont ici bien embarrassantes, car la «distinction» de l'un est, du point de vue des régimes modaux, l'antonyme de celle de l'autre : le chevalier se «distingue» en le faisant savoir (l'accent est alors mis sur son *vouloir faire*), tandis que le dandy s'efforce de le dissimuler (l'accent est alors déplacé sur son *savoir faire*). Il nous faudrait ici un troisième palier, de type modal, qui surdéterminerait les opérations axiologiques «toniques» ou «atones». De sorte que les régimes intersubjectifs du *faire savoir* mis en évidence par E. Landowski viennent ici se superposer à l'éclat d'un régime de tri ou de mélange[10].

Ainsi, du point de vue syntagmatique, une forme de vie se reconnaîtrait : (i) à la présence d'une sélection saillante, repérable notamment comme une rupture par rapport à la norme ou à l'usage le plus fréquent, comme dans le cas du «beau geste» du chevalier; (ii) à un ensemble de «commutations en chaîne» de ce que nous avons appelé les usages ou les dérivés, commutations qui assurent la répercussion et la conservation de cette sélection dans toutes les configurations hétérogènes traversées. A hauteur de ces configurations, des stratégies narratives et des schèmes interactifs et passionnels, une forme de vie obéit en fait aux mêmes critères que l'isotopie à hauteur des sèmes et des sémèmes.

D'un autre point de vue, dans la mesure où ces diverses configurations appartiennent nécessairement à des niveaux d'abstraction différents, une forme de vie pourrait être considérée comme la mise en phase, à partir des tris et des mélanges, des sélections opérées aux différents niveaux du parcours génératif. En d'autres termes, il y a forme de vie dès que la praxis énonciative apparaît comme intentionnelle, schématisable et esthétique, c'est-à-dire soucieuse d'un plan de l'expression qui lui soit propre. C'est en effet le rôle de la praxis énonciative, par typification et schématisation, que de produire ces formes sensibles immédiatement reconnaissables, les «praxèmes» (*cf.* l'essai «Praxis énonciative»), mais aussi d'assurer la cohérence d'un ensemble de «praxèmes» dans une culture historiquement et idéologiquement déterminée. Si une intentionnalité de l'usage est envisageable, comme le suggère Wittgenstein, ce ne peut être que dans le cadre d'une praxis orientée, affectant de manière cohérente un ensemble de «praxèmes».

## 3. CONFRONTATIONS

Du point de vue sémiotique, une forme de vie est à la fois une affaire de **cohérence** et une affaire de **congruence**.

Le « sens de la vie » est d'abord l'effet de **cohérence** d'un parcours où se révèle *a posteriori* un projet axiologique. C'est dire que le principe de la schématisation repose, en sémiotique, sur la possibilité de rendre sensible la cohérence d'une forme de vie grâce à la construction, par l'usage et les cultures, de dispositifs canoniques immédiatement reconnaissables, et entre autres, au cours d'une esthésie. C'est en ce sens que l'on pourrait dire que le schéma narratif est « beau » : comme cohérence, comme manifestation schématisée et donc sensible, donnant « image » du sens. La cohérence est donc plutôt syntagmatique, et assure l'**identité** du parcours.

La **congruence** concerne la mise en phase des sélections opérées à chaque niveau, c'est-à-dire des régimes. Une forme de vie, en effet, peut être caractérisée par un type d'équilibre ou de déséquilibre interne à la fonction sémiotique, par un type de médiation proprioceptive, par des rôles modaux, actantiels et passionnels, par des régimes d'objet... La mise en phase paradigmatique de ces directions procure un effet d'**individuation** de l'actant collectif comme de l'actant singulier. L'ensemble a pour effet la congruence et repose, comme nous l'avons suggéré, sur un principe de « commutation en chaîne ». Ainsi, dans bien des discours, l'aspect perfectif est souvent associé à l'obligation, et l'aspect imperfectif, comme valeur, « abandonné » à l'initiative individuelle : ne **faut**-il pas impérieusement, traditionnellement, **achever** ce que l'on **a commencé** ?

Dans ces conditions, la sélection de **tel** régime opéré à un niveau quelconque entraîne une chaîne de sélections congruentes sur les autres niveaux. L'ensemble apparaît bientôt comme cohérent sous réserve qu'une forme de vie identifiable prenne en charge l'intentionnalité de cette « commutation en chaîne ». De ce point de vue, la congruence des sélections et la cohérence globale de la déformation ainsi opérée deviennent la manifestation d'un projet de vie sous-jacent.

En outre, dans cette commutation en chaîne, elles modifient la forme du **champ de présence**, en ce sens qu'elles affectent obligatoirement les esthésies du sujet sensible. Nous considérerons donc les données suivantes (*cf.* l'essai « Présence ») : (i) l'organisation du champ de présence du sujet à partir d'un **centre** déictique ; (ii) l'identification des **limites** de ce champ de présence avec les horizons d'apparition et de disparition des figures perçues ; (iii) l'**extension** du champ mesurée par la distance entre les horizons et le centre déictique, c'est-à-dire sa **profondeur** ; (iv) enfin la **mobilité** des horizons.

Examinons seulement, pour faire bref, le cas de la **profondeur**. Celle-ci peut être mise en évidence par une forme de vie qui accordera son attention, autrement dit son accent, à l'extension du champ de présence, comme dans le cas de la poésie baudelairienne :

> « L'opium agrandit ce qui n'a pas de bornes,
>     Allonge l'illimité,
> Approfondit le temps, creuse la volupté,
>     Et de plaisirs noirs et mornes
> Remplit l'âme au-delà de sa capacité. »[11]

Les fluctuations du champ de présence concernent : (i) l'alternance entre la **visée**, qui ouvre le champ, et la **saisie**, qui le ferme; (ii) l'alternance entre l'**activation** du sujet (c'est lui qui vise ou qui saisit) et sa **passivation** (il est alors visé ou saisi par son environnement). Les variations de la profondeur du champ, qui peut être étendue ou restreinte, sont des effets de la syntaxe et du *tempo* relatif des saisies et des visées ; par exemple, par rapport à une visée qui, en se déployant, provoque l'extension du champ, si une saisie intervient rapidement, voire prématurément, la profondeur sera minime ; si elle intervient lentement et tardivement, la profondeur sera plus importante.

Les intersections formelles de ces variables entre elles caractérisent des types esthésiques, c'est-à-dire des morphologies du champ de présence déterminant et diversifiant le faire perceptif, morphologies qui vont servir de plan de l'expression pour un certain nombre de formes de vie reconnaissables. L'intersection des variables retenues aboutit aux formes de vie suivantes :

|        | Activation                       | Passivation                  |
|--------|----------------------------------|------------------------------|
| Visée  | *Sujet visant*<br>**la quête**   | *Sujet visé*<br>**la fuite** |
| Saisie | *Sujet saisissant*<br>**la domination** | *Sujet saisi*<br>**l'aliénation** |

Nous aimerions ajouter un commentaire succinct de chacune de ces positions :

(a) Avec la **quête**, un sujet vise et ouvre le champ en vue d'y englober une valeur qu'il pressent comme extérieure.

(b) Avec la **fuite**, un sujet qui est la cible d'une visée, dans un champ ouvert et en expansion, tente de s'en échapper.

(c) Avec la **domination**, un sujet saisit le monde, assure son **emprise** et fait valoir son efficience, son pouvoir ou son «charme» sur le champ qu'il referme.

(d) Avec l'**aliénation**, c'est le monde qui se saisit du sujet, l'absorbe et l'enferme, ou plus concrètement, le «séquestre».

Cette alternance de régimes permet de comprendre pourquoi un comportement qui apparaît seulement comme négatif sous un régime, peut être, de fait, positif sous l'autre régime. Ainsi, Greimas a accordé beaucoup de prix, dans son étude sur le «beau geste»[12], au caractère «créateur» de la négation : le «beau geste» du chevalier récuse le système d'échanges que la dame propose et ouvre une pluralité de possibles, mais en même temps il offre le spectacle d'une forme de vie autre que celle qu'on veut lui imposer, une forme de vie où les dangers encourus[13] ne sont pas à rémunérer, où l'élégance réside dans l'intransitivité même du procès. Ce faisant, il affirme donc, par cette commutation de régime, une visée pure et intransitive.

En outre, en raison de la dynamique propre à la configuration, le parcours complet est susceptible d'être décrit comme une succession d'**impulsions** (la quête et la fuite) et d'**arrêts** (la domination et l'aliénation), caractérisant directement la «respiration» et la prosodie de la profondeur perceptive, et indirectement, les différents styles narratifs associés à ces formes de vie (*cf.* l'essai «Présence», § Définitions syntagmatiques).

Si l'on admet que chaque «position» est déjà elle-même une tension entre l'ouvert et le fermé et, syntaxiquement parlant, entre l'extension et la rétention, il faudrait alors se représenter cette syntaxe comme venant informer un flux sous-jacent en concordance avec le principe de la modulation de la profondeur suggéré ci-dessus. Par exemple, si l'aliénation-séquestration interrompt très tôt l'ouverture inhérente à la quête, elle la transforme en **privatisation** : le sujet, encore enfermé dans l'aire étroite de son domaine immédiat, tente d'y circonscrire la valeur qu'il visait. L'exploration de ces variétés ne fait que commencer.

Mais surtout une forme de vie se définirait par son **degré** de complexité : elle serait **simple** si elle relève d'une seule configuration, **complexe** si elle subsume au moins deux configurations. Intuitivement, une forme comme l'avarice semble mettre en jeu à la fois la *quête* et la *domination*. Les formes de vie retenues dans ce réseau seraient donc absolues quand elles sont exclusives, intégrées quand elles sont associées à au moins une autre forme de vie. Bien que les dénominations soient toujours perfectibles, la «fuite en avant» conjuguerait la *quête* et la *fuite*; ainsi le libertinage, tel que le présente Molière dans *Don Juan*, d'une manière incompréhensible pour les autres protagonistes de la pièce, Sganarelle, Don Luis, Elvire et ses frères, ressortit bien à la «fuite en avant», puisque pour Don Juan, séduire et se défaire aussitôt de la femme séduite sont indissociables. La «dérobade» conjuguerait pour sa part la *fuite* et une forme affaiblie de l'*aliénation*; les programmes faisant appel au «piège», à la «ruse», opéreraient à la fois par *domination* dans un champ que le sujet s'efforce de tenir sous son emprise et par *aliénation*, puisque la clôture à laquelle il a contribué devient sa propre prison.

Ainsi les combinaisons de formes, que nous supposons simples, engendrent, elles aussi, des formes de vie qui sont reconnaissables comme «styles de comportement», individuels ou collectifs, et comme des représentations stabilisées de «philosophies du quotidien».

Les formes de vie sont aussi immédiatement connexes des effets de sens passionnels. En effet, tout comme les passions, elles comportent des rôles et des agencements modaux stéréotypés, auxquels sont associées des formes aspectuelles et tensives, ainsi que des axiologies. Elles s'en différencient par leur portée : les passions n'infléchissent que la dimension thymique des discours, alors que les formes de vie affectent toutes leurs composantes. Mais on pourrait néanmoins considérer, à titre d'hypothèse de travail, qu'une forme de vie s'organise autour d'une passion prototypique, comme, par exemple, la quête à partir de l'attente.

Plutôt que de nous demander, par une démarche aprioriste contestable, quelles sont les passions immanentes, nous partirons du couple formé par la saisie et la visée que nous considérerons, en vertu des corrélations qui associent les grandeurs tensives entre elles, comme des valences. La variation de l'intensité/extensité, pour la visée comme pour la saisie, engendrent des formes **toniques** et des formes **atones**; et la corrélation entre ces variations peut être **converse** ou **inverse**.

Quand la saisie et la visée évoluent de manière converse, la zone atone commune correspondrait à l'**ennui**, «fruit de la morne incuriosité» selon Baudelaire, et la zone tonique, au **bonheur**. Quand la saisie et la visée évoluent de manière inverse, si c'est la visée qui est tonique, on admettra être en présence de l'**attente**; si c'est la saisie qui prévaut, on aurait affaire, approximativement, à la **nostalgie**. Toujours pour Baudelaire :

«Je pense à la négresse, amaigrie et phtisique,
Piétinant dans la boue, et cherchant l'œil hagard,

Les cocotiers absents de la superbe Afrique
Derrière la muraille immense du brouillard. »[14]

Ce système des passions élémentaires, sous-jacentes aux formes de vie, peut être représenté ainsi :

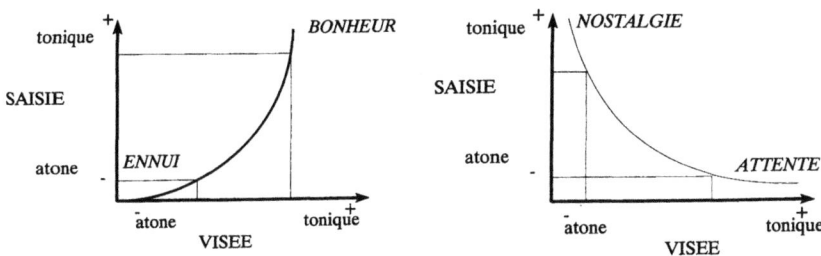

La description de ces configurations relance le problème, toujours délicat, de l'utilisation des lexèmes de la langue naturelle dans le métalangage. A partir des données avancées en 3.2, nous admettrons que le bonheur, l'ennui, l'attente et la nostalgie sont ici envisagés comme des **morphologies singulières** descriptibles selon : (i) le type de corrélation, converse ou inverse ; (ii) le statut de l'actant, visant ou visé, saisissant ou saisi ; (iii) la relation au champ de présence ; (iv) la distribution taxinomique des assertions et des négations.

Nous avons jusqu'ici considéré le **système** des passions élémentaires sous-tendant les formes de vie. Abordons maintenant ces mêmes passions du point de vue des **procès** : le modèle qui s'impose alors est celui-là même qui articulait, dans l'essai «Présence», la catégorie présence/absence, à savoir celui des modalisations existentielles. L'ensemble des quatre positions forme alors un carré qui peut être parcouru sous le contrôle des modes d'existence :

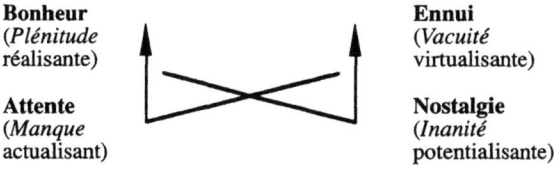

On obtient ainsi une **dynamique** des états d'âme sous-tendant les formes de vie, en mesure de rendre compte de leur tonalité propre. Cette dynamique est chargée de reconnaître les parcours possibles, c'est-à-dire les macro-syntagmes canoniques : passages progressifs entre le bonheur et la nostalgie, ou entre l'attente et l'ennui, grâce à la seule variation d'intensité de la **visée**; passages progressifs encore entre l'attente et le bonheur, ou entre la nostalgie et l'ennui, grâce à la seule variation d'intensité de la **saisie**; passages catastrophiques enfin, entre l'attente et la nostalgie, ou entre le bonheur et l'ennui, grâce au **renversement des corrélations** entre les valences de la visée et de la saisie. Notons au passage que le *tempo*, suspendu dans l'approche systématique, retrouve sa prérogative dans l'approche dynamique.

Cette remarque nous invite à examiner de plus près la relation qu'une forme de vie entretient avec sa **prosodie**. Les considérations sur la « base perceptive » des formes de vie ont inévitablement placé l'accent sur la spatialité. En concordance avec les hypothèses avancées dans l'essai sur la présence, la structure dirigeant les formes de vie semble la suivante :

**proche ⇔ lointain**

Chacune de ces figures est dépendante d'un opérateur : le lointain semble dépendre de l'ouverture, puisque toutes les formes de vie données comme extensives comportent le trait /ouvert/, dans l'exacte mesure où les formes de vie données comme rétensives aboutissent au trait /fermé/. Nous admettrons alors que l'ouverture des horizons du champ de présence est induite dans le sens [proche → lointain ], et la fermeture, dans le sens [lointain → proche].

Pour ce qui concerne le *tempo* et la temporalité, nous admettrons : (i) que le *tempo* a pour polarité majeure la tension entre le **vif** et le **lent**, justifiant dans un sens l'**accélération** et dans l'autre le **ralentissement**; (ii) que la temporalité est soumise à la tension entre l'**éphémère** et le **durable**, produisant dans un sens la « **pérennisation** », et, dans l'autre, l'« **évanescence** ». L'ensemble de ces tensions est engendré par la tension générale propre à la tonicité perceptive :

|  | Tonique | Atone |
|---|---|---|
| Spatialité | proche | lointain |
| Temporalité | éphémère | durable |
| Tempo | vif | lent |

Dès lors, les opérations identifiées à propos de chacune de ces trois catégories sont elles-mêmes homologables :

|  | [Tonique → Atone] | [Atone → tonique] |
|---|---|---|
| Spatialité | **ouverture** | **fermeture** |
| Temporalité | **pérennisation** | **évanescence** |
| Tempo | **ralentissement** | **accélération** |

Le choix de tel ou tel régime dans chacune des trois catégories indiquées dégage d'autres variétés de formes de vie. C'est ainsi que la forme de vie décrite par Tanizaki dans l'*Eloge de l'ombre* est sous l'influence du **ralentissement**. Tout y concourt : une architecture où la profondeur augmente l'obscurité (ouverture) et amenuise les percepts ; des textures matérielles où les couches emprisonnent le temps (pérennisation) et ralentit encore l'appropriation perceptive ; le refus de l'éclat, du net et du brillant, parce qu'éphémères, au profit du mat qui s'imprègne d'une lumière infime mais éternelle, emprisonnée dans la matière[15].

Chez Céline, en revanche, l'abjection projetée sur le monde naturel, qui le transforme en monde potentiellement en décomposition, donne la prévalence à l'**évanescence**, de sorte que, par exemple, le seul schéma narratif qu'on puisse déceler dans le *Voyage au bout de la nuit* est celui d'une dégradation attendue, qui procède non pas par inversion de contenu, mais comme la réalisation plus ou moins rapide d'une désémantisation potentielle, inhérente aux états de choses. Conformément aux homologations proposées ci-dessus, l'« évanescence » est obtenue par accélération d'une décomposition restée en suspens jusqu'alors[16].

Les formes de vie pouvant être considérées aussi bien en condensation qu'en expansion, on peut se demander si certaines d'entre elles ne seraient pas isomorphes de certaines figures de rhétorique. Ainsi, le beau geste semble bien l'homologue de l'**anacoluthe** dans la conception extensive proposée par R. Barthes :

« (...) l'anacoluthe (...) est à la fois brisure de la construction et envol d'un sens nouveau. »[17]

Dans ces deux morphologies, la survenue d'une visée vaut comme abrègement d'une saisie. De même, comment la recherche de la justesse étudiée par D. Bertrand éviterait-elle le rapprochement avec la **litote** et la **syncope**[18] ? Ce rapprochement entre les **figures de style** et les **formes de vie** semble, à première vue, plus que prometteur. En effet, tout comme les formes de vie se définissent comme des agencements congruents et cohérents de schémas sémiotiques, auxquels la schématisation globale qui les consolide procure une certaine esthétique, on pourrait dire du style qu'il est (i) une corrélation de corrélations, susceptible de rendre sensible la cohérence d'un ensemble de « procédés », et (ii) une motivation iconique et esthétique de l'intentionnalité sous-jacente à cet ensemble de procédés.

Dès lors, le style obéit aux mêmes règles qu'une forme de vie, l'un plutôt comme style de l'expression, l'autre plutôt comme « style du contenu », si on veut ; mais surtout, il est réglé de la même manière par la praxis énonciative : comme les formes de vie, les styles naissent, surprennent, caractérisent par leur récurrence un texte, une œuvre, une école ou une époque, et bientôt se figent en figures, et finalement meurent, en se confondant avec les formes les plus usées de la norme.

De même que la sociologie tente de mettre en place, à côté des « rôles sociaux », une typologie des « styles de vie », la sémiotique s'efforce, à côté des « rôles sémiotiques », d'explorer les « formes de vie ». L'une comme l'autre se trouvent confrontées à la difficulté suivante : la diversité des niveaux de pertinence, où se trouvent définis les « rôles », oblige à se poser la question, d'une part de leur coexistence en un point donné du parcours d'un sujet (la **congruence**), et d'autre part de leur compatibilité dans le parcours de ce même sujet (la **cohérence**). Du côté de la sociologie, cette diversité est représentée, par exemple, par la multiplicité des « réseaux » auxquels un même sujet peut appartenir à un moment ou à plusieurs moments de son existence ; ou encore par la diversité des systèmes de légitimation auxquels il peut se référer, ou, selon L. Boltanski, des différentes « cités » auxquelles il appartient[19]. Du côté de la sémiotique, cette diversité est celle des rôles actantiels, modaux, thématiques, passionnels et figuratifs, qui se rencontrent sous l'identité des mêmes acteurs. La notion de « style de vie » chez les uns, de « forme de vie » chez les autres, permet de faire signifier ensemble ces différents rôles, dans une perspective opératoire. Cette question peut être reformulée en termes d'« identité », comme il est proposé dans l'essai « Praxis énonciative ».

Pour le sociologue, les « styles de vie » permettent de déterminer, à travers l'ensemble des rôles adoptés par une classe d'individus, les principes de choix et de décision, en matière de consommation, de vote, de loisirs, etc., qui constituent l'homogénéité du groupe. Pour le sémioticien, les « formes de vie » permettent d'appréhender la globalité d'une pratique signifiante en rapport avec les choix axiologiques propres à un individu ou à une culture tout entière. La ressemblance s'arrête pourtant là, car la préoccupation axiologique ne débouche, pour le sociologue, ni sur une mise en phase congruente de l'ensemble des niveaux de pertinence de la description sociologique, ni sur le calcul des diverses positions assignables dans le système. Certes, le « style de vie » peut éventuellement être identifié par le sociologue à une « philosophie du quotidien », mais sans la dimension anthropologique et sans la perspective d'une esthétique de l'éthique, que comportent en revanche les formes de vie du sémioticien.

Maintenant, d'un point de vue plus général, si l'on admet que les « formes de vie » mettent en œuvre les différentes catégories de figures évoquées jusqu'alors, à savoir notamment le choix d'un centre au sein d'un champ de présence, de directions « centripètes » ou « centrifuges », la transposition de l'extension du champ ainsi déployé en valeur, et l'aveu de sa mobilité, comment ne pas reconnaître que dans le texte qui suit, E. Cassirer, une fois encore, résume les pré-conditions à partir desquelles telle forme de vie formule, à la fois contre et comme toutes les autres, un « sens de la vie » :

> « La construction du monde perceptif a pour condition l'organisation interne de l'ensemble des phénomènes sensibles, autrement dit la création de certains centres auxquels on se réfère et sur lesquels on oriente et dirige en quelque sorte cet ensemble. On peut suivre la formation de tels centres dans trois grandes directions distinctes : elle est requise pour l'ordonnance des phénomènes tant au point de vue de la 'chose' et de la 'propriété' qu'à celui de la contiguïté spatiale et de la succession temporelle. Il s'agit toujours, en réalisant et en instaurant ces ordres, d'interrompre d'une manière ou d'autre le flux de la série uniforme des phénomènes pour en dégager certains 'points privilégiés'. »[20]

Relativement à son devenir, une forme de vie est une grandeur périssable, sensible aux usages, à leur apparition et à leur disparition. Mais il semble que leur disparition n'aille pas sans reste : si leur dimension esthétique disparaît, demeure néanmoins la dimension éthique, immanente à la **nostalgie** qui prend corps, comme par exemple la nostalgie de la « grandeur » d'un siècle où le libertin et l'ascète se mesuraient l'un à l'autre, comme dans le troisième acte de *Don Juan*. Quant à l'émergence d'une forme de vie, elle restaure l'esthétique du sens de la vie, à partir d'un fond informe et néanmoins normatif qui est le lot quotidien. C'est le cas de l'absurde, du beau geste, du cynisme, du piège, qui mettent en échec la fiducie généralisée sur laquelle repose la sociabilité, ou de la marginalité, qui accuse l'étouffante grégarité ; elles ne sont reconnues comme formes de vie authentiques que parce qu'elles se présentent comme la négation esthétisée des formes figées sur le fond dont elles se détachent. Une forme de vie se présente toujours en discours comme une cohérence naissante élevée contre l'incohérence établie.

## NOTES ET RÉFÉRENCES BIBLIOGRAPHIQUES

[1] L. Wittgenstein, *Investigations philosophiques*, 1964 [1952], §23, p. 125.
[2] A.J. Greimas & J. Courtés, *Sémiotique 1. Dictionnaire raisonné de la théorie du langage*, Paris, Hachette, p. 157-160.
[3] A.J. Greimas & J. Courtés, *Sémiotique 1*, *op. cit.*, p. 245.
[4] *Ibid.*, p. 244, souligné par nous.
[5] Sur la singularité du modèle proppien, voir Cl. Zilberberg, «Le schéma narratif à l'épreuve», *in Protée*, *op. cit.*
[6] A. Camus, *L'homme révolté*, Paris, Gallimard, 1954, p. 325.
[7] *Cf.* A.G. Greimas & J. Fontanille, «Le beau geste», *op. cit.*
[8] Ch. Baudelaire, *La peinture de la vie moderne*, in *Œuvres complètes*, Gallimard, La Pléiade, 1954, p. 906-907.
[9] *Op. cit.*, p. 907.
[10] E. Landowski, *La société réfléchie*, Paris, Seuil, 1989, p. 113-136.
[11] Ch. Baudelaire, *op. cit.*, p. 122.
[12] Voir note 7.
[13] Le chevalier est descendu dans la fosse aux lions pour y chercher un gant que la dame y avait laissé tomber, et il refuse ensuite les avances qu'elle lui fait en guise de remerciement.
[14] *Op. cit.*, p. 159.
[15] *Cf.* J. Fontanille, «Le ralentissement et le rêve», *op. cit.*
[16] *Cf.* J. Fontanille, «Le schéma de la peur : phobie, angoisse et abjection dans *Voyage au bout de la nuit* de Céline», *Kodicas*, 16, 1/2, Tübingen, Gunter Narr, 1994.
[17] R. Barthes, «La voyageuse de nuit», *in* Chateaubriand, *La vie de Rancé*, Paris, 10/18, 1965, p. 15.
[18] D. Bertrand, «La justesse», *R.S.S.I.*, *op. cit.*
[19] L. Boltanski, «Agir et vivre en commun», entretien avec L.Boltanski, *Sciences humaines*, 5, mai-juin 1994, p. 13-15.
[20] E. Cassirer, *La philosophie des formes symboliques*, tome 3, *op. cit.*, p. 250.

# Modalité

## 1. RECENSION

La recension de toutes les contributions à la connaissance du phénomène modal, si elle devait être exhaustive et détaillée, occuperait toute l'étendue de cet essai. On se limitera d'une part à un bref panorama des disciplines qui s'en sont occupé, et d'autre part à un rappel des principales étapes de l'élaboration d'une théorie des modalités en sémiotique.

Les modalités sont d'abord l'objet de la linguistique, qui les définit comme des prédicats qui surdéterminent d'autres prédicats. L'approche morpho-syntaxique, qui les traitait comme des «semi-auxiliaires» est aujourd'hui en grande partie abandonnée, d'un côté parce qu'elle avait quelque peine à faire la différence entre les semi-auxiliaires modaux et aspectuels, et de l'autre parce qu'elle ne permettait pas de définir clairement les frontières de la catégorie (que faire de «tendre à» ou de «parvenir à» en français, par exemple?). L'approche contemporaine est plutôt sémantique[1] et assigne aux modalités le rôle d'«exprimer la position de l'énonciateur par rapport à son propos»[2]. Cette évolution est corrélative d'un changement de perspective, puisque la conception morpho-syntaxique est purement énoncive (la modalité doit prendre place parmi les parties du discours et parmi les fonctions syntaxiques), alors que la modalisation relève aujourd'hui très généralement de la linguistique énonciative.

Elles sont aussi l'affaire de la logique qui, achoppant à décider de la valeur de vérité de certaines propositions en termes de vérité et de fausseté, choisit de les appréhender sous l'angle aléthique, déontique, épistémique, etc. La prise en compte des modalités entraîne, en logique, à la fois un affaiblissement et un raffinement de la théorie de la référence, puisqu'apparaît alors, entre la proposition et l'état de choses auquel elle réfère, une médiation modale diversifiée et hiérarchisée : c'est ainsi qu'on est conduit, par exemple, à se demander comment les modalités aléthiques (le nécessaire et le contingent) peuvent conditionner les modalités épistémiques (le certain et le plausible). Elle ouvre enfin la porte des mondes possibles, pour rendre compte de la diversité des modes de référence, et aussi celle de la subjectivité, dans la mesure où ces grandeurs qui font le lien entre les propositions et les états de choses peuvent être comprises comme des « états d'âme ».

Sous le double patronage de la linguistique et de la logique, la théorie des modalités apparaît d'abord en sémiotique comme une reformulation du schéma narratif, chaque étape du parcours pouvant être caractérisée comme l'acquisition ou la mise en œuvre d'une modalité : vouloir-faire et devoir-faire, savoir-faire et pouvoir-faire. La généralisation de l'analyse modale à l'ensemble de la prédication narrative (la performance devient le faire-être, la manipulation, le faire-faire, et la véridiction, le paraître-être) a permis une reformulation globale de la théorie narrative, et a mis en évidence, en particulier, le caractère spécifique et relatif du schéma narratif canonique, qui n'apparaissait plus à cet égard que comme reposant sur une des séquences modales possibles. La généralisation de la théorie modale comporte à la fois une dimension épistémologique, dans la mesure où on peut homologuer le parcours modal avec un parcours d'une très grande généralité, celui des modes d'existence sémiotique, et une dimension méthodologique, grâce aux procédures comme les confrontations (A.J. Greimas) ou l'établissement des dimensions, des isotopies et des suites modales (J.-Cl. Coquet) qui ont en quelque sorte procuré les outils d'une « méthode modale ».

Le mouvement de généralisation s'est ensuite poursuivi en plusieurs directions, dont quatre particulièrement marquantes.

Pour J.-Cl. Coquet[3], le statut du discours tout entier, et pas seulement de sa dimension narrative, défini à partir de ses instances énonçantes et des prédicats qui les caractérisent, dépend de la modalisation : la typologie des instances énonçantes repose alors sur le nombre de modalités impliquées dans la prédication, en une série qui est hiérarchisée et cumulative (P0, P1 : savoir ou pouvoir, P2 : savoir et pouvoir, P3 : avec méta-vouloir ou P4 : avec devoir).

Pour Cl. Zilberberg[4], la modalisation s'étend jusque et surtout dans l'espace tensif : partant de l'idée que le plan du contenu est isomorphe du plan de l'expression, il explore les effets d'une projection de catégories empruntées à la phonologie comme, par exemple, tension/laxité ou diffus/compact, sur les grandes dimensions du contenu, que sont l'actance, la jonction, le temps, l'espace, le cognitif, etc. Les modalisations prennent alors l'aspect de modulations d'un continuum tensif.

P.A. Brandt propose une généralisation de la théorie modale[5] sous trois conditions principales : (i) les modalités sont engendrées comme des déformations topologiques de potentiels qui schématisent des conflits de forces et des seuils; (ii) si on suppose que les entités qu'elles affectent sont intrinsèquement «nerveuses» et «turbulentes», la modalisation devient alors co-extensive au champ sémiotique tout entier, schématisé grâce aux catastrophes élémentaires; (iii) la théorie du «contrôle» (l'épistémique contrôle l'aléthique, qui contrôle lui-même les états; le déontique contrôle l'ontique; etc.) permet d'envisager de manière explicite — dans une conception très proche des hiérarchies modales de la logique ou de la linguistique — la conversion des modalités les unes dans les autres, et, par conséquent, la syntaxe inter-modale.

A.J. Greimas et J. Fontanille[6], enfin, montrent comment une théorie des passions est envisageable à partir d'une conception des modalités articulée sur la tensivité et l'aspectualité. La généralisation opère ici en ce sens que (i) si toute la syntaxe narrative et discursive repose sur des enchaînements de modalités, et si (ii) toute combinaison modale est susceptible de produire des effets de sens passionnels, sous certaines conditions, alors la question de la passion ne se présente plus comme complémentaire de celle de l'action, mais comme un autre point de vue épistémologique, et peut-être comme le symptôme d'un nouveau paradigme.

## 2. DÉFINITIONS

### 2.1. Définitions paradigmatiques

La centralité de la théorie des modalités et l'abondance des travaux qui en ont découlé, au lieu de simplifier leur définition, la compliquent singulièrement. Pour ce qui concerne le point de vue paradigmatique, une fois admise la définition générale de la modalité comme «prédicat déterminant un autre prédicat », la question reste entière de déterminer aussi bien la compréhension que l'extension de cette notion. Si l'on suit A.J. Greimas dans *Sémiotique I*, ou P.A. Brandt dans *La charpente modale du sens*, la syntaxe tout entière, à l'exception des états, est modale, puisque *faire* et *être* peuvent eux-mêmes fonctionner comme des modalités. C'est dire qu'il n'y aurait que deux manières de saisir les états : en eux-mêmes, c'est-à-dire insignifiants, d'une part, et en tant qu'ils sont transformables, et par conséquents modaux et signifiants, d'autre part. La signification, d'un point de vue syntaxique, se confondrait alors avec la modalisation. Nous examinerons ce point dans les définitions syntagmatiques étendues.

Mais une telle généralisation crée d'emblée une difficulté pour la définition paradigmatique des modalités, aussi bien du point de vue de l'**effectif** de la catégorie que du point de vue des **traits distinctifs** qui en fondent la typologie. En principe, la plupart des auteurs déclarent procéder déductivement, indépendamment des lexèmes modaux de la langue naturelle qu'ils utilisent, mais, de fait, bien peu ne font autre chose que justifier (en la schématisant) la table des modalités dites « de base » : *savoir, pouvoir, vouloir, devoir* & *croire*.

Examinons pour commencer les différents paramètres retenus, et leurs conséquences sur le schéma de la catégorie modale, et sur le nombre de ses termes.

Dans *Sémiotique I*[7], les modalités sont engendrées à partir de deux paramètres : les modes d'existence (virtuel, actuel, réel) et les relations entre le sujet du prédicat modal et celui du prédicat modalisé (relation transitive-exogène ou réflexive-endogène). Nous proposons ici-même (*cf.* essai « Présence ») une organisation différente des modes d'existence, qui nous semble plus conforme aux usages attestés de leurs dénominations respectives ; mais cela n'entraîne pas de modification dans la distribution des modalités, dans la mesure où elle paraît toujours intuitivement valide. On obtient une table à six cases :

|  | modalités virtualisantes | modalités actualisantes | modalités réalisantes |
|---|---|---|---|
| modalités exogènes | DEVOIR | POUVOIR | FAIRE |
| modalités endogènes | VOULOIR | SAVOIR | ETRE |

L'effectif est dans ce cas de six modalités, et leur définition est positionnelle, dans un réseau qui repose déjà sur les étapes d'un parcours syntaxique. Mais on n'échappe pas ici à la liste des lexèmes modaux de la langue française.

Dans *Sémiotique des passions* (*op. cit.*, p. 44), les modalités dites «de base», c'est-à-dire appartenant toujours à la même liste lexicale étroite, sont engendrées à partir des variétés de la tension, projetées sur un carré sémiotique, chaque position définissant un type de modulation tensive :

Contensif       Extensif
(modul.        (modul.
ponctualisante      cursive

Rétensif        Détensif
(modul.        (modul.
clôturante       ouvrante

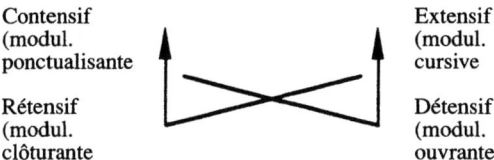

Chaque modalité est alors obtenue par sélection d'un type de modulation : la ponctualisation du devenir — c'est-à-dire en somme sa neutralisation en un pur délai — sous-tend le «devoir»; l'ouverture est en revanche caractéristique du «vouloir», dans la mesure où il donne libre cours à d'autres possibles, voire à des bifurcations et à une réorientation du devenir; le «pouvoir» ayant pour tâche de soutenir le cours d'une orientation déjà engagée, et de lui permettre de rencontrer sans déviation les obstacles et les contre-programmes, il sera considéré comme un produit de la modulation «cursive» : la clôture, enfin, provisoire ou définitive, est nécessaire à la mesure, à la saisie, voire à l'évaluation du parcours accompli, et elle sous-tendrait en cela le «savoir».

Le progrès réalisé par rapport à la combinatoire initiale est double : d'une part, la typologie modale est isotope, car elle est fondée sur une seule catégorie, celle issue de la discrétisation des modulations tensives, et d'autre part, elle laisse entrevoir la nature des opérations syntaxiques qui permettent de passer d'une modalité à l'autre : des opérations portant sur la modification des équilibres internes de la tensivité, c'est-à-dire, conformément à notre hypothèse générale, de l'interaction et de l'équilibre entre l'intensité et l'extensité.

L'inconvénient majeur réside, bien entendu, dans la réduction (provisoire) de l'effectif à quatre positions : c'est le prix à payer pour une interdéfinition isotope.

Les propositions de P.A. Brandt, dans *La charpente modale du sens* et dans «The dynamics of modality : a catastrophe analysis»[8] vont plus loin dans cette direction, puisque l'utilisation de la catastrophe élémentaire schématisée par le *cusp* autorise deux déploiements nouveaux de la catégorie : d'une part, chaque type modal peut être décliné en deux versions : une «O-Topologie», centrée sur l'objet (par exemple, la modalisation aléthique), et une «D-Topologie», centrée sur l'instance de décision (par exemple, la modalisation épistémique); d'autre part, chaque catégorie modale, schématisée par un cusp, peut être déclinée à la fois en des positions discrètes (comme, par exemple, *devoir être* et *ne pas devoir être*) et en des positions graduelles, comme la série française «il peut», «il pourrait», «il devrait», etc.

On peut à bon droit, au vu des lexicalisations retenues en français et en anglais (*can, may, might, should, would...*) se demander si les degrés ne sont pas, de fait, le résultat de modalisations superposées, ajoutées par couches successives lors de l'énonciation du procès. En ce cas, l'effet de modulation continue, entre les deux seuils du cusp, ne serait pas dû aux propriétés tensives intrinsèques d'une catégorie modale, mais résulterait plutôt, à première vue, de la complexification discursive produite par la surdétermination progressive (y compris par le mode verbal) du prédicat modal.

Globalement, la définition des modalités repose en somme sur un réseau de paramètres hétérogènes dont il convient de préciser le domaine de validité :

1) Les paramètres tensifs (A.J. Greimas et J. Fontanille, Cl. Zilberberg), ainsi que la schématisation topologique des différences de potentiel modaux (P.A. Brandt) procurent une définition tensive, la modalisation étant alors rapportée à un champ perceptif articulé par des intensités et des extensités variables et conflictuelles.

2) Le caractère transitif ou réflexif (A.-J. Greimas et J. Courtés) ajoute à la définition l'orientation actantielle impliquée dans la prédication modale.

3) Les modes d'existence (A.J. Greimas et J. Courtés) assurent l'homogénéité avec le parcours épistémologique de l'élaboration du sens, soulignant ainsi le rôle des modalités dans la quête du sens par les sujets.

4) La schématisation par le *cusp* permet de rapporter à un même espace topologique plusieurs strates de modalisation, mettant ainsi en lumière la distribution des contenus modaux entre les zones d'évolution graduelle, et de part et d'autre des seuils de transformation discrète.

Cette ébauche de synthèse met en évidence l'étendue du domaine de pertinence de la modalisation, (i) comme modulation des effets intentionnels associés à l'établissement d'une deixis perceptive, (ii) comme régulation de la communication interactantielle, (iii) comme médiation vers l'actualisation et la réalisation des univers sémiotiques, que ce soit en termes de modes d'existence, chez Greimas, ou de hiérarchie entre des espaces de contrôle, chez Brandt.

L'effectif de la catégorie modale dépend, de fait et de droit, du niveau d'articulation retenu : limité à quatre seulement dans les définitions isotopes, qui ne retiennent qu'un seul paramètre à la fois, l'effectif peut monter à six, huit ou plus, dès que cette contrainte est levée et que la typologie entrecroise plusieurs paramètres;... et même devenir illimité quand le réseau définitionnel tout entier est convoqué. L'organisation interne de la catégorie en découle : du carré sémiotique qui prévaut dans le premier cas, on passe à un réseau dans le deuxième, et enfin à une schématisation catastrophiste dans le troisième.

## 2.2. Définitions syntagmatiques

### 2.2.1. Définitions syntagmatiques restreintes

Plusieurs des traits convoqués pour la définition paradigmatique impliquent, de fait, des propriétés syntaxiques des modalités. Nous les évoquerons au fur et à mesure de l'exposé.

La première propriété syntaxique est de type narratif, et repose sur la présupposition : étant donné un sujet narratif conçu comme un pur opérateur de transformation, la logique des présuppositions conduit à lui affecter les attributs nécessaires à ces opérations; il s'agit alors de donner un statut sémio-linguistique et non pas psychologique, à ces «capacités» et ces «pré-requis» indispensables au faire. Pour cela, la sémiotique s'est tournée vers la notion linguistique de «modalité», qui désigne la classe de prédicats qui permettent, comme nous l'avons rappelé ci-dessus, de saisir les autres prédicats (les prédicats de base, ceux de l'être et du faire), non pas dans la perspective de leur accomplissement, mais **dans la perspective des conditions nécessaires à leur accomplissement**. Cette notion permettait, en outre, de donner un contenu sémantique explicite et calculable aux «épreuves qualifiantes» et aux péripéties liées à l'apparition des adjuvants et des opposants, reconnues par ailleurs empiriquement dans l'analyse des récits.

Dans la mesure où les modalités traduisent des conditions et des qualifications préalables au faire, favorables ou défavorables, elles constituent en effet une reformulation plus abstraite et plus facilement généralisable des rôles d'«adjuvant» et d'«opposant», issues des travaux de V. Propp, et qui ont été considérés pendant quelque temps comme des actants narratifs au même titre que les autres. De fait, elles traduisent l'«être» du sujet narratif, que cet être soit manifesté par un seul acteur ou par plusieurs, simultanément ou successivement; elles ne peuvent donc être mises sur le même plan que les actants narratifs proprement dits, puisqu'elles en sont des déterminations. Les rôles dits « adjuvant » et « opposant » ne sont alors que des accidents superficiels (réalisés sous la forme de figures actorielles particulières) de la procédure beaucoup plus générale de la modalisation des actants narratifs, qui accompagne leur immersion dans un espace tensif et agonal, où programmes et contre-programmes se présupposent toujours les uns les autres.

Les modalités du faire sont donc les présupposés et les déterminants du faire. En tant que telles, elles obéissent en tous points aux règles de la présupposition, puisque, dans un énoncé comme « Jean veut danser », le prédicat « danser » peut être suspendu ou nié sans que la modalité « vouloir » en soit affectée, alors que l'inverse n'est pas automatiquement vrai. De fait, la règle de présupposition strictement appliquée ne caractérise qu'une classe d'énoncés et de récits, stéréotypée et idéale. Dans bien des cas, en effet, c'est parce « Jean ne veut pas danser », et qu'il dansera **quand même**, qu'il y a récit : il dansera, soit parce qu'un *devoir* ou un *ne pas pouvoir ne pas faire* de force supérieure neutralisera son *vouloir* négatif, soit parce qu'il se résoudra de lui-même (*ne pas vouloir ne pas faire*) à danser.

C'est dire que bien peu de combinaisons modales sont incompatibles avec le déploiement narratif, et que les « présuppositions » qui lient le faire à la compétence modale sont la plupart du temps pour le moins paradoxales. L'exploration des corrélations entre compétence modale et performance n'a, de fait, pas même été commencée; on y rencontrerait aussi bien (i) l'**implication** (si *vouloir*, *savoir*, *pouvoir*, alors *faire*) que (ii) la **concession** (bien que *vouloir*, *savoir*, ..., cependant *ne pas faire*; ou malgré *ne pas savoir, ne pas vouloir,* cependant *faire*).

La présupposition narrative est une opération rétrospective, projetée sur un lien plus ou moins nécessaire entre une compétence et une performance, ou entre deux compétences de rang différent, et elle peut avoir pour corrélats prospectifs deux opérations bien différentes : l'implication et la concession. La concession est une alternative à l'implication, quand le lien entre compétence et performance n'est plus nécessaire, mais impossible ou contingent. La forme implicative est sans doute la plus étudiée, mais aussi la moins propre à retenir l'attention d'un narrataire, dans la mesure où la force du lien de nécessité crée, dans une aire culturelle déterminée, une attente et une prévision très contraignantes : par exemple, « s'il veut, il peut » laisse peu de place pour la surprise; en revanche, la forme concessive, qui met en jeu des confrontations et des conversions modales complexes, est parmi les plus riches en rebondissements et en effets passionnels, dans la mesure où elle remet en question la cohérence du parcours syntaxique. En d'autres termes, l'implication serait de l'ordre du **devenir**, et la concession, du **survenir** (*cf.* l'essai «Devenir»). De ce point de vue, l'implication et la concession, catalysables en droit à partir de toute structure syntaxique complexe (associant deux énoncés au moins), apparaissent comme les opérateurs discursifs de la schématisation (*cf.* essai «Schéma»).

Que l'on compare par exemple la configuration de la «sanction pragmatique» par punition, à celle du «pardon» : la première, telle que Greimas la décrit dans son *Maupassant*[9] repose sur une implication : **si** les deux amis sont des espions, **alors** ils seront exécutés ; pour prouver qu'ils ne le sont pas, ils doivent donner le mot de passe, ce qui entraîne la reformulation suivante : **si** les deux amis ne donnent pas le mot de passe, **alors** ce sont des espions, **alors** ils seront exécutés. L'implication est ici en outre surdéterminée par la véridiction, et par la «réinterprétation» (dans les termes de Greimas) que l'actant dominant est en mesure d'imposer.

La seconde, celle du pardon, est plus particulièrement décrite par Eco & Violi[10]; elle associe dans un même syntagme un «S1 should be punished» et un «S2 not punish S1» : pour Eco, l'implication **si... alors** continue à fonctionner si on suppose que les deux énoncés appartiennent à deux moments différents et renvoient à deux scénarios différents : admettons qu'il faille un certain temps pour changer d'avis (et de scénario), mais il n'en reste par moins que la structure syntaxique linguistique (et non logique) est celle d'une concession (**malgré** «S1 should be punished», **cependant** «S2 not punish S1») et pas celle d'une implication (**\*si** «S1 should be punished», **alors** «S2 not punish S1»). On voit bien que la formulation implicative, ou bien est contre-intuitive, ou bien renonce à toute portée explicative, et se repose entièrement pour cela sur des conditions additives (en l'occurrence, pour Eco, temporelles et encyclopédiques).

L'alternance entre implication et concession peut être comprise comme un renversement de la corrélation entre deux valences : dans le cas de la sanction ordinaire, plus la faute est grande, plus le châtiment est important (corrélation converse) ; dans celui du pardon, plus la faute est grave, plus le pardon est grand (corrélation inverse). Cette remarque éveille l'écho de vieilles discussions juridiques et morales, sur la proportionnalité du châtiment ou du pardon, mais elle est aussi lourde d'implications sémiotiques : elle supposerait (i) que les modalités (ici, des « devoir faire ») sont graduables et (ii) que cette conversion en valences corrélées accompagne (précède ? suit ?) l'apparition des évaluations axiologiques des positions modales. Nous y reviendrons bientôt.

Il est vrai que d'un point de vue de sémantique lexicale (le lexème ou la notion de « pardon » présupposent que quelque chose soit à pardonner), tout comme, d'un point de vue sémio-pragmatique, le « pardon » **présuppose** que quelqu'un doive être puni ; l'acte de pardon, en effet, n'a de sens que si une faute a été commise : que le châtiment attendu soit appliqué ou pas, la faute reste commise. De fait, la présupposition n'est que l'effet de sens logico-formel de la corrélation tensive des valences ; mais c'est le sens de la corrélation entre les deux valences modales qui permet de dire s'il y a, conséquemment, châtiment ou pardon. En effet, dans la conception purement logique de la présupposition (issue de la logique propositionnelle), l'actualisation du présupposant (je châtie ou je ne châtie pas) serait strictement aléatoire, et ne permettrait pas de distinguer le châtiment et le pardon, et encore moins de reconnaître à chacun d'eux une intentionalité propre, alors que la corrélation tensive procure à chaque cas de figure sa signification différentielle.

Si le mécanisme des structures syntaxiques implicatives peut être considéré comme connu, l'avenir de la recherche, comme on le pressent à travers cette ébauche de discussion, nous semble plutôt du côté des structures concessives.

Les enchaînements syntaxiques de modalités ne se présentent donc pas comme le déploiement des structures modales (conçues comme des carrés modaux produisant chacun leurs propres enchaînements de négations et d'assertions), mais comme des syntagmes hétérotopes et hétérogènes, ou sont liés par présupposition, par implication ou par concession, des séquences de rôles modaux. Pour caractériser ces nouvelles configurations, syntagmatiques et hétérotopes, de nouvelles dénominations ont été proposées : « suites modales », « dispositifs modaux », « rôles modaux », selon qu'on met l'accent, respectivement, sur l'arrangement séquentiel, sur la combinaison d'ensemble ou sur l'identité modale transitoire du sujet. Quels que soient le point de vue ou la dénomination, l'essentiel, en l'occurrence, est dans la capacité de ces agencements modaux, du fait même de leur hétérogénéité, à produire des effets de sens passionnels : une passion-effet de sens sera toujours analysable comme une suite de rôles modaux réalisant progressivement un certain dispositif, dans une quête de la cohérence et de l'identité de l'être du sujet.

## 2.2.2. *Définitions syntagmatiques étendues*

Par ailleurs, les recherches sur l'identité modale des sujets, développées non plus dans les limites de l'énoncé narratif élémentaire (au niveau sémio-narratif) ou du prédicat (au niveau discursif), mais dans celles, plus étendues, du programme narratif et du procès discursif — celles de J.-Cl. Coquet, entre autres —, montrent que les transformations modales de l'être donnent lieu elles aussi à des programmes, à des parcours autonomes qui peuvent être considérés en eux-mêmes, indépendamment de la quête des objets de valeur. L'histoire modale des sujets, caractérisant les transformations de leur «être» discursif, se développe comme un parcours complémentaire et parallèle par rapport à la quête des valeurs dites «descriptives».

La possibilité d'une quête d'identité suppose que l'objet visé puisse être un certain «dispositif» modal, défini indépendamment des axiologies descriptives et, par conséquent, compatible ou incompatible avec elles. On supposera alors que le sujet ne vise pas seulement les objets modaux en tant que conditions nécessaires pour l'obtention des objets de valeur proprement dits, mais, au contraire, que la quête des objets de valeur devient à la limite le prétexte pour la construction d'une identité modale. Plus précisément, quand l'isotopie du discours se fonde sur la récurrence du rapport aux objets de valeur, la recherche des compétences modales qui l'accompagnent est d'ordre secondaire (de l'ordre des programmes dits d'«usage»). Mais, en revanche, si l'isotopie du discours repose sur la quête récurrente d'un même type de modalisation (par exemple le pouvoir), quels que soient les objets de valeurs concernés par ailleurs, alors il est clair que le sujet discursif est sémantisé par un certain dispositif modal, qui définit l'identité modale qu'il vise, et non par les axiologies descriptives qu'il rencontre.

Cette possibilité d'une «histoire modale des sujets» ouvre donc la porte à un autre type de narrativité, complémentaire et en partie autonome, fondé sur une sorte de «projet d'accomplissement» de l'être du sujet. Cet autre type de narrativité a été exploré progressivement sous la forme de «dimensions»: dimension cognitive, dimension fiduciaire, dimension thymique, entre autres. C'est en partie sur cet arrière-plan que s'édifie la théorie des passions en sémiotique.

Mais se pose immédiatement la question des relations à établir entre la quête des valeurs descriptives, et la quête de l'identité: comment les sujets se construisent-ils, en termes de modalités, tout en poursuivant des objets de valeurs et en se reconnaissant dans des axiologies «descriptives»? A cet égard, deux types de réponses peuvent être envisagées: la première consiste à homologuer au moins partiellement les « valeurs-types » avec les valeurs modales, de sorte que les deux parcours puissent être considérés comme fondés sur les mêmes **valences**; la seconde consiste à examiner la possibilité de fonder une typologie des valeurs descriptives sur celle des valeurs modales.

Les valeurs-types sont définies dans l'essai « Valeurs » à partir de la tension entre l'**intensité** et l'**extensité**, et l'opposition de base qui en résulte, « valeurs d'absolu/valeurs d'univers », est homologue de l'opposition « intense/extense »; les valeurs d'absolu se caractérisent non seulement par leur « intensité », mais aussi par leur caractère fermé, exclusif et singularisant ; les valeurs d'univers, outre leur « extensité », se caractérisent par leur caractère ouvert, participatif et pluralisant. Le trait « ouvert/fermé » intéresse, de fait, la manière dont les valeurs investissent et structurent le champ de présence du sujet sensible. Or les auteurs de *Sémiotique des passions* ont proposé, justement, de reconnaître dans les modulations tensives du devenir (ouvrante, clôturante, cursive et ponctualisante) les premières articulations préfigurant les modalités, sur le principe évoqué plus haut.

De ce point de vue, la catégorie tensive « ouvert/fermé » serait donc commune à la fois aux valeurs-types descriptives et aux valeurs modales de base. Mais on peut souhaiter examiner plus précisément dans quelle mesure la corrélation « intense/extense » structure l'ensemble des modalités. Quelle que soit la modalité prise en compte, dès lors qu'elle est considérée comme une valeur et pas seulement comme un fragment de compétence et un simple présupposé du faire, elle obéit à la même loi que les valeurs descriptives. Comme nous le rappelle opportunément l'adage populaire « Qui trop embrasse, mal étreint », toute valeur modale qui augmente en extensité perd en intensité, dans la mesure où elle fragmente et disperse cette dernière ; vouloir trop de choses, c'est les vouloir plus faiblement ; un pouvoir qui s'étend est un pouvoir qui se dilue, etc.

Le cas du savoir est particulièrement intéressant, puisque les deux régimes lui sont appliqués de manière très contrastée : s'il est considéré uniquement sous l'angle de la compétence (accumulation de connaissances ou de savoir faire), la corrélation entre extensité et intensité est converse : un savoir étendu est un savoir supérieur ; mais, dès qu'il est considéré comme une valeur, susceptible notamment de fonder un projet de vie, de caractériser l'identité d'un sujet, la corrélation s'inverse : le savoir étendu devient un savoir superficiel, et la restriction du champ de connaissance permettra par exemple d'y projeter les systèmes axiologiques de la «spécialisation» ou de l'«érudition», bientôt dépréciées comme «vaines», au nom de l'autre valence (l'extensité).

Quant au croire, il obéit lui aussi à cette distinction : considéré comme simplement nécessaire au faire, son extension ne nuit en rien à son efficacité; mais dès que le croire est soumis à une évaluation axiologique, la corrélation s'inverse encore : croire à tout, c'est être crédule, et, par conséquent, c'est faire preuve d'une foi dévaluée, diluée et affaiblie; le paradoxe du crédule, c'est justement qu'on ne peut plus lui faire confiance, dans la mesure où ses croyances ne sont pas sélectives. Mais inversement, celui qui croit à la fois trop intensément et trop sélectivement se voit vite reprocher son «sectarisme» ou son «fanatisme», au nom de l'extensité.

Le propre des modalités purement «instrumentales», dévouées au faire, est donc de n'obéir à aucune corrélation, d'échapper par discrétisation à la tensivité; en revanche, les valeurs modales, qui nous intéressent plus particulièrement maintenant, supposent une corrélation tensive, inverse ou converse, qui installe une différence de potentiel entre les deux valences, et c'est pourquoi l'évaluation des modalités favorise souvent la concentration modale et déprécie corrélativement la dilution et la dispersion, mais aussi parfois, sanctionne la restriction et la sélectivité.

La seconde réponse nous est suggérée en substance par Jean-Marie Floch dans ses recherches sur les valeurs de la société de consommation[11]. Il propose en effet de distinguer quatre types de valeurs susceptibles d'articuler la communication sur les produits de consommation : valeurs *mythiques*, *ludiques*, *techniques* et *pratiques*. Ces différents types de valeurs descriptives reposent en fait sur des modalisations dominantes : le pouvoir-faire sous-tend les valeurs «pratiques», le savoir-faire, les valeurs «techniques», et le vouloir-faire, les valeurs «ludiques», et le croire, au vu des exemples fournis par J.-M. Floch, sous-tendrait les valeurs «mythiques». L'inventaire modal est incomplet, mais peu importe, car c'est le principe sous-jacent que nous voudrions retenir : dans la perspective adoptée par J.-M. Floch, les modalités sont tout d'abord caractéristiques du producteur (en l'occurrence, l'entreprise ou la marque); la technicité, par exemple, est d'abord significative du savoir-faire d'un destinateur, et l'objet qu'il propose au destinataire est investi au plan figuratif de ce savoir-faire, reformulé comme «technicité». On pourrait dire en somme que la valeur modale dominante, qui caractérise l'identité du destinateur, est transmise au destinataire sous la forme d'une valeur descriptive; du point de vue du destinataire, les valeurs descriptives, dans la mesure où elles investissent des objets de quête, activent alors de manière différentielle telle ou telle modalité; par exemple, la «technicité» de l'objet va solliciter le savoir-faire du destinataire, ou le caractère «ludique», son vouloir-faire. C'est dire que le programme de base qui les prend en charge sera préférentiellement soumis à un type de programme d'usage donné (selon le pouvoir, le vouloir, le croire, etc.). En somme, le destinateur communique des valeurs modales à un destinataire par l'intermédiaire d'objets de valeur de type «descriptif».

Les deux réponses ici proposées permettent de comprendre (i) pourquoi les valeurs descriptives et les valeurs modales peuvent être converties les unes dans les autres, et (ii) comment, dans le mouvement même de la circulation des valeurs, les valeurs modales peuvent occuper le devant de la scène narrative si la quête d'identité prévaut sur la quête des objets.

Mais la conversion des modalités de la compétence en valeurs modales, inscrites dans les dispositifs modaux caractéristiques de l'identité des sujets, suscite d'autres difficultés, et en particulier celle de la cohérence du dispositif modal tout au long du parcours d'un sujet. Cette question peut évidemment être abordée, comme le proposait Greimas dans *Du sens II*, grâce aux confrontations entre les divers carrés modaux, mais les confrontations ne permettent pas d'expliquer comment, par exemple, si l'accent est mis sur telle modalité de la chaîne, telle autre sera affaiblie, ou inversée, ou simplement suspendue.

Elle s'éclaire un peu mieux si on prend en compte la **portée** syntaxique des modalités. En effet si, en linguistique, la modalité surdétermine un prédicat, cela signifie, en sémiotique et par transposition, qu'elle affecte un énoncé de jonction ou un énoncé de faire. On peut alors considérer que la modalisation peut porter soit sur l'objet, soit sur la jonction elle-même, soit enfin sur le sujet. Le principe de base reste celui du transfert de la modalisation de l'objet vers le sujet, en passant par la jonction; mais chacune de ces «portées» modales acquiert une certaine autonomie, dès qu'une mise en perspective subjective les dispose en divers plans de profondeur, au point qu'elles peuvent se contredire les unes les autres : par exemple, le dépit amoureux s'organise autour de trois modalisations divergentes : l'*objet* est indispensable, la *conjonction* est devenue impossible, et le *sujet* a converti son désir, au mieux, en indifférence.

Une autre approche est possible, et, pour y parvenir, il faut observer pour commencer que, du point de vue de la stricte compétence (purement instrumentale à l'égard du faire), la question ne se pose pas ainsi : quelle que soit l'intensité ou l'extension d'un vouloir, par exemple, celles des autres modalités de la compétence n'en seront pas affectées, en particulier l'intensité et l'extension du devoir et du pouvoir. Mais, dès que la perspective est celle des valeurs modales, c'est-à-dire de modalités participant à des axiologies et définissant l'identité des sujets, des tensions apparaissent entre les divers rôles modaux du sujet. Pour conserver le même cas de figure, si le vouloir est un facteur d'identité pour un sujet, il va entrer en concurrence avec le devoir : le sujet qui accorde de la valeur à l'intensité ou à l'extension de son vouloir résistera d'autant plus fortement aux injonctions et aux prescriptions que cette valeur sera grande. On connaît aussi le cas des asthmatiques[12], qui se reconnaissent un vouloir intense, et qui expliquent ainsi les crises qui les mettent en état d'incapacité (non pouvoir).

Mais la corrélation peut être aussi converse, dans le cas où une modalité extense, comme le vouloir et le devoir, ayant vocation à diriger tout le dispositif, impose son intensité aux autres modalités : c'est le cas, par exemple du sujet dit, selon le cas, «résolu», «décidé», ou «énergique», ou même à certains égards, du sujet cornélien («je veux, donc je peux») dont le vouloir-faire entraîne en quelque sorte dans la même direction le pouvoir-faire. Le cas est particulièrement révélateur, puisque, selon la définition du dictionnaire, celui qui est «résolu» est celui «Qui sait prendre hardiment une décision et s'y tenir fermement»; bien que la corrélation entre vouloir et pouvoir soit converse, elle est néanmoins tensive, car l'intensité du vouloir permet de traverser tous les obstacles rencontrés, et donc nourrit le pouvoir, qui en retour, soutient la «fermeté» du vouloir; la modulation «cursive» (*i.e.* : qui soutient le cours d'un devenir) du pouvoir prend en quelque sorte le relais de la modulation «ouvrante» du vouloir, et assure la continuité du parcours. On a alors affaire à un complexe modal tensif.

La syntaxe inter-modale repose donc, dans les dispositifs modaux caractéristiques de l'identité des sujets, sur les corrélations tensives entre l'intensité/extensité respective des différentes modalités qui les composent.

## 3. CONFRONTATIONS

La linguistique[13] classe aujourd'hui la modalisation parmi les opérations qui caractérisent la visée énonciative, à savoir : l'aspectualité, la perspective ou topicalisation, la diathèse et la modalité. On peut ainsi décliner un même procès (« Je danse ») sous la forme de quatre visées énonciatives différentes : (i) visée aspectuelle : *Je me mets à danser*; (ii) mise en perspective : *C'est moi qui danse*; (iii) orientation de la diathèse : *La musique me fait danser*; (iv) visée modale : *Je sais danser*.

La visée perspective (la topicalisation) et la visée diathésique (l'actif, le passif, le factitif, etc.) intéressent l'orientation informative ou actantielle du procès, et modulent par conséquent le « flux d'attention » d'un sujet d'énonciation considéré comme une instance perceptive, caractérisée à la fois par la direction (le point de vue qu'il adopte) et par l'intensité et le tempo de sa visée (les modulations du flux d'attention). La visée modale, comme la visée aspectuelle, sont des visées médiates, partielles, et indirectes sur le procès. Les unes comme les autres reposent sur l'imperfection et l'effet particularisant de toute « visée », mais l'aspectualisation et la modalisation plus encore que les deux premières.

La perspective thématique et la diathèse choisissent en effet un « premier plan » sur lequel diriger l'attention, mais les autres grandeurs, placées en arrière-plan, ne disparaissent pas de la scène actualisée en discours. En revanche, l'aspectualisation renonce à traiter le procès comme un entier, et le segmente pour n'en réaliser qu'une phase, les autres étant, selon le cas, potentialisées (quand elles sont « demandées » par la première), ou virtualisées (quand elles sont exclues par la première). Quant à la modalisation, elle repose plus particulièrement sur une potentialisation du procès, dans la mesure où on l'envisage non pas sous l'angle de sa réalisation en discours, mais sous celui des conditions préalables de sa réalisation : « Je dois danser » suspend en effet l'actualisation du procès lui-même, au profit d'un de ses présupposés, la condition déontique.

La surdétermination linguistique des prédicats par les modalités implique par conséquent, comme pour la sémiotique narrative, une forme particulière d'intentionnalité : dans ce cas, un observateur-énonciateur vise un procès énonçable, et le défaut d'être (l'incomplétude) qu'il constate est alors un défaut d'actualisation discursive. Cette visée installe d'un côté un « effet sujet » (source) et de l'autre, un « effet objet » (cible, remplissement conditionnel). Le fait même d'énoncer la condition modale du procès installe un décalage entre la visée modale et le procès lui-même, de sorte que la visée modale impose une orientation, un devenir qui mène de la condition à la réalisation.

Une des interprétations les plus intéressantes en linguistique cognitive (Talmy, Sweetser) consiste à supposer un dispositif conflictuel sous-jacent à partir duquel naîtraient aussi bien l'aspectualité que la modalité. Le verbe «parvenir à», en français, est caractéristique de ce type de fonctionnement, puisqu'il suppose (i) une série d'obstacles implicites, (ii) une saisie modale du procès sous l'angle pouvoir/vouloir faire qui permet de franchir les obstacles, et (iii) une saisie «terminative» du procès. Plus généralement, on ne saisit un procès sous l'angle de sa modalisation et de son aspectualisation que si on présuppose en même temps que des forces contraires s'exercent à l'encontre de sa réalisation et de son déploiement complet. A la limite, même le déroulement aisé et sans embûches d'un procès ne prend tout son sens que si on tient compte de l'évaluation (juste ou fallacieuse) qui minimise le contre-programme.

Si on s'en tient seulement aux corrélations entre valences modales, on constate par exemple que : (i) si le vouloir et le pouvoir sont convergents, les progrès du faire seront «encourageants», au sens où les deux modalités se soutiennent, s'intensifient l'une l'autre, et (ii) si le vouloir et le pouvoir sont divergents, les progrès du faire seront «décourageants», au sens où les deux modalités se neutralisent l'une l'autre, engendrant ainsi soit l'impuissance, soit le dégoût.

Entre «Je danse» et «Je dois danser», la première différence tient au fait que la seconde version (la version modalisée) est indifférente au fait que «Je danse» ou que «Je ne danse pas» (du point de vue de l'implication narrative); mais l'analyse en termes de présupposition ne suffit pas car, du point de vue de l'acte d'énonciation, cette fois, on ne peut énoncer la version modalisée que si on reconnaît **à la fois** la possibilité de «ne pas faire» tout autant que celle de «faire»; c'est dire qu'on actualise le procès sur le fond du procès contradictoire ou contraire, et que, faute de pouvoir actualiser le procès visé, on actualise indirectement, avec le prédicat modal, la structure conflictuelle sous-jacente. Le «défaut d'actualisation», en somme, implique, eu égard au procès, une structure tensive et agoniste, et, eu égard à l'énonciation, une polyphonie.

Autrement dit, le «défaut d'actualisation» (c'est-à-dire, selon nous, la «potentialisation») se trouve réinterprété ici comme le résultat d'un certain équilibre (ou déséquilibre) entre forces antagonistes : forces cohésives, favorables à l'accomplissement du procès; forces dispersives, défavorables à cet accomplissement. Du côté de l'aspectualisation, cela permet par exemple de lever l'ambiguïté entre les deux versions de la terminativité : l'une, «**interruptive**», par laquelle le procès est interrompu avant son terme, consacre la victoire des forces antagonistes; l'autre, «**accomplie**», par laquelle le procès parvient à son terme, consacre la victoire des forces agonistes; la pseudo-synonymie s'analyse, de fait, comme une contrariété.

Il en serait de même des modalités; par exemple, les (au moins) deux acceptions de la modalité *devoir*, en français, l'acception dite déontique et l'acception dite épistémique, ne diffèrent à cet égard que par le type d'équilibre entre les forces antagonistes qui les sous-tendent. Dans *Il doit venir aujourd'hui, je crois* (acception «épistémique»), on implicite et on actualise un certain nombre de facteurs dispersifs, les divers obstacles qui rendent la chose simplement plausible, mais qui se caractérisent (i) plutôt par leur extensité que par leur intensité et (ii) par le fait qu'ils ne sont pas prévisibles. En revanche, dans *Il doit venir s'il veut être payé* (acception déontique), les éventuels obstacles sont considérés (i) exclusivement sous l'angle de l'intensité (ii) prévus et calculés et (iii) neutralisés au moins dans le simulacre modal et par anticipation, c'est-à-dire virtualisés. Derrière chaque aspectualisation ou modalisation linguistique, toute l'histoire, la mémoire et le devenir des rapports agonistiques se dessinent en filigrane.

En outre, la conception guillaumienne de la modalisation, comme obstacle à l'actualisation du prédicat, et qui fait écho à la conception sémio-cognitive de la structure dite *agonale*, permet d'appréhender cet obstacle de deux manières différentes et complémentaires. De fait, la résistance à l'actualisation peut être comprise aussi bien à partir d'un contre-programme qui rend douteuse ou plus difficile la réalisation du programme envisagé, qu'à partir d'une polyphonie conflictuelle — l'«obstacle» est alors énonciatif. On suppose dans le deuxième cas que la visée énonciative, caractérisée par la concurrence entre au moins deux voix (deux points de vue différents sur le procès), modalise le prédicat en fonction de la force relative des deux points de vue qu'elle compose : dès lors, la réalisation deviendra d'autant plus certaine et prévisible que le point de vue «optimiste» l'emportera sur les autres. Bien entendu, en immanence, les deux formes se présupposent l'une l'autre, mais la réalisation discursive, sous peine de paraître ambiguë, est en général tenue de choisir entre les deux; par exemple et hors contexte, à propos de l'énoncé *L'ancien ministre pourrait reconquérir son siège de député*, on pourrait débattre indéfiniment sur le fait de savoir si la modalisation épistémique manifeste un certain pourcentage de chances de réussite, ou la capacité du sujet d'énonciation à évaluer ces mêmes chances : en général, le contexte discursif permet d'en décider.

Enfin, la modalisation ouvre un «imaginaire», dans la mesure où la cohabitation des deux types de forces multiplie les scénarios possibles.

En effet, un énoncé décontextualisé comme « Je danse », en actualisant le procès, ne laisse place qu'à un seul scénario, celui qui se réalise ; alors que « Je veux danser » laisse ouverte une infinité de scénarios possibles, y compris en ce qui concerne les variétés envisageables de la réalisation elle-même. Bien entendu, il n'existe pas, dans les discours concrets, d'énoncés du type « Je danse » à l'état « pur », dans la mesure où toute réalisation garde la mémoire des modalisations que le procès a traversées : par exemple, « Je danse », en tant que réalisation du procès, produit des effets divergents selon que le *savoir faire* a été ou non d'emblée approprié, selon que le *vouloir* est « de bonne grâce » ou « de résignation », etc.

De ce point de vue, la modalisation, explicite ou implicite, ponctuelle ou cumulative, apparaît comme l'instance de contrôle d'un imaginaire syntaxique mis à la disposition du sujet du discours. D'un point de vue strictement linguistique, la différence entre la version modalisée et la version non modalisée du procès peut être comprise comme une différence de statut véridictoire : la version non modalisée du procès peut-être évaluée comme vraie ou fausse, selon que la transformation a eu lieu ou pas ; en revanche, dans le cas de la version modalisée, il faudrait envisager l'évaluation véridictoire de tous les scénarios possibles et, comme ils sont en nombre infini, la valeur véridictoire du procès modalisé est indécidable, tant qu'il ne s'est pas actualisé.

Les analyses du mode verbal chez Guillaume ne procèdent pas autrement, puisque, pour lui, d'une part,

« le mode est fonction du contact ou du non-contact de la visée avec l'actualité » (*op. cit.*, p. 37)

et que, d'autre part, la distance qui sépare ce qu'il appelle la « visée » et l'« actualité », toujours selon lui, est fonction de la proportion entre les « capacités » et « incapacités » d'actualité d'une grandeur, c'est-à-dire, dans nos propres termes, du nombre de scénarios envisageables, qui est censé se restreindre progressivement, de la virtualisation à la réalisation. On pourrait dire, en somme, qu'avec les modalités virtualisantes, l'imaginaire se déploie, puis se rétrécit peu à peu jusqu'à se cantonner à l'unique scénario réalisé.

Toutes ces remarques permettent de comprendre pourquoi la modalisation a très vite été considérée comme une opération énonciative, dans la mesure où l'étendue de cet « imaginaire modal » est fonction, chez le sujet d'énonciation, de sa capacité à réaliser en discours les figures qu'il convoque. L'énonciation déictise et modalise l'énoncé, et les diverses modalités utilisées par le sujet d'énonciation permettent de caractériser son propre parcours, distinct de l'enchaînement des procès, et, par conséquent, indépendant du parcours des sujets de l'énoncé : il sait, il croit, il pense, il doute, il suppose...

Les différentes propriétés de la modalisation linguistique (visée énonciative, défaut d'actualisation, dispositif conflictuel sous-jacent, ouverture d'un imaginaire) restent pertinentes en sémiotique narrative, et expliquent en outre pourquoi, comme nous avons tenté de le montrer, le développement de la théorie sémiotique des modalités a pu déboucher sur celle des passions.

Nous voudrions aussi évoquer ici quelques-unes des conséquences et des difficultés liées au rapprochement, que nous avons à plusieurs reprises évoqué, entre d'une part les modalités et d'autre part les modes d'existence et les valences. En effet, le «défaut d'actualisation» est une des «imperfections» qui fondent l'intentionnalité sémiotique : tout comme les imperfections de la cohérence sémantique, de la consistance méréologique, ou de l'esthésie, l'imperfection de la prédication a pour corrélat une demande de plénitude, une tension vers la complétude ou la perfection. En conséquence, cette imperfection peut être graduée et segmentée en différents modes d'existence, caractérisés par leur «densité de présence»; nous retrouvons ainsi le trait distinctif retenu par Greimas et Courtés, et que G. Guillaume définissait déjà ainsi :

> «Dans le possible, lit-on dans le vocabulaire philosophique de Goblot, les chances d'être et de ne pas être sont égales; quant au probable, c'est un possible qui a plus de chances d'être que de ne pas être. Le terme «chances d'être», employé dans cette double définition, peut être remplacé par celui, équivalent et plus strict, de *capacité d'actualité*. Car être, c'est posséder la réalité; or la réalité suppose l'actualité, qui est le point précis où le virtuel passe au réel.»[14]

Mais les degrés de la présence comportent aujourd'hui un mode que ne reconnaissaient ni Guillaume, ni Greimas dans *Sémiotique I*, à savoir le «potentialisé». Rappelons pour mémoire la série complète (*cf.* essai «Présence» :

Si la distribution des modalités sur trois d'entre eux est déjà fixée, celle correspondant au quatrième mode d'existence, le *potentialisé*, reste à déterminer. *Sémiotique des passions* définit la potentialisation à partir de la non-disjonction, préalable à l'assertion qui mène à la conjonction (et au sujet réalisé)[15]; les auteurs font aussi l'hypothèse que la modalité correspondante pourrait être le *croire*, sans fournir à cet égard d'argument décisif[16].

Une des conditions de la réalisation manque à la série des modalités de base (*vouloir*, *devoir*, *savoir* et *pouvoir*) : il ne suffit pas en effet que le sujet dispose de toutes les compétences virtualisantes et actualisantes pour qu'il agisse et se réalise : il faut aussi qu'il *croie vouloir*, qu'il *croie devoir*, qu'il *croie savoir* et qu'il *croie pouvoir*; en somme : qu'il croie en sa compétence, et, d'une manière plus générale, qu'il croie au système de valeurs au sein duquel son action va s'inscrire.

Bien entendu, tous les sujets qui agissent ne croient pas obligatoirement en ce qu'ils sont et en ce qu'ils font; de fait, ce qui se substitue alors à cette «croyance» est particulièrement révélateur. Pascal propose par exemple au libertin de revenir à l'église, de se signer, de réciter les prières, pour que vienne ou revienne la foi : la ritualisation du faire se substitue à la croyance dans l'identité modale du sujet; elle peut d'ailleurs aussi bien apparaître comme une dégradation de la croyance (comme une «automatisation» qui la désémantiserait) que comme un procédé de restauration de la croyance. De même, Swann, chez Proust, avant la découverte de la petite phrase de Vinteuil, et donc avant la restauration de la croyance, ne connaissait que des programmes ritualisés, des engouements figés et répétitifs. La répétition, le figement, la ritualisation produisent des «types» (ici des «stéréotypes» et des «rites»), disponibles à tout moment pour le sujet pour nourrir sa programmation discursive. Pour nous, littéralement, il s'agit de grandeurs syntaxiques «potentialisées» (*cf.* essai «Praxis énonciative», qui ne sont ni «virtualisées», ni «actualisées», parce qu'elles ont déjà été réalisées dans des usages, et plus vraiment «réalisées», puisqu'elles sont en quelque sorte «mises en mémoire», à disposition des sujets d'énonciation. La commutation est claire et probante : quand la croyance ne remplit plus ou pas encore son office de potentialisation, le rite, l'habitude, le stéréotype, produits des usages discursifs, peuvent aussi jouer ce rôle. La «croyance» serait en quelque sorte la version «tonique» et «intensive» du mode potentialisé, alors que le «type» et le «rite» en seraient la version «atone» et «extensive».

En outre, la compétence modale doit, afin que le sujet se réalise, être pour lui ancrée dans la même fiducie que celle où émergent les valeurs qu'il vise. Bien des inhibitions, bien des échecs apparemment inexplicables viennent du fait que le sujet n'est pas en mesure de percevoir la cohérence entre sa compétence et les valeurs auxquelles elle doit donner accès. Ce qu'on appelle au quotidien le «manque d'assurance» est rarement le fait d'un manque de compétence, encore moins d'un sentiment d'incompétence, du moins avant l'échec; on dit en général, d'un sujet qui a de l'«assurance», qu'il «croit en lui-même». Comprenons qu'il croit en son être modal. Le croire est donc la modalité qui correspond pour nous au mode potentialisé, première étape de la construction de la compétence, à partir de laquelle toutes les autres modalités pourront se déployer.

Cette proposition est conforme à l'analyse que nous faisons par ailleurs de la fiducie, car il s'agit, pour le sujet prêt à passer à l'acte, de percevoir (ou de sentir) sa compétence non pas comme simple compétence, mais comme «efficience» (*cf.* essai «Fiducie»), tout comme Perrette, chez La Fontaine, se met à croire en l'efficience illimitée des objets modaux dont elle est dotée. Cette croyance peut prendre deux formes; la première est une croyance qui, du point de vue de la portée prédicative, sera endogène, et, du point de vue tensif, ouvrante : c'est l'**assomption** (le sujet assume sa compétence comme une efficience sentie comme «de l'intérieur», en quelque sorte en toute «autonomie»); la seconde est une croyance exogène, et, du point de vue tensif, clôturante : c'est l'**adhésion** (le sujet adhère à sa compétence comme une efficience sentie comme «de l'extérieur»; on aurait alors affaire à l'«hétéronomie»).

La série complète des modes d'existence est maintenant corrélée à celle des modalités, comme suit :

|  | Potentialisé | Virtualisé | Actualisé | Réalisé |
|---|---|---|---|---|
| **Endogène** | ASSUMER | VOULOIR | SAVOIR | ETRE |
| **Exogène** | ADHERER | DEVOIR | POUVOIR | FAIRE |
|  | (croyances) | (motivations) | (aptitudes) | (effectuations) |

Les modes d'existence engendrent donc la table maximale des modalités simples, par la seule projection de l'alternance entre modalisations endogènes et modalisations exogènes, c'est-à-dire par la seule combinaison avec le paramètre de la perspective prédicative et actantielle. En conséquence, les modes d'existence peuvent être considérés comme des **proto-modalisations**, que nous pouvons considérer comme des **modalisations existentielles**.

Mais cette position suscite une nouvelle difficulté. En effet, aussi longtemps que l'*être* et le *faire* sont restés hors du champ modal, les quatre modalités admises pouvaient passer pour des modalités du faire et de l'être. Mais, dès lors que l'être et le faire sont considérés de même rang que les autres modalités, la question se pose : que modalisent les modalités? Et plus précisément : que modalisent les modalisations existentielles? La réponse se trouve dans l'essai «Présence», où les différents modes d'existence sont caractérisés en termes de «densité de présence». Les modalisations existentielles modaliseraient donc la présence, c'est-à-dire une prédication directement issue de l'acte perceptif (et dont le corrélat linguistique est le prédicat dit d'«existence» : *cf. Il y a quelqu'un*). Dès lors, ces modalisations de la présence peuvent être interprétées comme différents équilibres du déploiement de l'intensité et de l'extensité dans un champ perceptif, considéré comme coextensif à un «domaine» sémantique ou un «univers» sémiotique. Si les modalisations existentielles sont des formes tensives, les modalités qui leur correspondent ne peuvent pas être simplement envisagées comme occupant de manière discrète des cases fermées et inamovibles dans un réseau définitionnel.

Nous retrouvons donc ici la question de la graduation des modalités, déjà postulée à propos des corrélations tensives qui les unissent dans les dispositifs passionnels. Cela implique, pour une théorie discursive des modalités, que leur caractère graduel ou discret, tensif ou massif, dépend concrètement de l'outillage de l'analyste : selon qu'il est équipé pour isoler des unités modales ou pour repérer des corrélations, il les traitera comme des entités discrètes ou comme des entités graduelles.

En outre, l'«obstacle à l'actualisation», dans la théorie guillaumienne du mode, est associé à un **retard** à l'actualisation : en d'autres termes, la modalisation affecte le «temps opératif», c'est-à-dire, chez G. Guillaume, le temps mis pour concevoir et actualiser en discours le procès; car le linguiste propose de prendre en compte, à partir de l'idée que «le mode est essentiellement un problème de visée»[17] :

> «un quantum *q*, appréciable, qui représente la distance que la visée aurait encore à parcourir avant d'atteindre la ligne d'actualité»[18]

En l'occurrence, il ne s'agit pas d'une simple distance spatiale entre la «ligne» de visée et la «ligne» d'actualité, mais, comme la première est prise dans le déploiement du «temps opératif», d'une distance ou d'une épaisseur qui ralentit plus ou moins **le tempo de la visée énonciative**. En quelque sorte, la modalisation **retarde** plus ou moins (ou **accélère**, si elle est syncopée) le processus énonciatif. Pour éclairer ce point, prenons comme exemple cet échange extrait de *Rhinocéros*, de Ionesco :

> **Jean** : ... Bon. N'en parlons plus.
> **Béranger** : Vous êtes bien gentil.
> **Jean** : Et alors?
> **Béranger** : Je tiens quand même à vous dire que je regrette d'avoir soutenu avec acharnement, avec entêtement, avec colère, ... oui, bref, bref, j'ai été stupide.
> **Jean** : Ca ne m'étonne pas de vous.[19]

L'empilement des modalisations est ici particulièrement saisissant dans la dernière réplique de Béranger, puisqu'on ne compte pas moins de cinq niveaux : « soutenir » modalise le contenu des propos évoqués ; « acharnement, entêtement, colère » modalisent « soutenir » ; « regrette » modalise tout ce qui précède ; « tenir à » modalise « dire », et « quand même » modalise « tenir à ». Le retard imposé à l'actualisation du prédicat est d'autant plus évident que, dans ce cas extrême, le propos de base, qui est censé supporter tout le poids de cette modalisation, n'est même pas mentionné, comme s'il était oublié au bout d'une trop longue chaîne de modalisations.

La modalisation ralentit donc le procès d'énonciation en ce qu'elle introduit des médiations, plusieurs strates prédicatives qui segmentent et étirent la visée du sujet, en ce qu'elle détend en somme l'interaction en aménageant pas à pas les conditions d'une visée commune. Concrètement, au plan même de l'expression, ce ralentissement du procès d'énonciation peut même se manifester, comme parfois chez Béranger, sous forme d'auto-corrections, par lesquelles il déploie « en temps réel » (c'est-à-dire en temps mesurable de l'expression) le tempo ralenti des différentes opérations énonciatives. Au contraire, la rareté de la modalisation dans le discours de Jean apparaît à cet égard comme une accélération, un raccourci énonciatif, et ce d'autant plus que la seule qui soit utilisée (l'étonnement) implique un tempo plus vif, et qu'en outre il est conjugué à la négation, qui annule de fait jusqu'à l'instant minimal de la surprise.

Mais, si on y regarde de plus près, on s'aperçoit que Béranger ne déploie tous ces efforts que pour effacer l'incongruité qu'il y a à revenir sur une discussion déclarée close par l'autre, qui vient juste d'affirmer : « N'en parlons plus ». « Tenir à » manifeste un *vouloir* intense qui est supposé motiver la transgression. « Quand même » est la forme concessive qui à la fois reconnaît la règle transgressée, et annonce qu'elle ne sera pas respectée. Béranger est donc pris entre deux parcours ; sur le premier, qui correspond à l'attente manifeste de Jean (« N'en parlons plus »), il est supposé avoir dépassé la limite « terminative ». Sur le second parcours, il est en position « durative », voire « itérative », puisqu'il l'a déjà dit une fois, et la modalisation traduit l'effort pour reculer la clôture de la discussion, tout en évitant de rompre le fil de la conversation avec Jean. La distorsion entre les deux parcours est donc à la fois aspectuelle (terminatif/duratif) et modale (ne pas devoir dire/vouloir dire). A cet égard, la modalisation apparaît comme un moyen d'aménager une différence de potentiel, de détendre une valence inverse entre deux gradients, et d'atténuer la vitesse de transition entre le parcours attendu et le parcours proposé. En somme, si on veut nous pardonner cette métaphore, l'attente frustrée surmodalisée serait à l'attente frustrée brute ce que le plan incliné est à la dénivellation pure. Béranger se perd d'ailleurs dans les méandres de ses modalisations, et adopte pour finir une énonciation plus «abrupte» («Bref, j'ai été stupide»), dont l'aspect vif est même souligné par le commentaire «bref», et se voit retourner un énoncé de même type, qui ressemble à un «coup» («Ca ne m'étonne pas de vous»).

Les variations de tempo liées à la modalisation ne sont donc pas surajoutées aux valeurs modales, mais, bien au contraire, ce sont les valeurs modales qui sont chargées de négocier et d'aménager la tension inhérente à la visée prédicative : qu'elles accélèrent ou qu'elles ralentissent la visée, elles expriment et modulent un «tempo interne» de la prédication, indépendant de la temporalité propre au déroulement du procès, mais différent aussi en droit, sinon toujours en fait, du temps de l'énonciation. Par conséquent, dans la perspective d'une présentation globale de l'instance d'énonciation, il conviendrait d'inscrire d'abord le tempo de la prédication, qui recevrait ensuite des déterminations déicitiques d'un côté, et modales de l'autre.

Cet exemple montre à l'évidence que les modalisations ne sont de simples «présupposés» du faire qu'à une certaine distance des phénomènes prédicatifs, à une hauteur qui empêche de distinguer l'intrication de la modalisation avec l'aspectualisation et avec le tempo de la prédication. Le regard étant placé à hauteur suffisante, on ne voit plus que ce qui relie la transformation et les acquisitions modales. Mais l'analyse discursive, «au ras des faits», constate, comme dans l'exemple qui précède, que le pouvoir d'un des actants peut servir à hâter une clôture, que le vouloir de l'autre va lui permettre de retarder encore l'effet de ce décret terminatif, et que l'incidence des modalisations sur telle ou telle phase aspectuelle du procès détermine les variations profondes du tempo.

Parallèlement, les effets de sens passionnels sont «la senteur», le «parfum», dit-on, des arrangements modaux : de la même manière que le parfum émane non pas de la structure de la matière, mais d'arrangements provisoires entre molécules, la passion est un effet de sens non pas des structures modales, mais de leurs arrangements provisoires. Ce ne sont pas en effet les structures modales, en tant que structures — par exemple le carré sémiotique du «vouloir faire», ou celui du «pouvoir être» — qui sont concernées, mais les intersections, les combinaisons et les corrélations tensives entre des structures modales différentes; par exemple, un effet de sens passionnel pourra naître de la combinaison (en simultanéité ou en séquence, selon le cas) d'un « vouloir être », d'un « ne pas pouvoir être », et d'un « savoir ne pas être »; un autre se construira à partir d'un « devoir être » et d'un « ne pas vouloir être », etc. De même, une interaction conversationnelle où circulent des simulacres modaux des partenaires ne devient passionnelle que si les modalisations de l'un sont corrélées à celles de l'autre : alors, l'intensité du vouloir de l'un entraîne, par exemple, l'affaiblissement du pouvoir de l'autre, et les effets passionnels se mettent en place.

La dynamique modale des passions n'est donc pas inscrite dans les structures modales : elle est un effet de leur usage. C'est l'usage qui détermine, à l'intérieur d'une culture donnée, quelles sont les combinaisons modales acceptables, quelles sont celles qui ont un effet passionnel, et selon quel principe les modalités qui les composent se transforment les unes dans les autres au cours du processus passionnel. Il est bien connu, en effet, que, si les modalités sont ou bien universelles ou bien généralisables, les passions sont en revanche caractéristiques d'aires ou d'époques culturelles bien déterminées. Par exemple, c'est bien par l'effet de l'usage que, dans le cas de l'obstination, un « ne pas pouvoir faire » induit un renforcement et une réaffirmation du « vouloir faire », car cet effet n'est pas directement calculable à partir de la seule définition générale de ces deux modalités; de même, c'est aussi par un effet de l'usage que l'« impulsivité » apparaît comme une forme particulière de « vouloir & pouvoir », affectée d'un trait /inchoatif/ et d'un trait /intensif/ : rien ne permet en effet de prévoir, au niveau même des structures modales, que cette combinaison modale doive être accompagnée de ces deux traits tensifs et aspectuels.

Le produit de l'usage serait donc un dispositif modal stéréotypé, présentant des corrélations et des syncopes entre les modalités, surdéterminé par des profils d'intensité et par l'aspectualité. On est donc amené à considérer que les combinaisons modales responsables des effets de sens passionnels constituent une sorte de « stock » de blocs figés, où les sujets peuvent puiser pour manifester les passions de la culture à laquelle ils appartiennent. Mais on voit tout de suite que les modalités en tant que telles ne suffisent plus : en même temps qu'elles, sont stockées d'autres grandeurs, de type tensif et aspectuel, qui leur permettent de s'engendrer les unes les autres, de s'entrechoquer, de se renforcer ou de se combattre au sein d'un même « bloc », d'une même passion, voire d'une interaction.

On appellera « style sémiotique » l'ensemble des traits aspectuels, existentiels et tensifs qui accompagnent les modalités dans les dispositifs figés, pour peu que ces traits soient récurrents et caractéristiques d'une passion-effet de sens; par exemple : l'/inchoatif & intensif/ pour l'«impulsivité». Le style sémiotique apparaît à cet égard comme une modulation cohérente appliquée au processus passionnel et identifiable, au long du parcours du sujet, sous la forme de phénomènes rythmiques, aspectuels et quantitatifs, entre autres. Dans les termes mêmes de Hjelmslev, les modalités seraient les «**constituants**» de la syntaxe modale, et le style sémiotique, l'ensemble de ses «**exposants**», formant une «**modulation**». Conformément à la proposition avancée dans l'essai «Schémas», c'est la modulation tensive qui **schématise** les configurations passionnelles.

Les styles sémiotiques, dans la mesure où ils procurent aux schémas passionnels leur dimension sensible, ont des vertus heuristiques non négligeables, car ils permettent une identification immédiate des rôles passionnels, notamment dans les stratégies de l'interaction. La dimension passionnelle des discours apparaît alors comme une sorte de «profil prosodique» du contenu modal, où sont inscrites les variations d'intensité des affects et des émotions.

NOTES ET RÉFÉRENCES BIBLIOGRAPHIQUES

[1] *Cf.* B. Pottier, *Théorie et analyse en linguistique*, Paris, Hachette, 1992, p. 173.
[2] B. Pottier, *op. cit.*, p. 98.
[3] *Le discours et son sujet*, Paris, Klincksieck, 1985.
[4] *Essai sur les modalités tensives*, Amsterdam, John Benjamins, 1981.
[5] *La charpente modale du sens*, Aarhus/Amsterdam, John Benjamins, 1991.
[6] *Sémiotique des passions, op. cit.*
[7] *Op. cit.*, p. 231.
[8] «The dynamics of modality : a catastrophe analysis», *R.S.S.I.*, 9, n° 1-2-3, Montréal, 1989.
[9] *Maupassant. La sémiotique du texte : exercices pratiques*, Paris, Seuil, 1976, p. 175-188.
[10] Dans «Instructionnal semantics for presuppositions», *Semiotica*, 64-1/2, 1987, p. 1-39.
[11] *Sémiotique et marketing, sous les signes, les stratégies*, Paris, PUF, 1990.

[12] *Cf.* J. Fontanille, *« Les passions de l'asthme »*, *Nouveaux Actes Sémiotiques*, n° 6, Limoges, PULIM, 1989.
[13] *Cf.* B. Pottier, *Sémantique générale*, Paris, PUF, 1992, p. 204-223.
[14] *Temps et verbe*, *op. cit.*, chapitre III : « La réalisation de l'image verbale dans le temps *in fieri* », p. 32-33.
[15] *Op. cit.*, p. 56.
[16] *Op. cit.*, p. 57.
[17] *Op. cit.*, p. 30.
[18] *Op. cit.*, p. 36.
[19] *Rhinocéros*, Paris, Gallimard, Livre de Poche, p. 140-141.

# Fiducie

## 1. RECENSION

Les dictionnaires ne font pas grand cas de la fiducie : pour le *Littré* comme pour le *Robert*, elle ne concerne que le vocabulaire juridique; «fiduciaire» est mieux traité puisque sa définition dégage le lien entre valeur et confiance : «Se dit de valeurs fondées sur la confiance accordée à celui qui les émet». Comme souvent en sémiotique, l'interrogation ne porte pas sur les termes, mais sur la prédication qui les saisit ensemble : les valeurs sont-elles dans tous les cas de figure sous le contrôle de la confiance? quelle est la signification de cette relation intersubjective? cette relation intersubjective est-elle à son tour solidaire d'une relation réflexive, c'est-à-dire de la confiance en soi?

Si la confiance a pour verbe pivot **croire**, le champ de la fiducie devient aussi celui de la **foi**, c'est-à-dire de la relation entre destinateur et destinataire. Mais comme le croire renvoie à un **faire-croire**, les rôles thématiques de la **dupe** et du **fripon**, tels qu'ils apparaissent dans la littérature ancienne et notamment dans le théâtre, s'imposent aussi à notre attention, comme si la friponnerie et la ruse étaient, en regard des privilèges du pouvoir, les instruments, les programmes d'usage d'une justice immanente : puisque le maître dispose légalement du monopole de la force, le fripon reçoit les applaudissements d'un public dont il a su gagner la sympathie.

Le champ de la fiducie semble bien coextensif au champ sémiotique dès que l'on admet qu'il concerne la valeur, et par conséquent les conditions de son émergence et de sa circulation : nous entendons par là qu'elle est inhérente aux langages-objets, mais également aux méta-langages, bien qu'ils soient portés à penser que la « scientificité » est mesurée par la distance prise et conservée à l'égard du *croire*, alors que la scientificité véritable consiste sans doute à parvenir, ainsi que Greimas le suggère dans l'article lumineusement intitulé *Le savoir et le croire : un seul univers cognitif*[1], à admettre que le *croire* se maintient en se déplaçant et en se déguisant.

## 2. DÉFINITIONS

### 2.1. Définitions paradigmatiques

La dispersion et la polarisation axiologique de la fiducie oscillant entre la « simple opinion » et la « conviction profonde » sont telles — pour la plupart des commentateurs — qu'un modèle unique semble peu approprié. En concordance avec l'installation de la tensivité phorique en structure profonde, nous pouvons supposer que la scission proto-actantielle obéit à une alternative : soit l'altérité, qui engendre la distinction entre le sujet et l'objet, soit l'ipséité, qui produit la distinction entre le sujet et l'autre. Ce dispositif minimal — un objet et deux sujets —, qui suppose au moins qu'une visée soit possible, repose par conséquent déjà sur la fiducie, qu'il décline en deux versions : la **confiance** pour la relation intersubjective, et la **croyance** pour la relation sujet/objet. Il y aurait de fait trois régimes différents de la fiducie, selon la portée qui lui est accordée : (i) le régime neutre, ou **atone**, n'engagerait que le sujet lui-même (portée subjective), ce dont témoigne en français, par exemple, la construction directe du verbe *croire* — « *Je te crois* », « *Il croit que p* » — d'emblée considérée comme une modalité énonciative subjective ; (ii) le régime différencié, ou **tonique**, engagerait soit la relation du sujet avec l'objet (portée objective), et ce serait alors la croyance — en français : « *je crois à...* » —, soit la relation intersubjective, et nous aurions affaire à la confiance — en français : « *je crois en lui* ». Cette définition repose sur un dispositif à trois actants : un objet et deux sujets, où la valeur de l'objet aurait pour condition une certaine relation entre les deux sujets. La fiducie serait, de ce point de vue, l'espace d'accueil pour les valences, conçues comme « conditions de la valeur ». Soit :

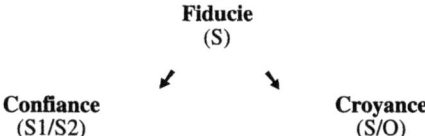

Avant d'envisager les relations entre ces deux systèmes, il convient d'esquisser leurs articulations élémentaires. Nous envisagerons d'abord le système de la croyance. Si l'on s'en tient, pour la commodité du propos, aux opérations et à leur résultat stabilisé ou en cours de stabilisation, on aboutit à cette mise en place simplifiée :

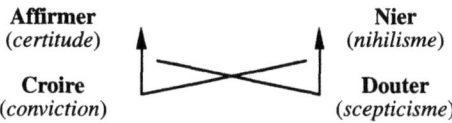

Le *croire* est une des séquences d'un complexe discursif comprenant aussi le *connaître* et le *savoir* : connaître + savoir + croire. Nous situons le *connaître* dans un espace cognitif où un sujet modalisé par la curiosité et l'attention, qui s'attribue ou auquel on attribue une certaine perspicacité, se propose de «pénétrer» un objet qu'il considère — ou que l'on considère — comme mystérieux et mal connu. Du point de vue discursif, ce sujet, au terme de son investigation, ajoute ou retire un prédicat *p*, ou bien encore substitue un prédicat *p'* au prédicat *p*. Le *savoir*, lui, dépend de l'accessibilité de cette connaissance, et par conséquent, des interdits ou des facilités que le sujet rencontrera : l'énoncé auquel la connaissance a abouti sera-t-il protégé ou révélé ? Enfin, le *croire*, que l'on a à juste titre identifié à un «tenir pour vrai»[2], ajoute ou non une valeur de **vérité** dont l'assiette est fiduciaire. Dès lors, une typologie des discours devrait s'efforcer de reconnaître dans un discours-objet le jeu de ses composantes respectivement heuristique (connaître), ésotérique (savoir) et fiduciaire (croire).

La typologie du *croire* proposée ci-dessus est une représentation simplifiée, puisqu'elle ne distingue pas le sujet de faire du sujet d'état, et qu'elle néglige les configurations instables du soupçon, de l'hésitation, voire du questionnement. Pour nous, il s'agit seulement de mettre en relief la spécificité du *croire*.

Le cas de la confiance est, dans un premier temps au moins, différent de celui de la croyance puisque la confiance a manifestement pour vis-à-vis la **crainte**, de sorte qu'elle s'installe d'emblée sur la dimension pathémique. Dans la configuration passionnelle qui se dessine alors, il faut remarquer immédiatement le rôle organisateur d'une figure proprioceptive, l'**agitation**, dont l'émergence ou l'effacement décident de l'«état d'esprit» du sujet et qui procure à la confiance son «style tensif» (*cf.* essai «Passion»). Les états extrêmes, à savoir l'inquiétude et la fermeté, sont relatifs à la présence et à l'absence de l'agitation, tandis que les subcontraires, chacun selon leur «style», prennent en charge les degrés intermédiaires de l'agitation : la sérénité fait savoir que le sujet est ou s'est disjoint de l'agitation, tandis que la peur montre un sujet gagné par l'agitation. Notons au passage que l'agitation relève aussi, ou d'abord, d'une composante **prosodique** du contenu, et singulièrement de structures que P.A. Brandt a judicieusement qualifiées de «nerveuses». Nous accédons aux structures élémentaires de la confiance par la somatisation, c'est-à-dire par le plan de l'expression mais, ce faisant, nous ne sortons pas pour autant de l'approche sémiotique, dès lors que les formes de la somatisation sont corrélées à des effets de sens passionnels.

En prenant pour fil conducteur l'agitation exprimée par les définitions des dictionnaires [placées entre crochets], nous aboutissons aux structures élémentaires thymiques suivantes :

**Inquiétude**
[agitation
due à la crainte]

**Peur**
[émotion due
à la prise de
conscience d'un danger]

**Fermeté**
[qualité de
celui que rien n'ébranle]

**Sérénité**
[état tranquille,
sans agitation]

Le fait que l'agitation se présente comme une grandeur circulant entre les rôles pathémiques semble indiquer que la direction retenue est celle du *tempo* et de l'intensité, comme un texte de Malebranche le montre clairement : la crainte

> «donne à l'esprit des secousses imprévues qui l'étourdissent et le troublent : elles pénètrent bientôt jusque dans le plus secret de l'âme et renversent la raison de son siège, elles prononcent sur toutes sortes de sujets des jugements d'erreur ou d'iniquité, pour favoriser leur folie et leur tyrannie.»[3]

## 2.2. Définitions syntagmatiques

### 2.2.1. Définitions syntagmatiques de la confiance

Nous ne tenterons pas ici de surprendre la genèse de la confiance et de la méfiance. Nous nous contenterons d'un relevé synchronique à partir des états et des va-et-vient pathémiques vécus par les sujets. Il s'agit maintenant de la relation à autrui, c'est-à-dire de la comparaison entre deux simulacres, celui qu'autrui tient à faire prévaloir et celui que moi-même, informé de ce *vouloir-paraître* d'autrui, je cherche à établir au plus juste. Chaque position du parcours fiduciaire est donc construite comme un face-à-face entre le simulacre d'autrui — sa force illocutoire si l'on veut — et la réponse d'ego — l'effet perlocutoire — qui sera mentionnée, dans le schéma qui suit, entre crochets. La catégorie de l'agitation garde ici ses droits, mais elle est cette fois l'enjeu des «gesticulations» fiduciaires des deux partenaires.

Nous n'avons mis en forme ici que la version la plus simple du parcours fiduciaire, mais on peut imaginer sans peine des interactions où ego répondrait par exemple à la menace par la plus grande tranquillité. Mais il s'agit alors soit d'un échec de la manipulation, la menace n'est pas crue, pas «prise au sérieux», soit d'une contre-manipulation : à la première menace s'oppose, comme une menace plus grande encore, la fermeté d'ego. L'intersubjectivité fiduciaire se déploie de ce fait à partir des différentes confrontations possibles[4] entre le carré définissant les positions du destinateur de la confiance et celui définissant celles de son destinataire. Celui qui est proposé ci-dessus correspond seulement aux «conformités»; la rotation des deux carrés l'un par rapport à l'autre fait apparaître en outre les «complémentarités», les «incompatibilités» et les «contradictions». Quoique formellement calculables, les positions du destinataire ne sont donc pas directement et naïvement induites par celles du destinateur.

### 2.2.2. *Définitions syntagmatiques de la croyance*

Pour Greimas, la détermination des valeurs véridictoires dans l'inter-subjectivité a pour pivot ce qu'il appelle le «contrat véridictoire»[5]. Ce dernier permet de stabiliser l'interaction fiduciaire, notamment en affectant d'un coefficient véridictoire les simulacres de chacun des partenaires. Pour que le contrat fonctionne, il faut en effet, dans le cas où autrui apparaît bienveillant ou menaçant, qu'ego soit assuré que l'autre est **effectivement** bienveillant ou menaçant.

Pour mettre en relief les définitions restreintes, nous reviendrons aux rôles thématiques du fripon et de sa dupe, et nous admettrons que le *faire* croire du fripon est un *« faire accroire »*, mais en nous contentant du premier degré; le second degré est celui où la dupe, avertie ou particulièrement perspicace, entreprendrait à son tour de « friponner » son fripon. Le *faire accroire* élémentaire du fripon se présente ainsi :

Ainsi, dans l'exemple scolaire, le « renard » **révélé**, c'est-à-dire précédé de sa fâcheuse réputation, s'efforce d'**aveugler** la dupe qu'il a élue, puis de la **tromper**. Le parcours de la dupe s'inscrit dans le même espace, mais selon l'autre orientation.

Là aussi, la réponse est de droit indépendante de la manipulation et des contre-manipulations sont prévisibles. La dupe peut certes continuer « à marcher à fond » dans les voies prévues par le fripon, mais elle peut, soit que le fripon se trahisse, soit qu'elle bénéficie d'informations certaines en provenance de tiers dignes de foi, entrer dans la phase du **soupçon**, être détrompée, et de là entreprendre de **démasquer** le fripon, en se masquant à son tour... Remarquons au passage que Molière, après avoir, dans son *Tartuffe*, installé Orgon dans le rôle de dupe et Tartuffe dans celui de fripon, renverse ces rôles fiduciaires à partir du quatrième acte : Tartuffe, trahi par sa passion, devient un fripon dupé et Orgon, par l'entremise d'Elmire, une dupe « friponnante ». Orgon, victime de Tartuffe, devient son double.

### 2.2.3. *Définitions syntagmatiques canoniques de la croyance et de la confiance*

Dans son analyse de la **promesse**, Brandt use conjointement de la formule de l'inférence *(« si... alors... »)* et du couple protase/apodose :

> « Dans une première phase, de manipulation, un Enonciateur propose la formule conditionnelle à un Enonciataire; 'si tu fais ceci, moi je fais cela'. On peut dire que cet acte langagier constitue une **archi-promesse** (qui, à un autre niveau se clivera en promesse et menace). »[6]

L'énonciateur met en œuvre un *faire croire* auquel répond ou non un *croire* de l'énonciataire : si la « bonne volonté » fiduciaire vient à faire défaut, alors, selon Brandt, la **menace** fait son apparition, mais on reste tout de même à l'intérieur de l'espace fiduciaire puisque l'énonciataire doit décider, à ses risques et périls, si cette menace est « sérieuse » ou non. Mais la formule de l'inférence n'a que l'apparence du raisonnement formel. En effet, l'implication *(«si... alors...»)* s'appuie sur une dépendance, mais elle avoue du même coup la croyance en une efficience. Sous le régime ambivalent de la promesse et de la menace, poser la dépendance entre deux énoncés, c'est la rendre efficiente.

Pour élargir la perspective, examinons de la même manière l'intrication entre la promesse et le sacrifice. Tout comme l'ascèse, le sacrifice est une renonciation qui devient la condition de l'offrande, dans une relation d'échange gracieuse et intéressée :

> « 'Donne-moi et je te donnerai. Etends pour moi et je m'étendrai pour toi. Présente-moi une offrande et je te présenterai une offrande.' C'est ainsi que le sacrificateur s'adresse au dieu dans une formule védique. Cet acte de donner et de ne prendre renferme donc que le besoin réciproque qui attache l'homme et le dieu et qui les enchaîne dans la même mesure et dans le même sens. »[7]

Dans le cas de la promesse-menace, telles que Brandt les envisage, un destinateur manipule un destinataire en vue de réduire une disjonction et d'aboutir à une conjonction. Dans le cas du sacrifice, c'est l'inverse qui se produit dans la mesure où une disjonction rendue irréversible — le sacrifice — permet au destinataire d'obtenir en retour que le destinateur accepte lui aussi de se disjoindre de l'offrande.

Il devient possible d'avancer un système comprenant quelques-unes des grandes catégories fiduciaires. Le couple promesse-menace conjugue l'**intensité** de l'attente de jonction et une **orientation** : (i) l'attente de jonction est évidemment plus intense dans la promesse que dans la menace, puisque, dans le second cas, un risque de disjonction apparaît, pour chacun des partenaires ; la menace vient en quelque sorte combler un déficit dans l'attente de la jonction ; (ii) l'orientation du dispositif actantiel mène du destinateur au destinataire qu'il manipule. Mais dans le sacrifice cette orientation est renversée et l'on peut admettre que, dans ce cas de figure, le destinataire s'efforce de manipuler le destinateur. La promesse et la menace relèvent du **mandement** et le sacrifice, lui, de la **demande**. Si l'on accepte de voir dans le sacrifice une demande **indirecte**, alors il reste à identifier la demande **directe**, c'est-à-dire le quatrième terme de la proportion : celle-ci n'est autre que la **prière** dans les termes mêmes de Cassirer. Pour ce dernier comme pour Lévi-Strauss, en effet,

> « La prière est destinée à combler l'abîme qui sépare l'homme de son dieu. »[8]

Le programme d'usage n'est plus ici l'offrande, mais l'efficience de la parole. Le système qui articule ensemble la menace, la promesse, le sacrifice et la prière se présenterait donc ainsi :

|  | MANDEMENT (manipulation du destinataire par le destinateur) | DEMANDE (manipulation du destinateur par le destinataire) |
|---|---|---|
| Tension vers la conjonction | *Promesse* | *Prière* |
| Tension vers la disjonction | *Menace* | *Sacrifice* |

En termes de valences, c'est-à-dire de corrélations entre gradients tensifs, le mandement et la demande fonctionnent à l'inverse l'une de l'autre. Elles associent toutes les deux la force d'une condition — celle crée par l'implication — et celle d'une confiance. Du point de vue du manipulateur, dans le mandement, la condition est forte et la confiance faible, de sorte que la première apparaît comme une pression exercée pour compenser la faiblesse de la seconde. En revanche, dans la demande, la condition est relativement modérée et la foi, intense.

Mais, du point de vue du sujet manipulé, ces corrélations peuvent à tout moment s'inverser, en fonction de la crédibilité qu'il accorde au manipulateur : en dessous d'un certain seuil, la force de la promesse ou de la menace peuvent croître dans le même sens que la confiance ; au-delà de ce seuil de crédibilité, la condition étant trop forte, eu égard à ce qu'on suppose le manipulateur capable de «tenir», elle ne paraît plus vraisemblable, et la corrélation s'inverse : à partir de ce seuil, plus grande est la promesse ou la menace, plus faible est la confiance. A l'inverse, dans le cas du sacrifice et de la prière, la condition doit dépasser un certain seuil pour susciter la confiance, dans la mesure où elle sera réalisée avant que le destinateur manipulé n'ait à répondre.

La combinaison de ces deux points de vue permet d'interpréter la progressivité des stratégies : par une augmentation graduée de la condition, le manipulateur peut à la fois tester la confiance de son partenaire, et tenter de reculer le seuil de la crédibilité qui lui est accordée.

## 3. CONFRONTATIONS

Dans l'introduction de *Des dieux et des hommes*, Greimas pose une correspondance entre croyance et complexité :

> «Comme le croire est une attitude relative et non catégorique, le degré de croyance accordé à tel ou tel récit est fort variable. D'un autre côté, le croire se manifeste souvent sous la forme de termes complexes, ce qui veut dire que les gens ont tendance à croire et à ne pas croire simultanément en un fait ou un dire.»[9]

Dans le texte intitulé « Le contrat de véridiction », que nous avons déjà mentionné, Greimas revenait sur le lien entre croyance et complexité, mais en tirant la complexité vers le compromis :

> « Comment interpréter ce phénomène du croire ambigu qui se présente comme la coïncidence des contraires, comme le terme complexe réunissant la certitude et l'improbabilité, sinon par le fait qu'il relève de deux contextes idéologiques incompatibles et, finalement, de deux *épistémès* coexistantes ? »[10]

Mais, à côté de cette complexité élémentaire, il convient de faire une place à d'autres espèces de complexité de type aspectuel. La première concerne la confiance dans les choses et d'une manière générale, la **fiabilité** : « fiable », selon le *Micro-Robert*,

> « se dit d'un matériel dans lequel on peut avoir confiance, dont la probabilité de tomber en panne, de ne plus fonctionner est très faible. »

Examinons par exemple la fiabilité des matériaux, c'est-à-dire la solidité : elle repose sur des changements d'équilibre entre les forces de cohésion, qui pérennisent, et les forces de dispersion, qui détruisent, de sorte que les termes de la catégorie émergent comme des formes aspectuelles :

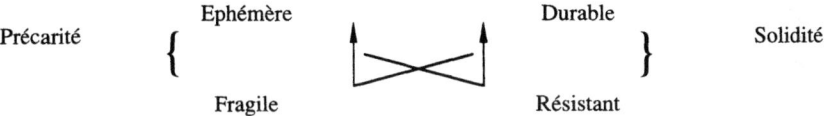

La fragilité et la résistance sont toujours graduables et un des axes du faire technologique consiste justement à accroître la résistance des matériaux, c'est-à-dire à déplacer le point d'équilibre entre les forces antagonistes. Comme le souligne M. Hammad,

> « (...) l'inscription des valeurs modales dans la matière n'est intéressante que parce que la matière est stable. En d'autres termes, ce n'est qu'en raison du fait que la matière est dénuée d'un vouloir propre, qu'elle tend à ne pas changer d'elle-même et à persévérer dans son être, que l'actant préposé au contrôle de la frontière peut y inscrire son propre vouloir à transmettre. »[11]

Mais cette étude montre également que la simple demande de fiabilité d'un « état de choses » dérive vers une demande de confiance dans un « état d'âme », c'est-à-dire que la nature se voit attribuer des obligations, suscitant des attentes, des déceptions et des soulagements...

Cependant, l'examen attentif de certaines structures modales semble indiquer que les sujets sont eux aussi en quête d'une « fiabilité passionnelle », c'est-à-dire de leur persévérance passionnelle : comment garantir la stabilité d'une passion ? *Sémiotique des Passions* apporte à cette question singulière des éléments de réponse, en faisant état, à propos de l'avarice, de

> « trois segments définitionnels : (1) l'attachement excessif à l'argent, (2) la passion d'accumuler et (3) la passion de retenir les richesses. »[12]

Nous séparons le premier segment qui intéresse la problématique des points de vue : « excessif » appartient au rédacteur du dictionnaire, car si l'avare était questionné, il est probable qu'il trouverait que l'excès n'est pas de son côté, mais dans l'incroyable légèreté de la conduite des autres, qui « jettent l'argent par les fenêtres ». Les deuxième et troisième segments sont disjoints et conjoints : ils sont disjoints en ce sens que le deuxième segment fait référence à la **saisie**, au *jusqu'à maintenant*, tandis que le troisième concerne la **visée**, c'est-à-dire le *à partir de maintenant*; ils sont littéralement conjoints en ce sens qu'ils se rejoignent, « se touchent » dans le **présent** afin précisément d'assurer cette continuité passionnelle essentielle :

> « (...) tout se passe comme si l'efficace de la compétence passionnelle tenait à son aspectualisation : la passion de l'avare ne s'exerce en effet et n'est reconnaissable qu'en raison du caractère itératif de la conjonction et du caractère continuatif de la non-disjonction. »[13]

La certitude d'une permanence passionnelle serait donc dans la dépendance d'une transitivité singulière qui ferait du *maintenant* non pas un terme doublement négatif, c'est-à-dire neutre, mais un terme complexe composant le terme **dernier** de la saisie conjonctive **et** le terme **premier** de la visée non-disjonctive. L'avare n'accumule que pour garder, et ne garde que ce qu'il vient d'accumuler : ce chevauchement, ou plutôt cet enchaînement sans hiatus entre la saisie et la visée, cette « épaisseur » aspectuelle de l'instant passionnel, n'est pas sans faire penser à la conception guillaumienne du présent, comme complexe de décadence et d'ascendance.

La « naissance » et la « mort » d'une passion — jugées souvent aussi incompréhensibles l'une que l'autre — prendraient la forme, du côté de l'objet, de crises aspectuelles et, du côté du sujet, de crises fiduciaires, les premières comme les secondes assurant ou non la continuité passionnelle.

## NOTES ET RÉFÉRENCES BIBLIOGRAPHIQUES

[1] A.J. Greimas, «Le savoir et le croire : un seul univers cognitif», in *Du sens II*, Paris, Seuil, 1983, p. 115-133.
[2] *Encyclopédie philosophique universelle*, tome 1, Paris, PUF, 1990, p. 522.
[3] Malebranche, *Recherche de la vérité*, V, 12. Cette citation est empruntée à l'*Encyclopédie philosophique universelle*, tome 1, *op. cit.*, entrée «Crainte», p. 503.
[4] *Cf.* Greimas, «De la modalisation de l'être», *De sens II, op. cit.*, p. 89-90, où le principe des confrontations est défini.
[5] A.J. Greimas, «Le contrat de véridiction», in *Du sens II, op. cit.*, p. 103-113.
[6] A.J. Greimas & J. Courtés, *Sémiotique, II, op. cit.*, p. 48.
[7] E. Cassirer, *La philosophie des formes symboliques*, tome 2, *op. cit.*, p. 263.
[8] E. Cassirer, *La philosophie des formes symboliques*, tome 2, *op. cit.*, p. 268.
[9] A.J. Greimas, *Des hommes et des dieux*, Paris, PUF, 1985, p. 22.
[10] A.J. Greimas, *Du sens II, op. cit.*, p. 112-113.
[11] M. Hammad, «La privatisation de l'espace», *Nouveaux Actes Sémiotiques*, 4, 5, Limoges, Trames/Pulim, 1989, p. 40.
[12] A.J. Greimas & J. Fontanille, *Sémiotique des Passions, op. cit.*, p. 112.
[13] *Op. cit.*, p. 116.

# Émotion

## 1. RECENSION

S'il fallait une preuve supplémentaire du fait qu'une discipline en voie de constitution a pour objets véritables ceux-là mêmes qu'elle commence par exclure de ses préoccupations, le sort réservé à l'émotion apporterait cette preuve. Pour la linguistique et la sémiotique, le signifié n'est certes pas le concept, mais il lui ressemble fort et, comme lui, il trahit une méfiance à l'égard du sensible et de l'émotion qui est, pour ainsi dire, l'unité élémentaire du sensible. De plus, une tradition intellectuelle, prend appui sur un certain usage des modalités véridictoires pour déconseiller l'investigation : la connaissance est déperdition et seul le mystère est gratifiant. Si plus personne ne songe sérieusement à nier la signification des émotions et des passions, la question porte sur le fait de savoir si la sémiotique de l'émotion se coulera dans les acquis en occupant une place laissée libre, ou si elle conduira à un réexamen, et dans cette hypothèse quelle sera l'étendue de ce réexamen.

Néanmoins, sans entrer dans le détail, nous ne saurions engager cette étude sans signaler que, pour d'autres approches aussi, l'émotion est conçue comme ayant une signification : pour Sartre, par exemple, dans le prolongement de la phénoménologie, l'émotion est une réponse, sinon une solution, à une situation vécue comme problématique, voire insupportable. Nous y reviendrons. On sait aussi que l'émotion a aujourd'hui sa place dans les recherches cognitives, toujours comprise comme une réponse adaptative, mais aussi au fondement même de notre représentation du monde naturel, notamment par le biais de la métaphore, chez Lakoff[1].

La tradition sémio-linguistique nous a légué la « fonction expressive » (K. Bülher) et la « fonction émotive » (R. Jakobson). La position de Jakobson[2] est au fond très proche de la position cognitiviste, puisque sa « fonction émotive » est conçue comme une transmission directe d'*information* sur le destinateur du message; la nature éventuellement affective de cette information ne fait pas l'objet d'un traitement particulier. En revanche, K. Bülher[3] mentionne déjà deux modes d'« expression » du sujet de la parole : la « résonance » et l'« indice »; il s'agit de deux modes d'expression (*i.e.* : de manifestation sémiologique) de l'intériorité du sujet d'énonciation. Selon Bülher, seul le second, l'indice d'intériorité, comparable au symptôme, relèverait vraiment du domaine sémiologique; de fait, la « résonance », où se manifeste indirectement toute la « profondeur » des strates discursives, mais dont Bülher dit peu de choses, devrait bien plus retenir notre attention.

Signalons enfin que D. Savan[4] a effectué une magistrale relecture de l'œuvre de Peirce sous l'angle des émotions; à partir de la théorie de l'interprétant, l'émotion peut être considérée sous trois aspects différents : (i) comme hypothèse immédiate, pure qualité sans valeur représentative, (ii) comme affect dynamique, renvoyant à un sentiment : à ce titre, l'émotion est traitée comme un *représentamem*, et (iii) comme une norme, une loi ou un principe d'explication systématique des comportements humains. On le voit : l'émotion est traitée comme un signe, signe de soi-même ou signe d'autre chose, et c'est en ce sens qu'elle a un sens, ou des sens. Quel que soit l'intérêt de cette exploration de la typologie sémiotique des émotions, elle reste **cognitive**, c'est-à-dire qu'elle n'a de signification qu'une fois traduite dans un langage qui n'est déjà plus le sien. A cet égard, l'approche pierrcienne de l'émotion est à l'émotion elle-même ce que la description structurale de la métaphore est à la métaphore, à savoir une interprétation, l'interprétation d'une figure déjà traduite, et dont, par conséquent, l'effet en discours et en acte est désormais perdu. Il s'agit ici pour nous d'aborder le « sensible » non pas en tant qu'il est traduisible en « intelligible », mais de le saisir dans la tension qui le lie à l'intelligible.

## 2. DÉFINITIONS

Avec quelques autres termes du métalangage, l'émotion partage le redoutable privilège d'appartenir à la langue naturelle et d'avoir reçu ici et là de multiples définitions dans diverses disciplines[5]. En français, le terme «émotion» (= «état affectif intense, caractérisé par une brusque perturbation physique et mentale») appartient à une nomenclature des états affectifs, au sein de laquelle il se distingue de la «passion» (= «vive inclination vers un objet que l'on poursuit, auquel on s'attache de toutes ses forces»), du «sentiment» (= «état affectif complexe, assez stable, assez durable»), de l'«inclination» (= «mouvement affectif, spontané vers un objet ou une fin»), de la «disposition» (= «tendance à») ou du «tempérament» (= «ensemble de caractères innés chez une personne, complexe psychophysiologique qui détermine ses comportements»). Il est réconfortant pour le sémioticien de constater que cette nomenclature se construit autour de quelques grandes catégories sémiotiques : (i) **modales** : le *vouloir* et le *pouvoir*, ainsi que le *savoir* relatif à ces modalités ; (ii) **aspectuelles** : le continu et le discontinu, le singulatif et l'itératif, l'accompli et l'inaccompli ; (iii) **factitives**, avec le faire-faire ; (iv) **structurales**, avec la complexité et la stabilité ; (v) **prosodiques** enfin, avec l'intensité et la soudaineté.

La question s'énonce pour ainsi dire d'elle-même : ces catégories forment-elles, ou non, un système, une structure, c'est-à-dire, selon Hjelmslev, «une entité autonome de dépendances internes»? Cette structure est-elle en mesure de produire une morphologie et une syntaxe suffisantes, en mesure d'accueillir les usages, les styles propres à chaque culture ?

## 2.1. Définitions paradigmatiques

On a tenté de résoudre la difficulté en la ramenant à une dualité confrontant l'émotion et la passion, comme le relève H. Parret :

> «On renvoie souvent à la distinction entre la passion et l'émotion de l'*Anthropologie de Kant* : 'L'émotion agit comme une eau qui rompt sa digue, la passion comme un torrent qui creuse de plus en plus profondément son lit. L'émotion est comme une ivresse qu'on cuve ; la passion, comme une maladie qui résulte d'une constitution viciée ou d'un poison absorbé.'»[6]

Quant à Th. Ribot, il développe la métaphore kantienne en opposant l'«aigu» et le «chronique», le «choc brusque et violent» et l'«obsession permanente ou intermittente»[7]. Si le trait /durativité/ fait défaut dans l'émotion, alors qu'il s'inscrit fermement dans la passion, on peut admettre que l'émotion se transforme en passion dès lors qu'elle infléchit le parcours du sujet dans son ensemble.

Si cette réduction est plausible, elle n'est pas sans défaut. En premier lieu, elle est loin d'intégrer l'ensemble des catégories relevées plus haut.

En second lieu, elle repose sur une double pétition de principe : elle suppose ce qu'il faut précisément démontrer, à savoir qu'il n'y aurait rien « au-delà » ou « en deçà » des deux termes retenus, mais rien non plus « entre » eux. Mais c'est là relever le défaut ordinaire du binarisme. Pour parvenir à une intégration ne préjugeant pas du nombre des possibles, un certain nombre de prémisses doivent être posées, de manière à conjuguer l'aspectualité, la modalité et la tensivité.

La constante de toutes les définitions affirme l'existence d'un lien fonctionnel entre deux complexes : un complexe **modal** et un complexe **phorique**. Le complexe modal associe deux dimensions : la dimension du *vouloir*, pathémique, partagée entre le désir et l'attachement; une dimension du *pouvoir*, partagée entre l'impuissance, l'inhibition d'une part, et l'aptitude, la mobilisation en vue d'un faire de l'autre. La phorie serait du côté du monde et de ses demandes, et la modalité du côté du sujet et des réponses qu'il avance; c'est à partir de la dimension du *pouvoir* que l'émotion entre en relation avec le faire : l'horreur, toujours évaluée comme un comble affectif, peut aussi bien provoquer la nausée que la fuite : dans le premier cas, l'énergie est, selon Freud, « aiguillée » vers la somatisation et l'anéantissement des programmes; dans le second cas, l'émotion est sous le signe de la mobilisation et déclenche un faire, dont elle devient pour un observateur l'explication rationnelle.

Le complexe « phorique » se compose également de deux dimensions : celle du *tempo*, variant entre vitesse et lenteur, et celle de la durée, variant entre allongement et brièveté; le complexe phorique admet encore le **rythme** comme terme médiateur entre les termes extrêmes que sont la soudaineté « tonique » et une durée « atone ». Ainsi pouvons-nous comprendre que la passion, en position médiane elle-aussi soit affectée d'un rythme, d'une scansion et d'une pulsation, en un mot d'un « style tensif » (*cf.* essai « Passion »), alors que l'émotion ne serait à cet égard qu'un éclat, un « coup » ou un accent.

A l'« intérieur » de chaque complexe, ainsi qu'entre les complexes, une corrélation associe deux à deux les gradients concurrents des diverses dimensions. Il est clair que dans le cas de la nomenclature passionnelle du français, cette corrélation entre valences est inverse. En admettant que les dénominations soient de bonnes approximations de l'interaction des valences, un système peut être mis en place organisant les évolutions corrélées, mais pas nécessairement synchrones, des différentes dimensions retenues :

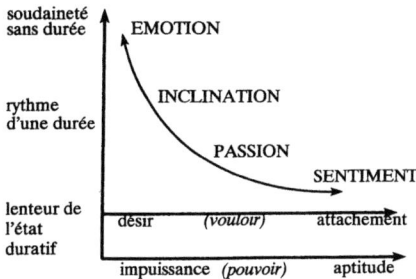

Il devient possible maintenant de préciser la signification immanente, figurale, de ce qu'il faudrait dénommer — sans méconnaître les conséquences de ce rabattement terminologique — les **phases** d'un **schéma affectif** élémentaire reposant sur des valeurs à la fois antagonistes et solidaires :

a) Du point de vue de la «phorie», l'émotion est définie par le régime de la soudaineté, que l'on peut interpréter comme le «produit» de la vitesse et de l'intensité qui, elle, évoluent ici de manière converse.

b) Du point de vue aspectuel, l'émotion correspond à la syncope de la durativité.

c) Du point de vue modal, la prépondérance des valences d'inhibition sur les valences d'impulsion devient la raison de la surprise : à la **soudaineté** propre au complexe phorique répond la **surprise** dans le complexe modal.

Globalement on constate que les valences toniques du *tempo* et de l'intensité se soldent par un affaissement des valences duratives et modales. Néanmoins, la corrélation inverse n'est pas généralisable : dans tel ou tel idiolecte, voire dans telle théorie des émotions adaptatives, la soudaineté sera associée à la mobilisation des énergies en vue du faire, alors que le sentiment étalé dans la durée sera associé à l'abaissement des énergies et de la capacité à réagir : c'est dire que dans ce cas, la corrélation entre le complexe phorique et la modalité du *pouvoir* sera converse. Eu égard à la dimension volitive, le cas est plus rare, mais envisageable en droit.

## 2.2. Définitions syntagmatiques

Assurément nous sommes dans l'incapacité de dire si les quatre dimensions indiquées (tempo, rythme, *pouvoir*, *vouloir*) sont suffisantes pour rendre compte du schéma affectif et des divers usages possibles qu'il est à même de produire. Mais nous pouvons, au moins provisoirement, concevoir la syntaxe des affects comme la traversée, partielle ou totale, du « schéma affectif » et, à partir du diagramme proposé, comme un parcours sur l'arc qui le représente. Les questions n'ont dès lors rien d'original : l'arc est-il parcouru d'une extrémité à l'autre ? Ou bien phase par phase ? Si un sujet, individuel ou collectif, est engagé dans une direction affective, la fixation en une phase du schéma est-elle assimilable à un « style affectif » ? En outre, lui est-il possible de s'engager dans la direction contraire, de le souhaiter sans y parvenir, d'y parvenir sans le souhaiter ?

La première question sera traitée dans les définitions étendues, la deuxième et la troisième dans les définitions restreintes.

### 2.2.1. *Définitions syntagmatiques étendues*

Nous admettrons donc que le sens d'un affect se laisse identifier à la phase traversée par le sujet, respectivement émotive, tendancielle, passionnelle ou permanente. Avant d'aller plus loin, précisons que cette solution revient à appliquer le point de vue dit « extensional », tel qu'il est présenté dans *La catégorie des cas*[8] de Hjelmslev, à un « continuum », à une « substance » que les *Prolégomènes* ne semblent pas avoir prévue... Le complexe né de l'agrégation d'un complexe phorique et d'un complexe modal peut se présenter sous certaines conditions à l'état **concentré** et, sous d'autres conditions, à l'état **diffus**. La concentration et la diffusion sont aux affects ce que les états de la matière reconnus comme extrêmes dans les conditions ordinaires sont à la matière elle-même : un système de « variétés » sensibles et pourtant accessibles à la connaissance.

La définition syntagmatique étendue nous met en présence, en nous plaçant sur l'isotopie amoureuse, de la configuration du « coup de foudre ». Du point de vue sémiotique, il se laisse appréhender comme un syncrétisme des phases, ou plutôt comme le parcours instantané — en un « éclair » selon certains — de toutes les phases que nous avons distinguées, et qui neutralise les délais que leurs morphologies imposent. La lecture du passage au cours duquel le chevalier des Grieux rencontre Manon dans *Manon Lescaut* montre que les différentes dimensions que nous avons envisagées sont parcourues avec la plus extrême célérité : (i) pour le complexe phorique composant la vitesse et l'intensité :

> « Elle me parut si charmante que moi, qui n'avais jamais pensé à la différence des sexes, ni regardé une fille avec un peu d'attention, moi, dis-je, dont tout le monde ad-

mirait la sagesse et la retenue, **je me trouvai enflammé tout d'un coup jusqu'au transport.**»⁹

(ii) pour la dimension volitive, qui va du désir à l'attachement :

> « J'avais le défaut d'être excessivement timide et facile à déconcerter ; mais loin d'être arrêté par cette faiblesse, je m'avançai vers la **maîtresse de mon cœur.**»

(iii) pour la dimension potestive :

> « Je l'assurai que, si elle voulait faire quelque fond sur mon honneur et sur la tendresse infinie qu'elle m'inspirait déjà, j'emploierais ma vie pour la délivrer de la tyrannie de ses parents, et pour la rendre heureuse. **Je me suis étonné mille fois, en y réfléchissant, d'où me venait alors tant de hardiesse et de facilité à m'exprimer**; mais on ne ferait pas de l'amour une divinité, s'il n'opérait souvent des prodiges.»

Le moment de l'émotion réduit la durée narrative à un « point », et réorganise l'ensemble du parcours autour du centre déictique et sensible : de fait, le moment présent est sensibilisé parce qu'il compose une **saisie**, c'est-à-dire un « déjà », et une **visée**, c'est-à-dire un « désormais ». Ce syncrétisme inhibe la possibilité du débrayage narratif, l'histoire d'un amour est « vécue » en un instant, celui de la deixis, au lieu d'être déployée et racontée en un espace-temps narratif : c'est ainsi que nous pourrions comprendre, en acte et en discours, ce que *Sémiotique des passions* appelle le « réembrayage sur le sujet tensif »¹⁰.

Bref, la définition étendue opère dans la **simultanéité**, « d'un seul coup », alors que les définitions restreintes vont procéder au « coup par coup », en monnayant l'émotion. Dans la définition étendue survient une contraction des programmes prévus, contraction à laquelle la fiducie vient donner son aval. Mais la question se pose pourtant : pour un sujet en proie à l'affect, comment la **succession** peut-elle faire place à la **simultanéité**? Le changement de *tempo* qui se produit n'est qu'un maillon de l'explication. Le commentaire doit être proportionné à son objet, c'est-à-dire à la révolution qui bouleverse le sujet et qui le met à même de convoquer en un seul point de son parcours toutes les phases qui le composent.

Mais pour penser cette révolution, il convient de revenir sur le divorce entre le sensible et l'intelligible. A cet égard, Cassirer fait remarquer que, pour bien des esprits, les entités, les parties sensibles précèdent le système intelligible et il préconise le renversement de la direction :

> « (...) le tout n'est pas acquis à partir des parties, et (...) toute position d'une partie implique la position du tout ; non certes dans son contenu, mais dans sa structure et sa forme générales. Chaque singularité, dans ces domaines, fait originairement partie d'un complexe déterminé dont elle exprime la règle. »¹¹

Constatant que cette fonction n'a pas reçu de dénomination valide, Cassirer propose de la désigner comme «fonction d'intégration», laquelle permet à telle partie de rappeler sans discontinuer le tout qui la précède :

> «(...) toute perception renferme un certain 'caractère de direction' et de monstration auquel elle renvoie au-delà de son ici et de son maintenant. En qualité de simple **différentielle** de la perception elle n'en contient pas moins l'**intégrale** de l'expérience.»[12]

L'appréhension sensible et simultanée des différentes phases de l'affectivité serait du même ordre que cette catalyse fulgurante, et donc affectante pour le sujet, du tout à partir de l'une de ses parties, catalyse autorisée par cette «fonction d'intégration» qui est, selon Cassirer, la prérogative de la conscience.

### 2.2.2. Définitions syntagmatiques restreintes

Le passage qui mène d'une phase à l'autre, par exemple de l'émotion à l'inclination, peut être décrit comme une transition de phase, plus précisément une déconcentration, une explosion contrôlée, et cette description peut intervenir en convoquant les dimensions constitutives de la figuralité. Sous le rapport du *tempo* et de l'intensité, si l'émotion comporte le trait /brusque/, l'inclination ne comporte plus que le trait /spontané/. Sous le rapport de la durée, l'émotion définie par la «perturbation» n'a pas plus de durée que la ligne en géométrie ne présente d'épaisseur ou le point d'étendue ; avec l'inclination, la durée est introduite, puisqu'elle comporte le trait /mouvement/. Sous le rapport de la spatialité, l'émotion est localisée, parce que le sujet et l'objet se confondent encore, alors que l'inclination présuppose déjà une scission actantielle et une orientation du sujet vers l'objet.

Ainsi, la décélération, du point de vue du *tempo*, et l'amortissement, du point de vue de l'intensité, qui déterminent la transformation de l'émotion en inclination sont exprimés par la restauration de la durée à travers l'attente, et par la reconstitution d'une identité modale ; un objet désirable est alors identifié et le sujet projette les moyens et les programmes, en vue de se conjoindre prochainement à cet objet.

Cette description, conduite à partir de la figuralité, dispose, entre l'émotion et l'inclination, le sens d'une opération, un opérateur et des grandeurs opérées déterminables : le sens de l'opération est essentiellement une déconcentration ; l'opérateur est aujourd'hui le «corps propre», hier le «cœur», comme siège du **sentir**, c'est-à-dire comme instance de mesure des tensions ; les grandeurs opérées sont les valences afférentes aux différentes dimensions retenues ci-dessus.

La question soulevée plus haut : *l'arc doit-il être parcouru d'une extrémité à l'autre ?* appartient au sujet passionné. Il est de sa prérogative de laisser les virtualités et les tensions du programme suivre ou non leur cours ; dans ce dernier cas, il lui incombe de l'entraver, de s'arrêter sur telle phase et de s'y maintenir par la mise en œuvre des programmes appropriés. Un style affectif se caractérise donc par la phase qu'il élit dans le dispositif et par la décision, implicite ou explicite, de se maintenir dans le régime affectif initial ou, au contraire, de laisser les attracteurs opérer la déconcentration prochaine.

La confrontation de Don Juan et d'Elvire chez Molière nous semble ici exemplaire : le parcours affectif de Don Juan le mène **de** l'émotion **à** l'inclination, **mais** s'arrête au seuil de la passion : l'émotion est exprimée par le « ravissement » de l'instant magique :

> « Pour moi, la beauté me ravit partout où je la trouve, et je cède facilement à cette douce violence dont elle nous entraîne. »[13],

et du désir encore sans objet ; le « ravissement » fait place à l'inclination, à la projection d'un objet à conquérir, mais le parcours de Don Juan exclut la durativité de la passion et, à plus forte raison, l'attachement :

> « Mais, lorsqu'on en est maître une fois, il n'y a plus rien à dire, ni rien à souhaiter ; tout le beau de la passion est fini (...). »[14]

La durée à laquelle Don Juan consent n'est qu'un délai, le « pas-encore » de la jonction ; il n'apprécie pas pour elle-même la durée d'un sentiment qui se déploie, mais seulement le « temps mis pour » résorber la distance entre le sujet et l'objet : la durée est donc exclue de la visée.

Le parcours suivi par Elvire est complémentaire de celui de Don Juan : elle part de la passion pour atteindre le sentiment. Elvire déclare certes :

> « Pour moi, je ne tiens plus à vous par aucun attachement du monde »,

mais elle fait néanmoins l'aveu d'un sentiment fondé sur la durée :

> « Mais, dans cette retraite, j'aurai une douleur extrême qu'une personne que j'ai chérie tendrement devînt un exemple funeste de la justice du Ciel. »[15]

Ainsi, à ce moment du déroulement de la pièce, Don Juan et Elvire refusent l'un et l'autre la passion, mais de façon différente : l'orientation de référence étant celle qui va de la concentration vers la diffusion, Don Juan reste **en deçà** de la passion ; sur la dimension du *vouloir*, Don Juan est d'abord sensible à « l'impétuosité de [ses] désirs » ou, selon le mot de R. Char, au « désir demeuré désir » ; sur la dimension du *pouvoir*, l'aptitude de Don Juan n'est que celle du *savoir/pouvoir faire* acquis par le séducteur. Elvire, elle, se situe **au-delà** de la passion ; sur la dimension volitive, elle dénonce elle-même les « transports d'une passion condamnable » ; sur la dimension potestive, elle a retrouvé la maîtrise de soi puisqu'elle fait état des « égarements de [sa] conduite », en conformité avec le canon classique.

En outre, la structure sous-jacente de l'émotion permet de comprendre certains paradoxes affectifs. Un style affectif présenterait deux composantes : en premier lieu, il est identifiable à la prépondérance accordée à telle ou telle phase affective : le sujet pourra être dit « sensible » s'il s'en tient à l'émotion, « attiré » s'il ressent une inclination, « passionné » s'il cultive la passion, « tendre » s'il atteint le sentiment ; en second lieu, il comporte une décision implicite relative à la transitivité des phases : par exemple, il est fréquent que le sujet « passionné » refuse de se transformer en sujet « tendre ». Et, pour ce faire, il n'hésitera pas, si sa conviction, c'est-à-dire son coefficient fiduciaire personnel, est forte, à sacrifier l'objet qu'il recherche, pour se maintenir dans la phase affective qu'il a érigée en choix existentiel. La Rochefoucauld fait souvent état de ces retournements :

> « Les passions en engendrent souvent qui leur sont contraires : l'avarice produit quelquefois la prodigalité et la prodigalité l'avarice ; on est souvent ferme par faiblesse, et audacieux par timidité. » (Maxime 11)
> « L'avarice est plus opposée à l'économie que la libéralité. » (Maxime 167)

Une des règles de la grammaire affective stipulerait donc la possibilité de subordonner *avoir* et *faire* à *être* : pour demeurer celui que je suis, celui du moins que je crois être, sous le rapport des affections, je n'hésite pas à substituer au programme pratiqué jusqu'alors un programme opposé ; la fidélité à moi-même, c'est-à-dire à mon régime affectif, m'impose ce changement selon l'être. Cette dialectique de la direction et du programme retrouve un des thèmes de la « métapsychologie » freudienne, à savoir le « renversement dans le contraire »[16].

## 3. CONFRONTATIONS

Voir la partie *Confrontations* du chapitre suivant, *Passion*.

## NOTES ET RÉFÉRENCES BIBLIOGRAPHIQUES

[1] G. Lakoff & Z. Kovécses, «The cognitive model of Anger inhérent in Américan English», D. Holland et N. Quinn (eds), *Cultural models in Language and thought*, Cambridge, Cambridge University Press, 1987.

[2] R. Jakobson, «Linguistique et poétique», *Essais de linguistique générale*, Paris, Minuit, 1963.

[3] Notamment dans K. Bülher, *Ausdruckstheorie. Das System an der Geschichte aufgezeigt*, Stuttgard, Fischer Verlag, 1933.

[4] David Savan, «La théorie sémiotique de l'émotion selon Peirce», *Nouvelle Revue d'Ethnopsychiatrie*, 11, 1988, p. 127-146.

[5] A.J. Greimas & J. Fontanille, *Sémiotique des passions*, *op. cit.*, p. 92-96.

[6] H. Parret, *Les Passions - essai sur la mise en discours de la subjectivité*, Liège, Mardaga, 1986, p. 124-125.

[7] Cité par H. Parret, *op. cit.*, p. 125.

[8] L. Hjelmslev, *La catégorie des cas*, *op. cit.*, p. 95-104.

[9] Cet extrait ainsi que ceux qui suivent sont empruntés aux premières pages du roman.

[10] A.J. Greimas & J. Fontanille, *op. cit.*, p. 79-80 et 151-153.

[11] E. Cassirer, *La philosophie des formes symboliques*, tome 1, *op. cit.*, p. 45.

[12] E. Cassirer, *La philosophie des formes symboliques*, tome 3, *op. cit.*, p. 230.

[13] Molière, *Don Juan*, acte 1, scène 2.

[14] *Loc. cit.*

[15] *Op. cit.*, acte 4, scène 6.

[16] S. Freud, *Métapsychologie*, Paris, Gallimard, col. Idées, 1976, p. 25.

# Passion

## 1. RECENSION

Le thème des passions relève traditionnellement de la philosophie et de la psychologie, mais l'étendue de ces deux domaines et l'extrême diversité des acceptions de la passion qu'on y rencontre ne se prête guère à une recension systématique. Globalement, la passion s'oppose à l'entendement, à la cognition, ou, plus couramment, à la raison; la psychologie tendrait à la réserver à des sous-disciplines séparées : psychologie des émotions ou psychanalyse (distinctes de la psychologie cognitive); la philosophie, en revanche, explore généralement, à travers la classification des univers passionnels, les perturbations induites dans l'entendement, en se fondant même parfois sur une évaluation préalable négative de la vie passionnelle. Rares sont en effet les systèmes qui placent la passion au cœur de la réflexion sur la «nature humaine» : de ce point de vue, le freudisme constitue, dans la modernité, une exception dont il faut tout de suite nuancer la portée : d'une part, la notion même de passion n'est pas exploitée par Freud, et on doit se contenter de la reconnaître indirectement dans le «destin des pulsions», soit comme «renversement» du rapport à l'objet en son contraire, soit comme «retournement contre la personne propre»[1]; d'autre part, le recouvrement avec la définition sémiotique de la passion ne peut être que partiel, dans la mesure où, selon Freud, le destin des pulsions se déploie en marge des modalités définissant les sujets, quand ce n'est pas contre elles.

Néanmoins, l'examen des définitions philosophiques, considérées comme l'arrière-plan culturel de toute réflexion sur le sens de la passion, permet de reconstituer la « base classématique » de cette notion, pour reprendre une expression d'H. Parret. La passion serait lisible dans nos cultures, nous rappelle-t-il, sur le fond d'une opposition forte entre le *pathos* et le *logos*, opposition qui se monnayerait en deux imaginaires distincts ; l'imaginaire « logique »,

> «... celui de la raison, de la vie, de la clarté, du cosmos, de l'harmonie, du céleste, de l'universalité, de la régularité, de la distinctivité »,

et l'imaginaire « pathique », celui

> «... de la folie, de la mort, de l'obscurité, du chaos, de la disharmonie, du souterrain, de la variabilité, de la particularité, de l'irrégularité, de l'indistinct. »[2]

Mais, au nom de ce même clivage imaginaire, la **passion** s'oppose aussi à l'**action**, en ce qu'elle la perturbe, en trouble le sens, ou la dévoie. Philosophie de la connaissance, philosophie de l'action, chacune se donne la passion comme anti-objet, à combattre, à réduire ou à sublimer, bien rarement à exploiter en tant que telle. Restent les deux paradigmes imaginaires, paquets de figures réunies en deux « styles » axiologiques cohérents, et dont la rémanence dans nos cultures va bien au-delà du domaine passionnel, puisqu'on la retrouve en partie aussi bien dans la réflexion de Wölfflin sur les styles classique et baroque, que dans les « régimes » imaginaires de G. Durand.

C'est pour échapper à ce dilemme que la sémiotique a rompu le lien avec les définitions traditionnelles : ou bien les définitions philosophiques et psychologiques de la passion, si elles sont précises, n'offrent pas réellement de base classématique stable[3] ; ou bien, quand elles sont homogènes, elles sont suffisamment générales pour caractériser des styles de relation entre l'homme et le monde ou lui-même, c'est-à-dire pour engager l'imaginaire tout entier, et pas seulement la passion proprement dite.

L'approche sémiotique hérite tout d'abord de la linguistique de l'énonciation : pour celle-ci, en effet, l'affectivité relève de la composante modale, complémentaire de la composante déictique : par exemple, les adjectifs dits « affectifs », tout comme les connotations passionnelles, font partie de la classe des « modalisateurs ».

Néanmoins, dans le domaine sémiotique lui-même, la notion ne s'est imposée que tardivement, ayant été tenue à l'écart dans les années 60 et 70 par les exclusives propres au structuralisme : le premier tome du *Dictionnaire raisonné de la théorie du langage* ne comporte pas l'entrée «passion»; dans le second tome, la passion est définie, sous la plume de Fr. Marsciani, comme «une organisation syntagmatique d'états d'âme, en entendant par là l'habillage discursif de l'être modalisé des sujets narratifs»[4], et elle est exclusivement rattachée aux «acteurs». Dans la même entrée, P.A. Brandt en propose une définition intersubjective, comme modalisations stratégiques de l'échange, qui n'auraient «pas trouvé leur analyse en termes de narratologie des actions»[5]. Ces restrictions — restriction au domaine des acteurs, restriction à l'échange intersubjectif, restriction à ce qui déborde le cadre de l'action — interdisaient à la théorie des passions de se présenter au moins comme l'égale de la théorie de l'action.

Ce n'est que dans *Sémiotique des passions* qu'on voit apparaître une définition suffisamment extensive pour permettre un déploiement théorique systématique : la «passion» se distingue alors de l'«action», non pas comme résidu de l'analyse narratologique, mais comme changement de point de vue. La passion est alors considérée (i) sur le fond d'une problématique tensive et sensible, (ii) comme une organisation syntagmatique, modale et aspectuelle, et (iii) comme prise en charge par la praxis énonciative sous forme de taxinomies connotatives. Dès lors, la sémiotique des passions n'apparaît plus comme un complément de la sémiotique de l'action : elle l'englobe et la comprend, sous son propre point de vue.

Pour apprécier la pertinence d'un point de vue théorique, il faut au moins en évaluer la cohérence. Du point de vue de l'action, la passion n'est qu'un effet superficiel, voire une perturbation, de l'ordre de l'exception ou de l'excès; en ce sens, la passion est l'«irréductible» de l'action, et l'irréductible est, à la limite et par définition, inconnaissable. Du point de vue de la passion, l'action est un cas particulier soumis à des règles de restriction : discrétisation des énoncés, orientation exclusive selon le faire, reconstruction des modalités par stricte présupposition à partir de la performance, etc.; dans cette autre perspective, l'action étant définie à partir de la passion, et soumise à un petit nombre de conditions réductrices, la cohérence de l'ensemble du dispositif théorique est sauvegardée.

L'histoire de la théorie des passions, dans le domaine sémiotique, pourrait être résumée sous la forme d'une série de déplacements :
a) **de la taxinomie à la syntaxe** : la taxinomie étant soumise aux variations culturelles, la syntaxe passionnelle seule peut prétendre à l'universalité ;

b) **de la syntaxe à la modalisation** : en même temps que la syntaxe narrative devient une syntaxe modale, en partie indépendante des investissements axiologiques dans les objets de quête, la modalisation est supposée assurer le fondement des effets passionnels;

c) **de la modalisation à l'aspectualisation** : l'identité modale des sujets apparaît alors comme surdéterminée par des traits aspectuels et rythmiques qui caractérisent les types passionnels;

d) **de l'aspectualisation à l'intensité** : *in fine*, les phénomènes passionnels semblent réguler l'intensité dans le discours.

On est en somme passé de la syntaxe narrative à la syntaxe tensive. Mais, d'un autre côté, du point de vue de la méthode, un autre déplacement a été accompli : pendant les années 80, l'analyse des passions était une analyse des lexèmes ou des rôles passionnels : la colère, le désespoir, la nostalgie, l'indifférence, l'avarice ou la jalousie; au cours des années 90, elle se consacre de plus en plus souvent à l'étude de la dimension passionnelle du discours, et notamment aux manifestations passionnelles non verbales, ou «non verbalisées», comme par exemple, celle de l'«éprouvé», menée par A. Hénault[6].

## 2. DÉFINITIONS

### 2.1. Définitions paradigmatiques

#### 2.1.1. *Définition paradigmatique étendue*

Une passion est tout d'abord une configuration discursive, caractérisée à la fois par ses propriétés syntaxiques — c'est un syntagme du discours — et par la diversité des composants qu'elle rassemble : modalité, aspectualité, temporalité, etc. Avec les passions, la sémiotique doit se donner les moyens de traiter des ensembles hétérogènes et de rendre compte de leur cohérence.

Si on compare ce type de syntagme avec les syntagmes proprement narratifs, comme ceux de la manipulation, on s'aperçoit que les syntagmes dits narratifs sont obtenus par réduction à leur seule composante modale, alors que les syntagmes passionnels associent plusieurs dimensions. De ce point de vue, l'effet passionnel résiderait d'abord dans les corrélations entre différentes dimensions : la sémiotique de l'action a fait le choix de la simplicité, en vue de réduire le domaine de pertinence et d'augmenter l'intelligibilité de la logique de l'action proprement dite, alors que le point de vue de la sémiotique des passions est celui de la complexité, c'est-à-dire des corrélations entre des dispositifs et des dimensions qui relèvent de plusieurs niveaux du parcours génératif.

L'association de plusieurs dimensions corrélées entre elles au sein d'un syntagme discursif constituerait en somme un premier noyau définitionnel de la passion. Au terme de cet ouvrage, il apparaît :
1. que les dimensions concernées seraient de deux types : modales et phoriques ;
2. que les modalités impliquées concernent aussi bien l'existence (modalités existentielles) que la compétence (*vouloir*, *devoir*, *savoir*, *pouvoir* et *croire*) ;
3. et que la phorie compose pour l'essentiel l'intensité et l'extensité, avec leurs effets induits, par projection sur l'espace et le temps, les effets de tempo et de rythme.

Un complément s'impose immédiatement : ces corrélations sont isotopantes pour le discours, en ce sens qu'elles sensibilisent la manifestation discursive, et y actualisent les isotopies phoriques et, notamment, la proprioceptivité. En effet, les corrélations entre intensité et extensité induisent des tensions, qui elles-mêmes affectent le corps propre, et se traduisent par des manifestations proprioceptives en discours. Une passion est donc une configuration — définie comme ci-dessus — dont les corrélations sont à la fois intelligibles et sensibles.

De fait, dès qu'on renonce à une approche moralisée de la passion, on est conduit à s'en tenir à une telle définition, et à abandonner les oppositions classiques entre la raison et la passion (la passion est une forme de la rationalité discursive), entre l'action et la passion (l'action est une réduction de la complexité discursive), et même entre la nature (passionnelle) et la culture. En effet, l'effet de sens passionnel est, dans la perspective que nous défendons, résolument culturel, répertorié dans une « encyclopédie » spécifique du domaine passionnel et qui appartient en propre à chaque culture. D'une certaine manière, éprouver une passion, ce serait même se conformer à une identité culturelle, et rechercher la signification de ses émotions et de ses affects dans leur plus ou grande conformité avec les taxinomies accumulées dans sa propre culture.

Par conséquent, il ne peut y avoir de configuration passionnelle sans observateur culturellement compétent : une émotion ou un affect ne requièrent qu'un corps sentant, et sont à ce titre de simples accidents du devenir proprioceptif, un faire réactif ou adaptatif de premier degré ; en revanche, une passion est un « événement » au sens strict, c'est-à-dire une transformation saisie et reconnue par un observateur. C'est un des motifs les plus stéréotypés de toutes les histoires d'amour que la non-reconnaissance des signes de la passion : tous les signes, toutes les conditions peuvent être rassemblés, encore faut-il que les partenaires s'entendent sur la place de cet ensemble dans la taxinomie passionnelle propre à leur culture, voire qu'ils identifient et prononcent de conserve le nom de cette passion. Telle est sans doute le rôle de la « déclaration » d'amour, et la raison de son pouvoir programmatique : comme le redoute le comte Mosca, dans *La Chartreuse de Parme*, une fois le nom prononcé, le syntagme se déploie, et la passion virtuelle se réalise, comme une leçon bien apprise. C'est en somme la praxis énonciative qui décide *in fine* de ce qui est passion et de ce qui ne l'est pas, par une sorte de sanction intersubjective et sociale, une intentionnalité qui doit être reconnue et partagée pour être opérante.

Cela signifie que, dès qu'une passion est identifiée et dénommée, on n'est plus dans l'ordre de la dimension passionnelle vivante, mais dans celui des stéréotypes culturels de l'affectivité. On ne peut donc engager la description des passions en identifiant des « unités » ou des « signes » passionnels, notamment lexicaux, car cette identification est d'emblée soumise à la grille culturelle de l'observateur ; en revanche, il est loisible de passer par l'intermédiaire de leurs « effets de sens en discours » : en effet, la passion en discours se caractérisera par la nature et le nombre de dimensions corrélées, et par les formants syntaxiques susceptibles de sensibiliser la manifestation discursive.

### 2.1.2. *Définition paradigmatique restreinte*

« Passion » a été retenu comme terme générique de l'ensemble de la problématique, et extrait pour cela d'une nomenclature que nous avons déjà évoquée dans l'essai consacré à l'émotion. Sans revenir sur ce choix tactique, on peut tout de même s'interroger sur la place de la passion dans l'ensemble des manifestations « affectives ». Le gradient déjà proposé, à partir de la corrélation entre la dimension modale et la dimension phorique (la phorie étant limitée ici à l'intensité), dispose ainsi les principales manifestations affectives :

*émotion - inclination - passion - sentiment*

L'émotion et l'inclination sont, du point de vue de la dimension phorique, plutôt toniques et du point de vue de la dimension modale, plutôt atones. La passion et le sentiment sont, du point de vue de la phorie, plutôt atones, et du point de vue modal, plutôt toniques. Dès lors, l'ensemble du complexe modal et phorique prend la forme d'un

« schéma tensif canonique », où l'émotion et l'inclination occuperaient la place de la « sommation », et la passion et le sentiment, celle de la « résolution ».

C'est dire que, si on veut saisir les corrélations entre dimensions, conformément à la définition que nous avons donné du « point de vue passionnel », il faut choisir le milieu du schéma affectif « décadent », où le complexe phorique et le complexe modal sont également manifestés. Comme dans tout schéma tensif, la zone centrale s'impose comme zone générique, celle où les dimensions concurrentes atteignent leur équilibre. Du point de vue des modalités, la passion et le sentiment permettent tout particulièrement l'identification des isotopies modales dominantes, ainsi que celle des dispositifs modaux : la compétence des sujets s'y exprime de manière distincte, alors qu'elle est violemment « compacifiée » ou suspendue, en tous cas illisible, dans le cas de l'émotion. Du point de vue de la phorie, la passion et le sentiment font place à la durée et au rythme : la conséquence principale est leur pouvoir isotopant dans le discours; au contraire, l'émotion est un pur hapax, que sa répétition même n'autorise pas à constituer en isotopie. Chaque manifestation, même déviante ou transformée, d'une passion ou d'un sentiment vient renforcer l'homogénéité du parcours discursif; en revanche, chaque manifestation d'une même émotion, si elle ne peut pas être rabattue sur une passion permanente, n'est au contraire qu'une occurrence irréductiblement singulière, dont l'effet de « fracture » discursive est toujours aussi vif.

Cependant, la passion ne peut être définie sans la valeur qu'elle vise. Il a été montré en maintes occasions, notamment à propos de l'avarice[7], que la passion n'était pas attachée au contenu sémantique de l'objet (l'avarice n'est pas la cupidité, l'amour de l'argent), mais aux déterminations tensives imposées à la valeur de ces objets, déterminations que nous avons convenu d'appeler des « valences ».

Une première distinction vient alors à l'esprit, celle qui découle des deux grands types de valeurs identifiées précédemment, à savoir les valeurs d'absolu et les valeurs d'univers : on obtiendrait ainsi des passions d'absolu (comme, par exemple, la jalousie) et des passions d'univers (comme l'amour du prochain, quel qu'il soit). Cette distinction repose, on le sait, sur le caractère **exclusif** ou **participatif**, **concentré** ou **étendu**, de la valence; elle intéresse en outre aussi bien les valences (intensives et extensives) du sujet que celles de l'objet. C'est ainsi que l'avarice choisit les valeurs d'absolu, puisqu'elle vise la concentration, et, par le refus de l'échange qu'elle implique, elle dénie les valeurs d'univers.

Plus précisément, ce sera la corrélation entre l'intensité affective investie dans l'objet, d'une part, et sa quantité ou son étendue, d'autre part, qui définiront le «type axiologique» de la passion. En corrélation converse, plus il se rencontre d'objets dans une passion, plus elle est intense, et réciproquement; le plus souvent, cette profusion d'objets constitue une classe générique (*cf.* le titre de Truffaut, *L'homme qui aimait les femmes*), et ce type de passion est considéré, en langue française, comme un «penchant» : l'intensité d'un penchant se mesure à la quantité d'objets convoités, c'est-à-dire à son pouvoir de propagation; par exemple : plus il boit, plus son penchant pour l'alcool est grand.

En corrélation inverse, la restriction à un objet unique, fixe et exclusif, caractérise les passions maniaques, car elles sont du même coup particulièrement intenses; à l'autre bout de l'arc de corrélation, la diffusion de la passion dans un grand nombre d'objets l'affaiblit : si cette diffusion a lieu en simultanéité, on parlera en français de «propension» (ce serait en quelque sorte la version atone du penchant); si elle donne lieu à une succession d'objets différents, on parlera, comme Lacan du désir, de passion «labile». Ces positions, composant une visée intensive et une saisie extensive, apparaissent sur le diagramme suivant :

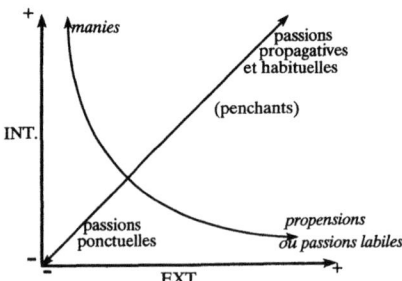

## 2.2. Définitions syntagmatiques

La syntaxe passionnelle peut être appréhendée de deux points de vue complémentaires : soit en tant que dimension discursive, éventuellement schématisable (définition syntagmatique étendue), soit à l'intérieur des limites d'un syntagme passionnel, qui se présente essentiellement comme un dispositif modal (définition syntagmatique restreinte).

### 2.2.1. Définitions syntagmatiques étendues

Conformément aux définitions paradigmatiques étendues, qui distinguent deux grands types de dimensions, la dimension modale, et la dimension phorique, la syntaxe de la passion sera elle aussi caractérisée par deux dimensions : la dimension modale lui procure ses **constituants**, les dispositifs modaux, et la dimension phorique, ses **exposants**, les dispositifs tensifs qui s'appliquent aux précédents.

Les premiers seront étudiés en tant que **syntaxe de la constituance**, et les seconds, en tant que **syntaxe de la consistance**.

La **syntaxe de la constituance** passionnelle donne lieu à une série de phases dont la teneur procure à chaque passion sa définition. En effet, les définitions par classifications achoppent toujours sur les limites des taxinomies culturelles ; en adoptant résolument une démarche syntaxique, la sémiotique s'oblige à rechercher les formants des syntagmes passionnels, et donc à se situer en deçà des passions effets de sens : à partir d'une série de formants modaux, chaque culture, individuelle ou collective, sélectionne ceux dont elle a besoin pour constituer ses propres syntagmes passionnels.

Le modèle général de cette syntaxe est celui d'un emboîtement de schémas :

```
                Pi
                Pii
P1, P2, P3, ........ Piii ......... Pn
                Piv
                ... Px
```

*Sémiotique des passions* offre un exemple de réalisation de ce modèle, à propos de la jalousie[8], sachant que chaque phase est la dénomination d'un dispositif modal bien défini :

| Attachement exclusif | → | Défiance ombrageuse | → | *inquiétude* *soupçon* *vision exclusive* *émotion* *honte* | → | Amour/Haine |
|---|---|---|---|---|---|---|

Le principe de l'emboîtement d'une micro-séquence à l'intérieur d'une macro-séquence permet de prévoir l'organisation des passions complexes, et notamment de faire une place aux précédents et aux subséquents passionnels de la passion examinée : ainsi, chaque passion, elle-même analysable comme une micro-séquence, est précédée et suivie d'autres passions, qui lui fournissent le contexte dans lequel elle prend son sens. La jalousie se compose d'inquiétude, de soupçon, etc., mais elle présuppose l'attachement exclusif et l'ombrage, sans lesquels elle ne peut se comprendre. Mais il faut bien voir que le déploiement détaillé de la micro-séquence, appliqué ici à la forme canonique de la crise de jalousie, pourrait tout aussi bien être appliqué à chacune des trois autres positions de la macro-séquence, si elles étaient à leur tour l'objet central de l'analyse. Certes, l'ensemble ne correspondrait plus à ce qu'on appelle généralement la «jalousie», mais, justement, c'est bien le propre de cette approche que de s'efforcer d'échapper aux limites du lexique, et de multiplier les possibilités d'expansion et de condensation.

La **syntaxe de la consistance** obéit globalement, quant à elle, à la schématisation tensive, à savoir à l'alternative entre le schéma ascendant [déploiement → sommation] et le schéma décadent [sommation → résolution]. La sommation ferait la part, au sein même de la passion, du moment de crise, voire de l'émotion; la résolution en assurerait le déploiement et la diffusion, et notamment le pouvoir isotopant, sur l'ensemble du parcours d'un sujet. Certains des conseils prodigués par Sénèque pour lutter contre la colère sont particulièrement éclairants à ce propos :

> «Le meilleur remède de la colère, c'est l'ajournement. Demande-lui au début non de pardonner, mais de réfléchir. Ce sont les premiers élans qui sont graves : elle cessera, si elle attend. N'essaie pas de la supprimer tout d'un coup; tu la vaincras tout entière, en l'arrachant par morceaux.»[9]

Quand on sent monter l'irritation, il faut, dit-il en substance, immédiatement en ajourner les conséquences et les manifestations, éviter à tout prix l'explosion, voire ménager les phases dûment calculées d'une éventuelle riposte. Dans les termes mêmes de l'essai sur les schémas, cette stratégie consiste à anticiper la résolution, et à syncoper la sommation : si la résolution intervient avant le pivot de la composante modale, qui permet le passage à l'acte, la sommation perd de son efficience. Or la «résolution» est ici explicitement décrite comme (i) cognitive et (ii) extensive; (i) il s'agit de réfléchir, voire de calculer, et le *De ira* est prolixe concernant les moyens de rendre «intelligible» l'arrière-plan de la colère, comme en témoigne cette déduction :

> «Si l'ajournement demandé ne produit aucun effet, cela prouvera dès lors que nous obéissons au jugement, et non à la colère.»[10][11]

(ii) il s'agit en même temps de **fragmenter**, d'«arracher par morceaux», c'est-à-dire de déployer en extension, de restaurer les droits de la quantité et de la résolution là où s'imposaient l'intensité et la sommation. Voilà bien une validation inattendue, et qui a déjà la patine due à la tradition, de l'éternel conflit de l'intensité et de l'extensité au sein du schéma tensif !

Or les remèdes proposés par Sénèque reposent sur une connaissance du schéma tensif de la colère, qui s'expose longuement par ailleurs, mais qui justifie à lui seul le choix du remède : structurellement, en quelque sorte, la colère est faite pour monter violemment, pour tout emporter sur son passage, et pour retomber tout aussi vite. Ce schéma « prosodique » est même un des arguments de Sénèque contre Aristote : non, la colère ne peut pas servir à punir l'injustice, car :

> « (...) elle commence avec fougue, puis elle faiblit, lassée avant le temps, et après n'avoir médité que cruautés et supplices extraordinaires, quand il faut sévir, la voilà brisée et molle. »[12]

La colère a donc pour Sénèque un « profil tensif », c'est-à-dire le profil des équilibres et déséquilibres successifs entre l'intensité et l'extensité. Ce profil correspond à ce que nous avons convenu d'appeler le « style tensif » de la passion. Dans le cas de la colère, la succession d'une protase et d'une apodose s'explique d'une certaine manière par la corrélation entre intensité et extensité :

1. Durant la **protase** passionnelle, l'intensité et l'extensité se renforcent mutuellement : la violence qui monte se nourrit du nombre des griefs qui s'accumulent, et elle multiplie à son tour les mesures de rétorsion (au moins imaginaires).

2. Passé un certain seuil (qui pourrait être caractéristique des individus, ou des situations), la relation s'inverse : la violence s'épuise dans une dépense extensive, elle s'use au nombre de « cruautés » et de « supplices » qu'elle a inspirés : c'est l'**apodose**, où l'extensité continue à augmenter, pendant que l'intensité diminue.

Nous proposons de généraliser cette conception : le « style tensif » d'une passion est un schéma dont le profil serait directement calculable à partir des changements intervenus dans l'équilibre et la direction de la corrélation entre l'intensité et l'extensité passionnelles.

Mais la syntaxe de la consistance ne se limite pas au schéma tensif. L'exemple de la colère, décrite par Sénèque, nous sera encore utile : en parlant d'« ajournement », Sénèque ne se contente pas de manipuler l'intensité et l'étendue de la violence ; à cet égard, il raisonne d'ailleurs comme si, une fois déclenché, le processus était irréversible et immuable. En revanche, la solution qu'il adopte implique que ce schéma tensif soit inscrit dans l'espace et dans le temps : il s'agit alors de décaler la durée propre de la passion et celle des actions, ou d'en détourner les effets en un autre lieu que celui où elle aurait les plus graves conséquences. Dans nos propres termes, cette solution consiste, en jouant sur un débrayage spatio-temporel, à désolidariser la syntaxe modale, qui conduit au faire, de la syntaxe tensive des exposants, qui impose à la première son schéma irrépressible. Mais, qu'il s'agisse d'ajourner, de mettre à l'écart ou de dissocier les deux dimensions syntaxiques, la stratégie suppose toujours que le profil tensif soit rapporté à un espace et un temps, celui du champ de présence du sujet. Les cultures codifient ces tempo et ces délais, par exemple, la durée d'un deuil, confirmant en quelque sorte leur rôle dans la définition des configurations culturelles de la passion. Il y aurait là l'esquisse d'une « économie tensive », au sens où les opérations consistent ici à suspendre, déplacer, différer, syncoper, anticiper..., économie tensive à laquelle Freud faisait déjà appel avec la notion de « déplacement », plus décisive selon lui que la « condensation »[13].

La projection d'un « style tensif » sur le champ de présence (centre, horizons, flux spatio-temporel...) le transforme en « **style sémiotique** ». Nous entendons par là l'ensemble des exposants caractéristiques d'une passion : profil tensif, tempo, rythme et aspectualité, dont la seule prise en compte suffit le plus souvent pour identifier un effet de sens passionnel. Mais, plus généralement, c'est l'identité tensive des sujets qui est en cause, dont la phraséologie quotidienne donne des descriptions souvent pittoresques : le style « soupe au lait », le style « long à la détente », l'« esprit de l'escalier », etc., sont tous des spécifications du schéma tensif, dont certains usages récurrents et figés ont particulièrement affecté la suture ou le mode d'expansion (*cf.* essai « Schéma »).

### 2.2.2. *Définition syntagmatique restreinte*

La syntaxe restreinte de la passion est aussi appelée « syntaxe intermodale ». Comme elle a été longuement développée dans l'essai « Modalités », nous n'en rappellerons ici que les principes, et nous renvoyons le lecteur au chapitre concerné pour plus de précisions.

Les modalités peuvent être traitées soit comme des grandeurs simples et discrètes, et leur domaine de validité est alors la description de la compétence des sujets narratifs, soit comme des grandeurs complexes et tensives, et elles entrent alors dans la composition des dispositifs passionnels. Dans le deuxième cas, ce sont des valeurs modales, obéissant en tout point à la définition tensive des valeurs en général : leur « valeur » est conditionnée par une corrélation, converse ou inverse, entre leur intensité et leur extensité.

La syntaxe interne des dispositifs passionnels s'explique dès qu'on admet que les différentes modalités qui les composent entrent en corrélation, non pas du point de vue de leur contenu modal proprement dit (*vouloir, savoir, pouvoir, devoir* ou *croire*), mais par le biais de leurs valences intensives et extensives. Les dispositifs en question ne sont donc pas des séquences qui cumulent seulement des contenus modaux (des « suites » modales, en somme), mais des configurations, dont la syntaxe interne est assurée par le jeu des corrélations tensives.

Un exemple permettra de préciser le mécanisme interne de cette syntaxe ; il s'agit d'une déclaration de Ferrante, vieux roi du Portugal, dans *La reine morte* de Montherlant :

> « Pour moi, tout est reprise, refrain, ritournelle. Je passe mes jours à recommencer ce que j'ai déjà fait, et à le recommencer moins bien. Il y trente-cinq ans que je gouverne : c'est beaucoup trop. Ma fortune a vieilli. Je suis las de mon royaume. Je suis las de mes justices, et las de mes bienfaits ; j'en ai assez de faire plaisir à des indifférents. Cela où j'ai réussi, cela où j'ai échoué, aujourd'hui tout a pour moi le même goût. (...) L'une après l'autre, les choses m'abandonnent. (...) Et bientôt, à l'heure de la mort, le contentement de se dire, songeant à chacune d'elles : 'Encore quelque chose que je ne regrette pas.' »[14]

La « lassitude » a ici tous les traits d'une configuration passionnelle, puisqu'elle conjugue une dimension modale (*ne pas pouvoir, ne pas vouloir*, notamment) et une dimension phorique (atonie, extension excessive). L'usure du *pouvoir* se reconnaît à deux indications au moins : *recommencer moins bien* et *ma fortune a vieilli* ; l'usure du *vouloir* est présupposée par la disparition des regrets : on ne regrette en effet que ce qu'on a voulu et ce qu'on veut encore. Globalement, la démodalisation du sujet s'explique par la répétition : banale conséquence, en somme, de la corrélation inverse entre l'extensité et l'intensité modales ; cette observation conduit à une autre : pour que leur intensité soit ainsi affectée par la répétition, les modalisations doivent avoir le statut de valeurs modales. On serait tenté de suggérer ici que, du point de vue de la sémiotique des passions, l'aspectualité est l'expression en discours du devenir des corrélations tensives qui caractérisent les valeurs modales : ce qui expliquerait que la répétition puisse dans ce texte apparaître avec une certaine évidence comme la cause de la démodalisation ; de même, les interruptions (aspect « non-accompli ») du schéma proposées par Sénèque ont pour objet, comme nous l'avons montré, le renversement précoce et anticipé des corrélations entre intensité et extensité propres à la colère.

En outre, la même corrélation inverse des valences dégrade aussi chez Ferrante les valeurs descriptives, qui ne sont plus que des « choses » : *les choses m'abandonnent* sanctionne le désinvestissement axiologique et passionnel des objets de valeur associés à l'exercice du pouvoir; par conséquent, les «objets de valeur» devenus des «choses», ayant perdu leur charge axiologique, ne sont plus en mesure d'investir le sujet de leur contenu sémantique.

Mais une autre question reste sans réponse : comment se fait-il que certaines modalités seulement soient affectées par la répétition? Pourquoi seulement le *pouvoir* et le *vouloir* (le *savoir* et le *devoir*, par exemple, sont tout aussi vifs qu'auparavant)? En d'autres termes, pourquoi le *pouvoir* et le *vouloir* sont-ils solidaires l'un de l'autre, dans la baisse d'intensité, et pas du *savoir* et du *devoir*? Pourquoi, en somme, ce roi las et usé est-il, de fait, un «blasé»? Réponse en quatre points :

1. Le *pouvoir* et le *vouloir* sont ici en corrélation converse : pour Ferrante, tout ce qui nourrit le *pouvoir* augmente son *vouloir*, et tout affaiblissement de l'un agit sur l'autre. Il en serait tout autrement si la corrélation était inverse : l'affaiblissement du *pouvoir* attiserait au contraire le *vouloir*.

2. Le *pouvoir* lui-même, en tant que valeur modale centrale dans *La Reine Morte*, ne s'affaiblit que parce qu'il est trop étendu, et qu'il a été trop longtemps exercé : ce stéréotype est bien connu des politologues.

3. L'étendue du *pouvoir* est évaluée par un observateur (Ferrante lui-même), chargé d'en mesurer les dégâts, et de compter les «abandons» successifs. L'intensité du *pouvoir* est, de fait, en corrélation inverse avec l'étendue du *savoir* — l'expérience accumulée, en quelque sorte —, qui permet d'évaluer l'extension du *pouvoir* et son affaiblissement.

4. La conjugaison des corrélations qui précèdent permet d'en déduire une dernière : l'étendue du *savoir* et l'intensité du *vouloir* sont elles aussi en corrélation inverse (le «dégoût»).

En somme : trop de *savoir* (l'expérience d'un vieillard) affaiblit un *pouvoir* trop longtemps exercé (un règne absolu de trente-cinq ans) et dégoûte (*non vouloir*) de continuer à l'exercer. Telle est ici la «lassitude» de Ferrante.

La suite modale [*S, non p, non v*] décrirait l'identité du sujet passionnel, mais pas la syntaxe interne de cette identité; or le «secret» sémiotique des passions réside en partie dans la solidarité structurelle entre les modalités d'une même suite, solidarité que nous sommes en mesure maintenant de décrire comme un jeu de corrélations entre gradients. En outre, du point de vue de la syntaxe générale de l'identité passionnelle, on assisterait ici à la conversion d'un rôle en *attitude* : à la fin de ses jours, le vieux roi est en effet tenté d'abandonner le **rôle** (établi par récurrence, en étendue) qui lui est dicté par son passé, et d'adopter une **attitude** (fondée par une visée, en intensité), qui donnerait une autre signification à sa mort prochaine.

Un autre cas de figure, dans une certaine mesure opposé au précédent, vient à l'esprit : à la laxité générale (ou **dystonie**) induite par la répétition des **rôles** et leur distribution dans la durée, le stoïcisme oppose l'**eutonie** et la **contention** passionnelles de chaque **attitude**. Le principe de l'eutonie stoïcienne[15] peut être cavalièrement ramené à l'effort qui maintient en un équilibre jamais relâché les tensions intérieures du sujet stoïque; dans nos propres termes, cela signifie que les différentes modalités constitutives de l'identité sont jugées solidaires, qu'elles sont susceptibles d'évoluer de manière inverse, et que la cohésion de cette identité exige qu'aucune ne prenne le pas sur les autres; à tout moment, et surtout en situation de crise tragique, le sujet stoïque doit être capable d'inventer son «attitude», et de contenir cet équilibre intérieur. Ainsi, Hercule, héros stoïcien par excellence, au milieu des flammes sur son bûcher, peut-il encore arranger les bûches pour que le feu soit efficace, continu et réussi.

Au contraire, la fureur et la colère ignorent ou remettent en cause la *conciliatio*, la cohésion dans l'identité du sujet, sous l'effet d'une explosion, d'une dispersion, et d'un déséquilibre qui s'accentue de lui-même[16]. C'est dire que l'effet de cohérence dans le parcours d'un sujet passionné peut résulter de deux causes : (i) à hauteur de la syntaxe passionnelle étendue, il s'agit de la sédimentation des rôles ou de la persévérance des attitudes; (ii) à hauteur des dispositifs modaux localisés, il s'agit de la force et de l'équilibre des tensions entre modalités. Dans les deux cas, la cohérence du parcours dépend de la cohésion sensible procurée à la constituance (modale) par la consistance (phorique), et, réciproquement, de l'intelligibilité procurée à la seconde par la première.

## 3. CONFRONTATIONS

La passion n'est pas concevable sans la valeur : valeur investie dans les objets, axiologies descriptives, certes, mais surtout valeurs modales et aspectuelles, contrôlées par les valences tensives. Si on prend en compte la dimension passionnelle du discours dans son entier, elle est donc globalement vouée à l'émergence, à la reconnaissance, et à la circulation des valeurs. Dans cette perspective, la dimension passionnelle des discours est indissociable du **devenir des axiologies**. Mais se pose alors la question du mode d'accès à la valeur.

Pour la première, deux voies se proposent : ou bien les valeurs sont données à **connaître** au sujet sémiotique, par exemple sous la forme d'un mandement, sous la responsabilité d'un Destinateur cognitif ; ou bien elles sont présentées à sa sensibilité, et elles lui sont données à **sentir**, sous des espèces figuratives. D'un côté, la rencontre avec la valeur est médiatisée par un rôle actantiel spécifique ; de l'autre, le thymisme diffus investi dans la figurativité, et notamment dans ses qualités sensibles, fait son œuvre. C'est ainsi que les deux amis de la nouvelle de Maupassant, analysée par Greimas, partent à la pêche littéralement poussés par le soleil renaissant qui leur chauffe le dos ; dans les termes mêmes de Greimas :

> « C'est, en fin de compte, 'l'air tiède' qui parachève la persuasion du sujet ('achève de le griser'), en créant l'illusion d'un /pouvoir faire/ susceptible de passer à l'exécution. »[17]

Bien entendu, il est toujours possible de reconstruire en profondeur l'action d'un Destinateur, ici le Soleil, mais il n'en reste pas moins vrai, au plan du discours, que l'accès aux valeurs (ici, déceptif, selon Greimas) est médiatisé par le thymisme investi dans la figurativité. Aristote avait déjà identifié cette propriété :

> « L'être se prend en de multiples sens ; en un sens, il signifie ce qu'est la chose, la substance, et en un autre sens, il signifie une qualité, une quantité, ou l'un des autres prédicats de cette sorte. »[18]
>
> « On appelle affection (*pathos*) en un premier sens la qualité suivant laquelle un être peut être altéré, par exemple, le blanc et le noir, le doux et l'amer, la pesanteur et la légèreté, et autres déterminations de ce genre. »[19]

Les valeurs passionnelles s'offriraient en somme de deux manières différentes et complémentaires : par le biais du contenu et du savoir, ou par celui de l'expression et de la sensibilité.

Enfin — faut-il le rappeler ? — le discours n'est pas seulement un agencement de mots, et par conséquent, la dimension passionnelle du discours ne se réduit pas à son lexique affectif. Le discours est un agencement dynamique de forces en devenir, où émergent, circulent et s'échangent des valeurs, parfois stabilisées sous forme d'isotopies. *A fortiori*, comme on l'a déjà fait observer, quand on a affaire à un discours non-verbal, la dimension passionnelle est à chercher ailleurs que dans les mots.

La définition des passions comme résultant d'une corrélation entre un complexe modal et un complexe phorique procure d'emblée une structure : tout comme le plan de l'expression conjugue exposants et constituants, au plan du contenu, la dimension passionnelle associe la dimension sensible (intensité, extensité, tempo, etc.) et la dimension intelligible (modalité). Les profils prosodiques de la consistance intéressent la première; la syntaxe modale restreinte et étendue, c'est-à-dire la constituance, concerne la seconde. C'est la raison pour laquelle on a pu dire que la dimension passionnelle accueillait, du côté des «composants», la syntaxe modale, et du côté des «exposants», les styles sémiotiques de la consistance. En d'autres termes, la structure modale de la passion se manifeste, pour un observateur, sous la forme des «styles sémiotiques» dont nous faisions état ci-dessus. Cependant, dans l'ordre des présuppositions, il est clair que la strate «modale» présuppose la strate «phorique», tout comme les constituants phonématiques présupposent le profil prosodique et les modulations syllabiques, et non l'inverse, ce qui explique que, en tant que strate présupposée, elle se manifeste dans tous les cas, soit seule, soit à travers la strate modale.

Mais la question de la manifestation de la passion et de l'émotion dans les discours non-verbaux reste entière. En effet, dans les discours verbaux, il est possible d'échapper relativement facilement aux lexèmes passionnels et de se rabattre sur les constituants modaux de la syntaxe passionnelle; mais, dans les discours non-verbaux, dès qu'on tente de sortir des expressions passionnelles figuratives, représentées par exemple dans un tableau ou une photographie, la question de l'ancrage plastique des émotions se pose immédiatement. Le problème est double : il faut à la fois se demander quel est ici l'équivalent des modalités, et en quoi résident les tensions dont se nourrissent, par définition, les passions.

Les modalités, disions-nous, modulent le **retard** imposé à un procès dont la réalisation est suspendue; ramenées à leur principe général, et indépendamment de leurs différents contenus spécifiques (*vouloir*, *pouvoir*, etc.), elles mesurent les **différences de potentiel**, et notamment les tensions existentielles, entre les phases du procès discursif. Si on admet que l'organisation plastique d'un objet visuel est régie par un procès discursif, entre les divers formants de la composante plastique de l'image apparaissent aussi des différences de potentiel, interprétables comme des valeurs modales. Si l'on suppose par exemple que l'organisation chromatique d'un tableau manifeste une transformation chromatique et axiologique, alors les différentes phases de ce procès correspondront à différentes valeurs modales, en fonction de l'importance de la différence de potentiel qui les sépare de la phase finale[20]. Dans le domaine musical, E. Tarasti a su donner un contenu explicite et opératoire aux modalités musicales, en partant de la poussée énergétique (pour le *vouloir*), du jeu de normes, genres et règles (pour le *devoir*), du stock d'intonations disponibles et connues à une époque donnée (pour le *savoir*), de la virtuosité et de la technicité de la partition (pour le *pouvoir*), et des différents effets véridictoires (pour le *croire*)[21]. Une identification aussi complète des valeurs modales n'est sans doute pas toujours possible dans tous les discours non-verbaux, mais il semble bien, au moins, que le plan du contenu des passions non-verbales soit accessible, et qu'il réside dans les différences de potentiel qui modulent le champ perceptif.

Pour ce qui concerne la dimension phorique, intensité, extensité, rythme et tempo, elle est d'emblée saisissable dans le plan de l'expression des sémiotiques non-verbales, en quelque sorte comme l'autre face des valeurs modales : rythmes plastiques, intensité musicale, aspectualisations de l'espace et du temps, rien ne manque à l'appel. En outre, les systèmes semi-symboliques eux-mêmes sont susceptibles d'être traités comme des corrélations tensives ; si par exemple, « le proche et le lointain » ont pour plan de l'expression « le grand et le petit », ce n'est que par souci de simplicité qu'on les traite généralement comme des catégories discrètes. De fait, la profondeur visuelle repose sur une corrélation de gradients : plus X est petit, plus il est éloigné, et la corrélation semi-symbolique fonctionne alors comme une corrélation tensive.

La solution parfois retenue par certains sémioticiens consiste à s'en remettre à la psychanalyse : la méta-psychologie freudienne, notamment, fournirait les éléments nécessaires pour aborder la passion dans le discours, en particulier dans le discours visuel. La position de F. Saint-Martin, par exemple, repose sur l'hypothèse suivante :

« l'activité de symbolisation, comme toute autre activité vitale, est motivée par la recherche d'états d'équilibre, de plaisir ou de bonheur. »[22]

Puis, s'appuyant sur la théorie de M. Klein selon laquelle le processus de symbolisation vise à établir des relations de « contenance », elle précise :

« Les signifiants d'affects euphoriques font état de continu, de fusion, de contenance et d'emboîtement (...), alors que les signifiants d'affect dysphoriques se révèlent à travers les séparations, disjonctions, exclusions... »[23]

L'exploitation de ces propositions théoriques dans la description confirme ce qu'on pouvait supputer à leur seul énoncé : dans une perspective psychanalytique, dès lors que l'analyse n'a plus le soutien des mots — fût-ce pour lire entre les mots —, l'affect est directement inféré des tensions internes de l'œuvre : tensions vers la fusion et la contenance, tensions d'éclatement et de dispersion; par exemple : les tensions entre des formes qui approchent des formes prototypiques, sous l'effet de la pression gestaltique, et des processus de rupture et de subversion de ces mêmes formes. Avec ou sans l'autorité de la psychanalyse, l'exploration de la dimension passionnelle de ce type de discours ne peut pas se passer d'une véritable sémantique tensive.

Reste la question de méthode : comment construire la dimension passionnelle d'un discours sans prendre appui sur les lexèmes passionnels? La définition proposée au début de cet essai, en termes de corrélations entre une dimension modale et une dimension phorique, fournit une piste, mais pas une méthode, car il s'agit maintenant d'identifier des figures de manifestation susceptibles de donner accès aux effets passionnels, à ce qu' A. Hénault appelle l'«éprouvé». Le va-et-vient entre la réflexion théorique et la pratique des textes nous permet d'en reconnaître huit au moins, regroupées en trois sortes.

1. Relevant de l'espace tensif et de la phorie : (i) les effets de champ, et notamment les variations d'intensité et d'extensité des visées et des saisies (*cf.* l'essai «Présence»), (ii) le tempo et le rythme (*cf. supra*, la syntaxe de la consistance).

2. Relevant de l'espace sémio-narratif : (i) la mise en perspective du dispositif actantiel, avec, notamment les relations de jonction, d'adresse et de médiation, entre le sujet, l'autre et l'objet (*cf.* l'essai «Modalités»), (ii) les modalisations converties en valeurs modales et corrélées entre elles (*cf.* l'essai «Modalités» et *supra*, la syntaxe de la constituance).

3. Relevant de l'espace discursif : (i) les prédications concessives, qui manifestent les corrélations inverses, les plus propices aux effets passionnels (*cf.* l'essai «Modalités» et l'essai «Praxis énonciative»), (ii) les aspectualités, converties en valeurs aspectuelles, c'est-à-dire soumises elles aussi à la régulation des valences tensives, (iii) la figurativité, dès lors qu'elle se manifeste par le biais de ses qualités sensibles, indissociables de leurs effets proprioceptifs, (iv) et enfin la somatisation elle-même, le sursaut ou le frémissement, la rougeur ou l'agitation, la nausée ou l'apaisement, qui manifeste la réception des tensions modales, actantielles et figuratives par le corps propre.

Toutes ces figures sont susceptibles, isolément, d'induire des effets passionnels, et invitent à encatalyser les autres dimensions; en outre, leur superposition dans le discours est en général une bonne indication des zones segmentables du parcours passionnel. En bonne méthode, le relevé des manifestations lexicales de l'affectivité ne devrait être fait qu'en dernier : on s'apercevrait alors (i) que la plupart des formes passionnelles ainsi construites ne sont pas dénommables, et (ii) que les propriétés attribuées par le discours à telle ou telle passion lexicalisable n'étaient en rien prévisibles à partir de la définition en langue.

NOTES ET RÉFÉRENCES BIBLIOGRAPHIQUES

[1] *Cf.* Cl. Zilberberg, «Les passions chez Freud», *Actes Sémiotiques*, Bulletin, n° 9, 1976, p. 46-48.
[2] Ces paradigmes sont établis par H. Parret dans *Les passions. Essai sur la mise en discours de la subjectivité*, Bruxelles, Mardaga, 1986, p. 9-15.
[3] C'est en quelque sorte la conclusion d'H. Parret, *op. cit.*, p. 15.
[4] A.J. Greimas & J. Courtés, *Sémiotique I, op. cit.*, p. 162-163.
[5] *Op. cit.*, p. 163.
[6] Anne Hénault, *Le pouvoir comme passion*, Paris, PUF, col. Formes Sémiotiques, 1994.
[7] *Sémiotique des passions, op. cit.*, Deuxième chapitre.
[8] *Op. cit.*, p. 268.
[9] Sénèque, *Dialogues I, De ira*, Livre II, XXIX, 1, p. 54.
[10] *Op. cit.*, Livre III, XII, 4, p. 78.
[11] L'intérêt de la conception stoïcienne pour la sémiotique tient dans le fait qu'elle ne place pas de frontière catégorielle entre la passion et la raison. Comme le précise Sénèque lui-même : «Je le répète, passion et raison n'ont pas un siège particulier et séparé, ce ne sont que des modifications de l'esprit en bien et en mal» (*op. cit.*, Livre I, VIII, 3, p. 11). D'où la facilité avec laquelle nous pouvons reconnaître dans sa description de la colère un schéma associant le sensible et l'intelligible.
[12] *Op. cit.*, Livre I, XVII, 5, p. 21.
[13] S. Freud, *Le rêve et son interprétation*, Paris, Gallimard, Idées, 1977.
[14] Henri de Montherlant, *La reine morte*, Paris, Gallimard, 1947, Acte II, Scène 3, col. Folio p. 77.
[15] Exprimé notamment dans Sénèque, *De brevitate vitae*, A. Bourgery, éd., Paris, Les Belles Lettres, col. Budé, 1980; *Hercule furieux*, et *Hercule sur l'Oeta*, L. Herrmann, éd., Paris, Les Belles Lettres, col. Budé, 1967.
[16] Ces différents aspects du stoïcisme ont été tout particulièrement mis en valeur par Clara-Emmanuelle Auvray, dans *Folie et Douleur dans Hercule Furieux et Hercule sur l'Oeta, Recherches sur l'expression esthétique de l'ascèse stoïcienne chez Sénèque*, Frankfurt-am-Main/Bern/New York/Paris, Peter Lang, 1989.
[17] Algirdas Julien Greimas, *Maupassant, La sémiotique du texte : exercices pratiques*, Paris, Seuil, 1976, p. 90.
[18] Aristote, *Métaphysique*, 1028a, 10-33.
[19] *Op. cit.*, 1022b, 15.
[20] Voir, à ce sujet J. Fontanille, «Sans titre, ou sans contenu?», *in* F. Saint-Martin (éd.), *Approches Sémiotiques sur Rothko*, Nouveaux Actes Sémiotiques, n° 34-35-36, Limoges, PULIM, 1994.
[21] Eero Tarasti, *Sémiotique musicale*, Limoges, PULIM, 1996.
[22] Fernande Saint-Martin, «La tragédie, l'extase et les autres émotions...», *Approches sémiotiques sur Rothko*, Nouveaux Actes Sémiotiques, n° 34-35-36, *op. cit.*, p. 118.
[23] *Op. cit.*, p. 118.

# Bibliographie
# (ouvrages et articles cités)

## LITTÉRATURE & ESSAIS

BAUDELAIRE, Charles, *Œuvres complètes*, Paris, Gallimard, La Pléiade, 1954.
CAMUS, ALbert, *L'homme révolté*, Paris, Gallimard, 1951.
ELUARD, Paul, *Capitale de la douleur*, in *Œuvres complètes*, Paris, Gallimard, La Pléiade, 1975.
MALLARMÉ, Stéphane, *Œuvres complètes*, Paris, Gallimard/La Pléiade, 1945.
MOLIÈRE, *Don Juan*, Acte 1, scène 2.
MONTHERLANT, Henri, *La reine morte*, Paris, Gallimard, 1947, Acte II, Scène 3, col. Folio.
PASCAL, Blaise, *Œuvres complètes*, Paris, Gallimard, La Pléiade, 1954.
PÉGUY, Charles, *Œuvres en prose*, 1909-1914, Paris, Gallimard/La Pléiade, 1961.
POE, Edgar Allan, *La lettre volée*, in *Œuvres en prose*, Paris, Gallimard, La Pléiade, 1951.
PRÉVOST (ABBÉ), *Manon Lescaut*, Paris, Garnier.
PROUST, Marcel, *A la recherche du temps perdu*, Paris, Gallimard, La Pléiade, 1954.
SÉNÈQUE, *Hercule furieux*, et *Hercule sur l'Oeta*, L. Herrmann (éd.), Paris, Les Belles Lettres, col. Budé, 1967.
TOCQUEVILLE, Alexis, *De la démocratie en Amérique*, Paris, 10/18, 1963.
VALÉRY, Paul, *Eupalinos ou l'Architecte*, Paris, Gallimard, La Pléiade, 1960.
*Cahiers*, Paris, Gallimard, La Pléiade, 1973.
VERLAINE, Paul, *Fêtes Galantes*, Paris, Gallimard, 1973.
*Sagesse*, Livre de Poche.

## PHILOSOPHIE, ANTHROPOLOGIE & HISTOIRE

ARISTOTE, *Métaphysique*, 1028a, 10-33.
BOLTANSKI, Luc, «Agir et vivre en commun», entretien avec L. Boltanski, *Sciences humaines*, 5, mai-juin 1994.

BOURDIEU, Pierre, *Esquisse d'une théorie de la pratique*, Genève, Droz, 1972.
CASSIRER, Ernst, *La philosophie des formes symboliques*, tome 1, 2, 3, Paris, Minuit, 1986.
DELEUZE, Gilles, *Différence et répétition*, Paris, PUF, 1989.
*Francis Bacon, logique de la sensation*, La Différence, 1984.
DESCARTES, *Traité des passions*, Paris, Gallimard, La Pléiade.
FREUD, Sigmund, *Le rêve et son interprétation*, Paris, Gallimard, Idées, 1977.
*Introduction à la psychanalyse*, Paris, Payot, 1971.
*Métapsychologie*, Paris, Gallimard, col. dées, 1976.
GIRARD, René, *Des choses cachées depuis la fondation du monde*, Paris, Grasset, 1978.
KANT, Emmanuel, *Critique de la raison pure*, tome 1, Paris, Flammarion, 1944.
LÉVI-STRAUSS, Claude, *Structures élémentaires de la parenté*, Paris, PUF, 1949.
*Anthropologie structurale*, Paris, Plon, 1958.
*La pensée sauvage*, Paris, Plon, 1962.
*Tristes tropiques*, Paris, Plon, 1959.
«Mythe et oubli», in J. Kristeva (éd.), *Langue, discours, société*, Paris, Seuil, 1975.
MAUSS, Marcel, *Esquisse d'une théorie générale de la magie*, Paris, PUF, 1960.
MERLEAU-PONTY, Maurice, *Phénoménologie de la perception*, Paris, Gallimard, 1983.
*L'œil et l'esprit*, Paris, Folio-essais, 1989.
NIETZSCHE, Frédéric, *La naissance de la tragédie*, Paris, Gallimard, Idées, 1970.
RICŒUR, Paul, *Soi-même comme un autre*, Paris, Seuil, 1990.
«Entre herméneutique et sémiotique», *Nouveaux Actes sémiotiques*, 7, Limoges, Pulim, 1990.
*Temps et récit*, tome 2, Paris, Seuil, 1984.
SÉNÈQUE, *Dialogues I, De ira*.
*De brevitate vitae*, A. Bourgery (éd.), Paris, Les Belles Lettres, col. Budé, 1980.
WEBER, Max, *Le savant et le politique*, Paris, Bourgois, 10/18, 1963.
WITTGENSTEIN, Ludwig, *Investigations philosophiques*, 1964 [1952].
WÖLFFLIN, Heinrich, *Principes fondamentaux de l'histoire de l'art*, Brionne, Montfort, 1989.

# LINGUISTIQUE & SÉMIOTIQUE

ARRIVÉ, Michel & COQUET, Jean-Claude, *Sémiotique en jeu*, Paris/Amsterdam/Philadelphia, Hadès/Benjamins, 1987.
ARRIVÉ, Michel, *Langage et psychanalyse, linguistique et inconscient*, Paris, PUF, 1994.
BASTIDE, Françoise, «Le traitement de la matière», *Actes sémiotiques*, Paris, CNRS, IX, 89, 1987.
BENVENISTE, Emile, *Problèmes de linguistique générale*, tomes 1, 2, Paris, Gallimard, 1967-70, col. Tel, rééd. 1982.
BERTRAND, Denis, *L'espace et le sens, Germinal d'Emile Zola*, Paris/Amsterdam, Hadès/Benjamins, Actes Sémiotiques, 1985.
«La justesse», *R.S.S.I.*, vol. 13, n° 1-2, Montréal, 1993.
BLANCHÉ, Robert, *Structures intellectuelles*, Paris, Vrin, 1969.
BORDRON, Jean-François, «Les objets en parties», in J.-Cl. Coquet et J. Petitot (éds), 
«L'objet, sens et réalité», *Langages*, n° 103, Paris, Larousse, 1991.
«Schéma, schématisme et iconicité», in *Protée*, 21, 1, hiver 1993.

BRANDT, Per Aage, «The dynamics of modality : a catastrophe analysis», *R.S.S.I.*, 9, n° 1-2-3, Montréal, 1989.
*La Charpente modale du sens*, Aarhus/Amsterdam, Benjamins, 1990.
BRØNDAL, Vigo, *Essais de linguistique générale*, Copenhague, E. Munksgaard, 1943.
*Traité des prépositions - Introduction à une sémantique rationnelle*, Copenhague, E. Munksgaard, 1950.
BÜLHER, Karl, *Ausdruckstheorie. Das System an der Geschichte aufgezeigt*, Stuttgard, Fischer Verlag, 1933.
CERTEAU, Michel de, «L'absolu du pâtir», *Actes Sémiotiques*, Bulletin, n° 9, «Passions», CNRS, 1979.
CHION, Michel, *La symphonie à l'époque romantique*, Paris, Fayard, 1994.
COQUET, Jean-Claude, *Le discours et son sujet, 1 & 2*, Paris, Klincksieck, 1984-1985.
*La quête du sens*, Paris, PUF, 1997.
COSERIU, E., «Sistema, norma e 'parola'», *Studi linguistici in onore di Vittore Pisani*, Brescia, Paideia Editrice.
COURTÉS, Joseph, *L'analyse sémiotique des discours*, Paris, Hachette, 1991.
ECO, Umberto & VIOLI, Patricia, «Instructionnal semantics for presuppositions», *Semiotica*, 64-1/2, 1987.
FLOCH, Jean-Marie, *Les formes de l'empreinte*, Périgueux, Fanlac, 1986.
*Sémiotique et marketing, sous les signes, les stratégies*, Paris, PUF, 1990.
*Identités visuelles*, Paris, PUF, 1995, p. 36.
FONTANILLE, Jacques, *Le savoir partagé*, Hadès-Benjamins, 1987.
«Les passions de l'asthme», *Nouveaux Actes Sémiotiques*, n° 6, Limoges, PULIM, 1989.
*Les espaces subjectifs. Introduction à la sémiotique de l'observateur*, Paris, Hachette, 1990.
«Le cynisme», in *L'humour européen*, Lublin-Sèvres, vol. 1, Presses de l'Université Marie Curie/CIEP, 1993.
«Le schéma des passions», *Protée*, 21, 1, hiver 1993.
«L'absurde», *R.S.S.I.*, vol. 13, n° 1-2, Montréal, 1993.
«Le schéma de la peur : phobie, angoisse et abjection dans *Voyage au bout de la nuit* de L.F. Céline», *Kodicas*, Berlin, 1994.
*Sémiotique du visible. Des mondes de lumière*, Paris, PUF, 1995.
«Modalisations et modulations passionnelles», *Revue Internationale de Philosophie*, n° 3, «Les passions», Bruxelles-Paris, 1995.
«Le tempo de l'échange : inceste, véridiction, et passions de l'échange», in P. Ouellet (éd.), *Action, passion, cognition*, Montréal, Nuit Blanche éditeur, 1997.
GIRARD, René, *Des choses cachées depuis la fondation du monde*, Paris, Grasset, 1978.
GREIMAS, Algirdas J., *Sémantique structurale*, Paris, Larousse, 1966, (reprint PUF, 1986).
*Du sens I*, Paris, Seuil, 1970.
*Maupassant, La sémiotique du texte : exercices pratiques*, Paris, Seuil, 1976.
*Du sens II*, Paris, Seuil, 1983.
*Des hommes et des dieux*, Paris, PUF, 1985.
*De l'imperfection*, Périgueux, Fanlac, 1987.
GREIMAS A.J. & COURTÉS, Joseph, *Sémiotique, dictionnaire raisonné de la théorie du langage*, Paris, Hachette, I : 1979, II : 1986.
GREIMAS A.J. & FONTANILLE, J., *Sémiotique des passions. Des états de choses aux états d'âme*, Paris, Seuil, 1991.
«Le beau geste», *R.S.S.I.*, vol. 13, 1-2, 1993.
GUILLAUME, Gaston, *Temps et verbe - théorie des aspects, des modes et des temps*, Paris, Champion, 1968.
HAMMAD, Manar, «La privatisation de l'espace», *Nouveaux Actes Sémiotiques*, 4, 5, Limoges, Trames/Pulim, 1989.

HÉNAULT, Anne, « Structures aspectuelles du rôle passionnel », *Actes Sémiotiques*, Bulletin, XI, 39, « Les passions », Paris, CNRS, 1986.
« Perplexités à propos du terme complexe », *in* H. Parret & H.G. Ruprecht, *Exigences et perspectives de la sémiotique*, tome 1, J. Benjamins, 1985.
*Histoire de la sémiotique*, Paris, PUF, coll. *Que sais-je?*, 1992.
*Le pouvoir comme passion*, Paris, PUF, 1994.

HJELMSLEV, Louis, *Le langage*, Paris, Minuit, 1969.
*Prolégomènes à une théorie du langage*, Paris, Minuit, 1971.
*Essais linguistiques*, Paris, Les Editions de Minuit, 1971.
*La catégorie des cas*, Munich, W. Fink, 1972.
*Nouveaux essais*, Paris, PUF, 1985.

JAKOBSON, Roman, *Essais de linguistique générale*, Paris, Minuit, 1963.
*Questions de poétique*, Paris, Seuil, 1973.

KEANE-GREIMAS, Térésa, « Le piège », *R.S.S.I.*, vol. 13, n° 1-2, Montréal, 1993.

KLEIBER, Georges, *La sémantique du prototype*, Paris, PUF, 1990.

LAKOFF, Georges & KOVÉCSES, Z., « The cognitive model of Anger inhérent in Américan English », D. Holland et N. Quinn (eds), *Cultural models in Language and thought*, Cambridge, Cambridge University Press, 1987.

LANDOWSKI, Eric, *La société réfléchie*, Paris, Seuil, 1989.
« La marginalité », *R.S.S.I.*, vol. 13, n° 1-2, Montréal, 1993.
*Présences de l'autre*, Paris, PUF, 1997.

LOTMAN, Iuri, *Universe of the mind*, I.B. Tauris, Londres, 1990.

MESCHONNIC, Henri, *Pour la poétique 1*, Paris, Gallimard, 1973.

NEF, Frédéric (éd.), *Structures élémentaires de la signification*, Bruxelles, Complexe, 1976.

PANIER, Louis, « Figures du devenir et devenir des figures », *in* J. Fontanille (éd.), *Le devenir*, Limoges, Pulim, 1995.

PARRET, Herman, « L'énonciation en tant que déictisation et modalisation », *La mise en discours*, H. Parret (éd.), *Langages*, n° 70, Paris, Larousse, 1983.
*Les passions. Essai sur la mise en discours de la subjectivité*, Bruxelles, Mardaga, 1986.

PARRET Herman & RUPRECHT, Hans-G., *Exigences et perspectives de la sémiotique*, tome 1, J. Benjamins, 1985.

PETITOT, Jean, « Sur la décidabilité de la véridiction », *Actes sémiotiques*, Paris, CNRS, IV, 31, 1982.
« Sémiotique et théorie des catastrophes », *Actes sémiotiques*, Documents, V, 47-48, Paris, CNRS, 1983.

PETITOT, Jean & THOM, René, « Sémiotique et théorie des catastrophes », *Actes sémiotiques*, Documents, V, 47-48, Paris, CNRS, 1983.

POTTIER, Bernard, « Un mal-aimé de la sémiotique : le devenir », *in* H. Parret et H.G. Ruprecht, *Exigences et perspectives de la sémiotique*, tome 1, John Benjamins, 1985.
*Sémantique générale*, Paris, PUF, 1992.
*Théorie et analyse en linguistique*, Paris, Hachette, 1992.

PROPP, Vladimir, *Morphologie du conte*, Paris, Seuil, col. Points, 1970.

RASTIER, François, *Sens et textualité*, Paris, Hachette, 1989.
*Sémantique et recherches cognitives*, Paris, PUF, 1991.

RUDOLF, Engler, *Edition critique du « Cours de Linguistique Générale »*, I, Wiesbaden, Harrassowitz, 1989.

SAINT-MARTIN, Fernande, « La tragédie, l'extase et les autres émotions... », *Approches sémiotiques sur Rothko, Nouveaux Actes Sémiotiques*, n° 34-35-36, Limoges, PULIM, 1995.

SAPIR, Ernst, *Linguistique*, Paris, Folio-essais, 1991.

SAUSSURE, Ferdinand de, *Cours de linguistique générale*, Paris, Payot, 1962.
SAVAN, David, «La théorie sémiotique de l'émotion selon Peirce», *Nouvelle Revue d'Ethnopsychiatrie*, 11, 1988.
TARASTI, Eero, «Vers une grammaire narrative de la musique», *in Degrés*, 52, 1987.
*Sémiotique musicale*, Limoges, PULIM, 1996.
TESNI+RE, Louis, *Eléments de syntaxe structurale*, Paris, Klincksieck, 1959.
THOM, René, *Paraboles et catastrophes*, Paris, Flammarion, 1983.
ZILBERBERG, Claude, «Les passions chez Freud», *Actes Sémiotiques*, Bulletin, n° 9, 1976.
*Essai sur les modalités tensives*, Amsterdam, John Benjamins, 1981.
*Raison et poétique du sens*, Paris, PUF, 1988.
«Modalités et pensée modale», *Nouveaux Actes Sémiotiques*, n° 3, Limoges, PULIM, 1989.
«Pour une poétique de l'attention», *in* A. Berrendonner et H. Parret, *L'interaction communicative*, Berne, P. Lang, 1990.
«Présence de Wölflin», *Nouveaux Actes Sémiotiques*, n° 23-24, Limoges, PULIM, 1992.
«Le schéma narratif à l'épreuve», *in Protée*, 21, 1, hiver 1993.
ZINNA, Alessandro, «La théorie des formants. Essai sur la pensée morphématique de Louis Hjelmslev», *Versus*, 43, juin-avril 1986.

# Index des notions

(à l'exception de celles qui font l'objet d'un chapitre)

accent, accentuation, 14, 25, 77, 82, 83, 85, 157, 158, 160, 212
apodose, 103, 202, 231
ascendance, ascendant, 81, 82, 85-87, 101, 137-139, 143, 206, 230
attitude, 234, 235
catastrophe, catastrophiste, 65-67
cohésion, forces cohésives, 11, 12, 68, 104, 109, 185, 205, 235
complexe, complexité, 7, 8, 13, 33, 35, 38, 48-51, 53-61, 64, 66, 67, 74, 85, 91, 97, 98, 103, 106, 117, 161, 192, 204, 205, 211-215, 225, 227, 229, 232, 236
concession, concessif, 6, 32, 33, 54, 56, 64, 120, 176-178, 239
consistance, 85, 115, 229, 230, 235, 239
constituance, constituant, 68, 77, 85, 87, 195, 229, 235, 237
convocation, convoquer, 20, 79, 130, 142, 148, 149, 154, 155, 187
décadence, décadent, 81, 82, 85-87, 101, 102, 138, 139, 143, 206, 227, 230
dépendance, interdépendance, 7, 8, 11, 16, 17, 19, 21, 23, 26, 31, 48, 51, 54-57, 64, 65, 67, 85, 92, 100, 107, 108, 124, 140, 141, 203
différence, différentiel, 8, 16, 21, 22, 25, 30-32, 48, 55-57, 61, 65, 76, 98, 100, 103, 140

dispersion, forces dispersives, 33, 53, 68, 104, 109, 185, 186, 205, 239
efficience, 108, 189, 203, 230
exclusion, exclusif, exclusivité, 20-22, 24, 25, 33-38, 41-43, 107, 116, 156, 161, 227
existence, modes d'existence, modalités existentielles, 6, 8, 40, 43, 76, 81, 91, 92, 97-99, 115-117, 128-132, 134, 137, 143, 145, 146, 148, 149, 154-156, 163, 170, 172, 174, 180, 188, 190, 191, 194
exposant, 14, 77, 85, 195, 229, 232, 237
groupe de Klein, 51, 62-64
identité, identitaire, 63, 94, 103, 166, 179-183, 189, 225, 232, 234, 235
implication, implicatif, impliquer, 6, 50, 52-54, 56, 58-60, 63, 64, 176-178, 185, 203, 204
limite, limité, délimitation, 20, 21, 23-25, 29, 30, 32, 35, 36, 107, 109, 124, 159
mélange, 21, 22, 24-27, 35, 36, 38-40, 60, 96, 156-158
méréologique, 23, 36, 188
métaphore, métaphoriser, 60, 94, 138, 140, 210, 211
métonymie, 60
modulation, moduler, 12, 23, 25, 36, 43, 58, 69, 76, 77, 85, 95, 97, 98, 104, 137, 144, 171, 173, 174, 183, 184, 195

participation, participatif, 15, 20, 21, 24, 36-38, 41, 42, 46, 147, 180, 227
phorie, phorique, 74, 99, 110, 116, 117, 198, 212-214, 225-227, 229, 233, 236-239
praxème, praxématique, 127, 130, 131, 140, 141, 158
profondeur, 13-17, 25, 35, 38, 60, 66, 87, 93-96, 120, 129, 131, 159-161, 165, 182, 210
prosodie, prosodique, prosodisation, 85, 110, 115, 161, 164, 200, 211, 231, 237
protase, 103, 202, 231
prototype, prototypique, 11, 16, 17, 47, 67-69, 134, 239
quantité, quantification, quantitatif, quantifiable, 11, 12, 14, 24, 36, 48, 52, 61, 77, 100, 101, 139, 144, 230
régime, 9, 21, 24, 35-37, 60, 100, 106, 122, 130, 131, 147, 149, 153-156, 158, 159, 161, 165, 222
réseau, 49-51, 54, 55, 57, 59, 61, 64, 65, 69, 74, 85, 140, 141, 161, 172, 175
résolution, résolutif, 64, 69, 78-88, 133, 135, 137, 149, 155, 230
réversibilité, réversible, 32, 66, 80, 83
rhétorique, figure de rhétorique, 6, 68, 131
rythme, rythmique, 23, 101, 103, 116, 142, 212, 213, 224, 225, 227, 232, 238, 239

saisie, saisir, 14, 23, 33, 47, 78, 95-99, 103-105, 130, 144, 155, 160-164, 173, 185, 206, 215, 228, 239
seuil, 21, 36, 82, 87, 107, 115, 139, 171, 174, 204
sommation, sommatif, 53, 55, 69, 71, 78-85, 87, 88, 102, 133, 135, 155, 230
style, 9, 27, 60, 69, 82, 100, 101, 107, 122, 131, 152, 162, 165, 166, 194, 195, 200, 211, 212, 214, 217, 218, 222, 231, 232, 237
suture, 79, 232
symbolisation, désymbolisation, symbolique, 136-138
syncope, syncoper, 79, 80, 83, 165, 230, 232
tempo, 12, 17, 22, 23, 87, 102, 107, 115, 117, 118, 120, 123, 160, 164, 184, 191-193, 212, 213, 215, 216, 225, 232, 237-239
thymique, thymisme, 14, 15, 17, 110, 122, 162, 200, 236
tri, 21, 22, 24, 26, 27, 35, 36, 38-40, 60, 71, 96, 156-158
véridiction, véridictoire, 57, 59, 64, 209, 238
visée, viser, 14, 22, 33, 53, 95-99, 103-105, 113, 130, 144, 155, 160, 162-164, 179, 184-189, 191-193, 198, 206, 215, 217, 227, 228, 235, 239

# Table des matières

**Avant-propos** .................................................................................... 5
1. Recension .................................................................................... 6
2. Définitions .................................................................................. 7
3. Confrontations ............................................................................. 8
4. Notes et références bibliographiques ........................................... 9

## Chapitre 1 – **Valence**

1. Recension .................................................................................... 11
2. Définitions .................................................................................. 12
    2.1. Définitions paradigmatiques ................................................. 12
    2.2. Définitions syntagmatiques .................................................. 19
        2.2.1. Définitions syntagmatiques étendues ........................ 19
        2.2.2. Définitions syntagmatiques restreintes ...................... 21
3. Confrontations ............................................................................. 22

## Chapitre 2 – **Valeur**

1. Recension .................................................................................... 29
2. Définitions .................................................................................. 30
    2.1. Définitions paradigmatiques ................................................. 30
    2.2. Définitions syntagmatiques .................................................. 35
3. Confrontations ............................................................................. 38

## Chapitre 3 – **Carré sémiotique**

1. Préalable ...................................................................................... 45
2. Recension .................................................................................... 47
3. Définitions .................................................................................. 48
    3.1. Définitions paradigmatiques ................................................. 48
    3.2. Définitions syntagmatiques .................................................. 51
4. Confrontations ............................................................................. 59

## Chapitre 4 – **Schéma**

1. Recension .................................................................................... 71
2. Définitions .................................................................................. 73
    2.1. Définitions paradigmatiques ................................................. 73
        2.1.1. Définitions paradigmatiques étendues ....................... 74
        2.1.2. Définitions paradigmatiques restreintes .................... 79
    2.2. Définitions syntagmatiques .................................................. 81
3. Confrontations ............................................................................. 85

## Chapitre 5 – **Présence**

1. Recension .................................................................................. 91
2. Définitions ................................................................................. 91
    2.1. Définitions paradigmatiques ............................................ 92
    2.2. Définitions syntagmatiques ............................................. 99
        2.2.1. Définitions syntagmatiques étendues ................... 99
        2.2.2. Définitions syntagmatiques restreintes ............... 103
3. Confrontations ........................................................................ 107

## Chapitre 6 – **Devenir**

1. Recension ................................................................................ 113
2. Définitions .............................................................................. 114
    2.1. Définitions paradigmatiques .......................................... 114
    2.2. Définitions syntagmatiques ........................................... 117
        2.2.1. Définitions syntagmatiques étendues ................. 117
        2.2.2. Définitions syntagmatiques restreintes ............... 120
3. Confrontations ........................................................................ 121

## Chapitre 7 – **Praxis énonciative**

1. Recension ................................................................................ 127
2. Définitions .............................................................................. 129
    2.1. Définitions paradigmatiques .......................................... 129
        2.1.1. Définitions paradigmatiques étendues ............... 129
        2.1.2. Définitions paradigmatiques restreintes ............ 132
    2.2. Définitions syntagmatiques ........................................... 133
        2.2.1. Définitions syntagmatiques étendues ................. 133
        2.2.2. Définitions syntagmatiques restreintes ............... 137
3. Confrontations ........................................................................ 140

## Chapitre 8 – **Forme de vie**

1. Recension ................................................................................ 151
2. Définitions .............................................................................. 152
    2.1. Définitions paradigmatiques .......................................... 152
    2.2. Définitions syntagmatiques ........................................... 156
3. Confrontations ........................................................................ 158

## Chapitre 9 – **Modalité**

1. Recension ................................................................................ 169
2. Définitions .............................................................................. 171
    2.1. Définitions paradigmatiques .......................................... 171
    2.2. Définitions syntagmatiques ........................................... 175
        2.2.1. Définitions syntagmatiques restreintes ............... 175
        2.2.2. Définitions syntagmatiques étendues ................. 179
3. Confrontations ........................................................................ 183

Chapitre 10 – **Fiducie**

| | |
|---|---|
| 1. Recension | 197 |
| 2. Définitions | 198 |
|    2.1. Définitions paradigmatiques | 198 |
|    2.2. Définitions syntagmatiques | 200 |
|       2.2.1. Définitions syntagmatiques de la confiance | 200 |
|       2.2.2. Définitions syntagmatiques de la croyance | 201 |
|       2.2.3. Définitions syntagmatiques de la croyance et de la confiance | 202 |
| 3. Confrontations | 203 |

Chapitre 11 – **Emotion**

| | |
|---|---|
| 1. Recension | 209 |
| 2. Définitions | 210 |
|    2.1. Définitions paradigmatiques | 211 |
|    2.2. Définitions syntagmatiques | 213 |
|       2.2.1. Définitions syntagmatiques étendues | 214 |
|       2.2.2. Définitions syntagmatiques restreintes | 216 |
| 3. Confrontations | 218 |

Chapitre 12 – **Passion**

| | |
|---|---|
| 1. Recension | 221 |
| 2. Définitions | 224 |
|    2.1. Définitions paradigmatiques | 224 |
|       2.1.1. Définitions paradigmatiques étendues | 224 |
|       2.1.2. Définitions paradigmatiques restreintes | 226 |
|    2.2. Définitions syntagmatiques | 228 |
|       2.2.1. Définitions syntagmatiques étendues | 229 |
|       2.2.2. Définitions syntagmatiques restreintes | 232 |
| 3. Confrontations | 235 |

| | |
|---|---|
| **Bibliographie** | 241 |
| **Index des notions** | 247 |

PHILOSOPHIE ET LANGAGE
Collection publiée sous la direction de Sylvain AUROUX, Claudine NORMAND, Irène ROSIER

*Ouvrages déjà parus dans la même collection*

ADAM : Éléments de linguistique textuelle
ANDLER *et al.* : Philosophie et cognition – Colloque de Cerisy
ANSCOMBRE / DUCROT : L'argumentation dans la langue
AUROUX : Histoire des idées linguistiques – Tome 1
AUROUX : Histoire des idées linguistiques – Tome 2
AUROUX : La révolution technologique de la grammatisation
BESSIERE : Dire le littéraire
BORILLO : Information pour les sciences de l'homme
CASEBEER : Hermann Hesse
CAUSSAT : La langue source de la Nation
CHIROLLET : Esthétique et technoscience
COMETTI : Musil
COUTURE : Éthique et rationalité
DECROSSE : L'esprit de société
DOMINICY : La naissance de la grammaire moderne
DUFAYS : Stéréotype et lecture – Essai sur la réception littéraire
EVERAERT-DESMEDT : Le Processus interprétatif – Introduction à la sémiotique de Ch. S. Pierce
FONTANILLE-ZILBERBERG : Tension et signification
FORMIGARI : La sémiotique empirique face au kantisme
GELVEN : Etre et temps de Heidegger
GUILHAUMOU-MALDIDIER-ROBIN : Discours et archive. Expérimentation en analyse du discours
HAARSCHER : La raison du plus fort
HEYNDELS : La pensée fragmentée
HINTIKKA : Investigations sur Wittgenstein
ISER : L'acte de lecture
JACOB : Anthropologie du langage
KIBEDI-VARGA : Discours, récit, image
KREMER-MARIETTI : Les racines philosophiques de la science moderne
LAMIZET : Les lieux de la communication
LARUELLE : Philosophie et non-philosophie
LATRAVERSE : La pragmatique
LAUDAN : Dynamique de la science
LAURIER : Introduction à la philosophie du langage
LEMPEREUR : L'argumentation – Colloque de Cerisy
MAINGUENEAU : Genèse du discours
MARTIN : Langage et croyance
MEYER : De la problématologie
MOUREY : Borges, vérité et univers fictionnels
NEUBERG : Théorie de l'action
PARRET : Les passions
PARRET : La communauté en paroles
SCHLIEBEN-LANGE : Idéologie, révolution et uniformité de la langue
SHERIDAN : Discours, sexualité et pouvoir (Michel Foucault)
STUART MILL : Système de logique
TRABANT : Humboldt ou le sens du langage
VANDERVEKEN : Les actes de discours
VECK : Francis Ponge ou le refus de l'absolu littéraire